U0908303

绿色减贫道路

游俊　冷志明　丁建军　◎著

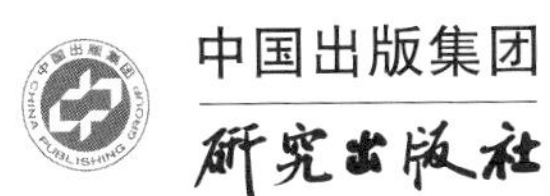

图书在版编目 (CIP) 数据

江口 : 绿色减贫道路 / 国务院扶贫办
组织编写 . -- 北京 : 研究出版社 , 2020.11
ISBN 978-7-5199-0759-4

Ⅰ . ①江… Ⅱ . ①国… Ⅲ . ①扶贫 - 研究 - 江口县
Ⅳ . ① F127.734

中国版本图书馆 CIP 数据核字（2019）第 184563 号

江口：绿色减贫道路

JIANGKOU：LÜSE JIANPIN DAOLU

国务院扶贫办　组织编写

责任编辑：陈侠仁

研究出版社 出版发行
（100011　北京市朝阳区安华里 504 号 A 座）
河北赛文印刷有限公司　新华书店经销
2020 年 11 月第 1 版　2021 年 6 月北京第 2 次印刷
开本：710 毫米 ×1000 毫米　1/16　印张：18.25
字数：233 千字
ISBN 978 – 7 – 5199 – 0759 – 4　定价：42.00 元
邮购地址 100011　北京市朝阳区安华里 504 号 A 座
电话（010）64217619　64217612（发行中心）

“新时代中国县域脱贫攻坚研究丛书”
编审指导委员会

《江口：绿色减贫道路》编写组

主　　编：游　俊

副 主 编：冷志明　丁建军　张琰飞

编写人员：袁明达　李　峰　殷　强　刘　涛　李晓冰

　　　　　李骥龙　王泳兴　刘　进　王　璋

目 录

概　要

党的十八大以来，贵州解放思想、大胆实践，强力推进“大扶贫、大数据、大生态”三大战略，创造了贫困落后省份逆势崛起的奇迹和争创一流的“贵州速度”，成为全国脱贫攻坚的“省级样板”。在贵州的脱贫攻坚实践中，铜仁市按照中央的方针政策和省委、省政府的决策部署，始终坚持以人民为中心的发展思想，精准吃透上级精神、精准抓好贯彻落实、精准摸排贫困原因、精准做到靶向施策，自加压力、勇于担当、大胆创新，争当全省脱贫攻坚排头兵，取得2017批次全省退出贫困县数量最多的成绩。作为贵州省和铜仁市脱贫攻坚实践的县级样板，江口县的脱贫攻坚是精准扶贫和习近平新时代中国特色社会主义思想的生动实践，其“以脱贫攻坚统揽经济社会发展全局，把绿水青山变金山银山，打好七大攻坚战”的做法与经验有特殊价值和启示。

江口县地处铜仁市东部与西部交会点，山川连绵、河谷深切、交通闭塞、产业单一，人均耕地面积少、资源利用效率低，是武陵山片区贫困县的典型代表。2001年被列为国家级扶贫开发重点县，2014年全县有贫困村80个，建档立卡贫困人口4.3万人，贫困发生率19.85%。作为国家扶贫开发重点县，江口县发展基础薄弱，脱贫攻坚难度大、任务重。党的十八大以来，江口县以习近平生态文明思想和关于扶贫工作的重要论述为指导，全面贯彻党中央、国务院精准扶贫、精准脱贫基本方略，强力推进省委、省政府“大扶贫、大数据、大生态”战略行动，切实落实市委、市政府“三真三因三定”[①]工作原则，积极发扬“拼全力、争全胜，拼实干、争担当，拼匠心、争卓越，拼团结、争荣光”的江口脱贫精神，在1869平方千米土地上，演绎了一场决战脱贫攻坚、决胜全面小康的“民生大戏”。2018年9月，江口县以“零错退、零漏评、群众认可度99.05%”的好成绩通过国务院扶贫办评估验收，在全省同批次14个出列县（市、区）中位列第一。2020年9月，高质量通过国家脱贫攻坚普查，实现脱贫攻坚圆满收官。

习近平总书记强调，防止返贫和继续攻坚同样重要，已经摘帽的贫困县、贫困村、贫困户，要继续巩固，增强“造血”功能，建立健全稳定脱贫长效机制。江口县深入贯彻落实习近平总书记重要指示精神，围绕“四个不摘”，坚持治贫与防贫并重，探索建立了防贫监测预警长效机制，有效提升了脱贫质量和成色。2019年，江口县探索建立的防贫监测预警机制，得到了汪洋同志、胡春华同志的高度肯定，江口县两次受邀参加国务院扶贫办脱贫攻坚座谈会，专题汇报建立防止返贫机制巩固脱贫攻坚成果工作，并写入贵州省委、省政府《关于确保按时高质量打赢脱贫攻坚战的指导意见》，被评为2019年度贵州全面深化改革优秀案例。《人民日报》《光明日报》、“学习强国”学习平台等先后对江口县建立防贫监测预警机制巩固脱贫成果的做法进行了宣传报道。2020年7月6日，李克强总理深入江口县考察脱贫攻坚和防汛救灾安置工作，对江口县脱贫攻坚巩固提升工作给予了充分的肯定。2016年至2020年，江口县连续5年在省对市县脱贫攻坚成效考核中位列“好”等次，江口县脱贫攻坚案例入选2020年高考试题，2020年12月2日受邀参加国务院新闻发布会，向全世界介绍防止返贫监测和动态帮扶经验做法，进一步

---

① 三真三因三定：“三真”即真情实意、真金白银、真抓实干；“三因”即因地制宜、因势利导、因户施策；“三定”即定点包干、定责问效、定期脱贫。

向全国、全世界展示了江口县脱贫攻坚取得的巨大成就。江口县脱贫攻坚是贵州经验、铜仁经验结合江口脱贫实际的生动实践，也是中国精准扶贫、精准脱贫的鲜活样本。

江口县脱贫攻坚实践总体上可以概括为紧扣“一达标、两不愁、三保障”目标，聚焦“三率一度”，打好“七大攻坚战”，实现生态产业化、产业生态化，把绿水青山变成脱贫致富的金山银山，闯出一条“生态美、产业兴、百姓富”的绿色发展脱贫新路。其中，“七大攻坚战”是核心。

第一，精准管理攻坚战。江口县围绕“对象精准、措施精准和退出精准”打好精准管理战。在对象“找精准”上，确立了“一申请、一比对、两评议、两公示、一公告”的识别程序和“一学、二访、三会、四评”[①]的识别方法，做到“村不漏户、户不漏人”；在措施“定精准”上，按照“缺什么补什么”的原则，因户施策，由帮扶单位、帮扶责任人、驻村干部共同研究，做到“户有帮扶措施、人有脱贫门路”；在脱贫“退精准”上，按照国定贫困退出程序标准，运用“五看法”对拟退出贫困户进行逐户核查评估，让群众“清清楚楚算账、明明白白脱贫”，达到“五个一致”[②]。2014年，全国扶贫办主任座谈会、全省精准扶贫现场会在江口县观摩，江口建档立卡方法被贵州省扶贫办在全省推广。

第二，产业脱贫攻坚战。江口县全力打造“农业、旅游、生态”三大富民产业。农业扶贫方面，重点发展生态茶、冷水鱼和猕猴桃三大主导产业以及蔬菜、中药材两大增收项目。在生态茶产业发展中，自2014年以来，新增茶园面积8万亩，总面积达到15.92万亩，新建茶叶加工厂17家，引进贵州贵茶集团，建成贵茶产业园和抹茶（碾茶）生产线15

---

① 一学、二访、三会、四评：第一步“学”即学政策学标准，第二步“访”即逐组逐户走访农户，第三步“会”，即以村民小组为单位召开群众会，第四步“评”即召开村民代表大会评议。

② 五个一致：客观有的、系统录的、袋里装的、墙上挂的、嘴上说的一致。

条。2020年建成抹茶（碾茶）生产线34条、年产抹茶4000吨、力争建成世界抹茶之都。2015年3月，央视财经《经济半小时》的《小丫跑两会》栏目、2017年4月，央视《聚焦三农》栏目，分别对江口县生态茶产业助推群众脱贫致富进行了报道。在冷水鱼产业发展上，全县建成冷水鱼（中华鲟）养殖场28个，2017年冷水鱼产量达3100吨，占贵州省冷水鱼产量的28.3%，排名全省第一。在精品水果产业发展上，自2014年以来，全县建成精品水果产业园5.15万亩，其中猕猴桃产业园1.5万亩。在中药材方面，全县中药材种植达3.44万亩。在蔬菜产业上，每年蔬菜种植稳定在13万亩以上。同时，加快现代高效农业发展，全县建成4个省级、7个市级、7个县级现代农业园区，实现乡乡有农业园区。在农业产业发展中，大力推行资源变资产、资金变股金、农民变股东的“三变”模式，建立贫困户利益联结机制，实现了所有建档立卡贫困户利益联结全覆盖。在旅游扶贫方面，依托梵净山独特资源，大力发展全域旅游、乡村旅游。2014年以来，建成寨沙侗寨、云舍等全国金融扶贫示范点和乡村旅游扶贫示范点，成功申报世界自然遗产地、国家5A级旅游景区1个，4A级旅游景区2个，3A级景区1个，打造乡村旅游示范点6个。旅游产业覆盖7200余户2.5万余农业人口。2015年，江口县获得“全国休闲农业与乡村旅游示范县”称号。在生态扶贫方面，2014年以来，全县完成退耕还林7.01万亩，兑现退耕还林补助资金7960.39万元，涉及农户1.66万余户4.98万余人，其中贫困户3129户9387人。发放生态公益林补助资金7126.66万元，涉及农户4.3万户15.05万人，其中建档立卡贫困户4717户16509人；聘请1680名建档立卡贫困群众担任生态护林员，年人均工资1万元，助推了贫困群众增收脱贫。产业扶贫中形成了两种模式：一是产业联盟发展模式。以贵茶集团为龙头，全县16家茶叶生产企业加入贵茶产业联盟；以兴乔果蔬合作社为龙头，引导农村合作社加入兴乔蔬菜联盟；以铁骑力士公司为龙头，组织代养大户加入养殖联盟。实现企业从单打独斗到抱团发展、产业从分散发展到集中发展，实现做大产业、做强企业，共助脱贫。二是景区带村发展模式。以梵净山景区为龙头，带动当地整村发展。自 2014 年以来，全县引进三特、金奥旅游等龙头企业 13 家，累计带动 65 个村寨走上旅游路、吃上旅游饭、发上旅游财。2016 年，梵净山景区成功入选全国“景区带村”旅游扶贫示范项目。

第三，基础设施攻坚战。围绕“路畅水洁、电通信畅、村美寨靓”的目标，江口县实施了“小康路、小康水、小康电、小康信、小康寨”等基础设施工程。在小康路方面，自 2014 年以来，累计投入 67.79 亿元用于大交通建设。建成安江高速公路，使江口融入了国家交通大动脉、省城 3 小时经济圈。截至 2018 年底，总公路里程 2714 千米，是 2014 年的 3.17 倍，实现了 100% 的乡镇通油路、100% 的行政村通水泥路、30 户以上自然组 100% 通水泥路。在小康水方面，自 2014 年以来，累计投入水利建设资金 15.96 亿元，实施骨干水源、病险水库整治各类综合水利项目 180 个。建成渔粮中型水库并向县城供水。其中，整合各类涉农资金 1.22 亿元，实施农村人饮安全巩固提升全覆盖工程，实现 100% 的村民组通自来水，水质达标率 100%。在小康电方面，自 2014 年以来，累计投入 4.67 亿元，大力实施城乡电网升级改造，全县供电可靠性达到 99.82%。在小康信方面，几年来江口县相继完成了城区及所有行政村 FTTH 光纤宽带接入建设，并在原有 2G、3G 网络的基础上进行扩容、新建，实现 30 户以上自然村寨 4G 网络交叉覆盖率 100%，并于 2020 年开始实施 5G 网络建设，截至 2020 年底，已新建 5G 基站 46 个。在小康寨方面，建成村级文体广场 286 个、村级综合文化站 106 个、文化墙 680 面，实现“村容整洁、乡风文明、社会和谐”。

第四，易地搬迁攻坚战。按照省委、省政府“六个坚持”[①]要求，对“一方水土养不起一方人”和自然条件恶劣的深山区、石山区，采取“四定”工作法[②]，推进易地扶贫搬迁工作。自2016年以来，全县共投入资金10.77亿元，建成易地扶贫搬迁集中安置点8个，实现易地扶贫搬迁对象3537户14873人搬出大山、搬进新居，其中贫困户2808户11933人。认真落实易地搬迁后续扶持政策，做到搬迁群众就学、就医、就业有保障，贫困群众实现搬进新房子，过上好日子。通过因地制宜搬迁、强化后续保障，实现了“搬出大山、搬进新居、搬来幸福”的目标。

第五，社会保障攻坚战。江口县紧紧围绕“学有所助、病有所医、住有所居、业有所就、困有所济”目标，打好社会保障攻坚战。在教育保障上，做到“应享尽享”。坚决贯彻习近平总书记“要把发展教育扶贫作为治本之计，确保贫困人口子女都能接受良好的基础教育，具备就业创业能力，切断贫困代际传递”的指示。自2014年以来，坚持“小县办大教育，穷县办美教育”理念，教育经费从2014年的2.8亿元增加到2020年的5.17亿元，兑现各类教育资助资金5.1亿元，投入教育基础设施资金11亿元（含设施设备采购1.89亿元）。深入实施教育布局“581”工程[③]，并结合社会发展形势提升实施为“681”工程[④]。新建、改扩建（含维修改造）学校105所，建成80所山村幼儿园，新增和改扩建面积50.4万平方米，新增学位8000余个，新增教师525人。“三破三立”教育改革：破教学管理单一化，立多元办学新机制；破职称评聘过场化，立聘用督导新

① 六个坚持：坚持省级统贷统还，坚持以自然村寨整体搬迁为主，坚持城镇化集中安置，坚持以县为单位集中建设，坚持让贫困户不因搬迁而负债，坚持以产定搬、以岗定搬。

② “四定”工作法：以就业岗位定安置人口、以群众意愿定搬迁地点、以户籍人口定安置面积、以家庭情况定脱贫措施。

③ “581”工程：实现50%左右的小学生、80%左右的初中生、100%的高中生集中在县城上学。

④ “681”工程：实现60%左右的小学生、80%左右的初中生、100%的高中生集中在县城上学。

机制；破考核评价封闭制，立综合考评新机制。教学质量显著改善，2015年至2020年，小学六年级终端检测学科总均分均排全市第一名，2015年至2020年中考总均分全市排名分别是第一名、第一名、第二名、第一名、第二名和第二名；2015年至2020年高考本科上线率分别为17.26%、46.3%、53.32%、54.31%、51.00%、56.41%，呈逐年上升趋势。在医疗保障上，做到"应保尽保"。实行"三重医疗保障"，推行县域内就医一站式结算服务。自2014年以来，全县群众城乡居民医保参保率稳定在98%以上，建档立卡贫困人口参保率达到100%，兑现各类医疗补偿资金5.8亿元。建档立卡贫困患者住院政策范围内医疗费用实际补偿比达到90%以上。全面推进县域医共体改革，做实基本公共卫生，组建家庭医生团队94个，签约常住人口8.16万人，建档立卡贫困户签约率达到100%。免费开展慢性病"五+五"服务[①]，在全国第一期基本药物政策培训会上作交流发言。在住房保障上，做到"应改尽改"。按照结构安全、功能齐全的标准，投入资金5亿余元，实施危房改造及"五改一化一维"工程[②]，惠及5.1万户农村群众，极大地改善了农村人居环境。在就业保障上，做到"应扶尽扶"。自2014年以来，全县累计投入2486.97万元开展各类农村劳动力职业技能培训，受益群众16156人次，其中贫困群众8132人次，易地扶贫搬迁群众8024人次，实现了"培训一人、就业一个、稳定一户"的目标。在社会保障上，做到"应助尽助"。按照应保尽保、托住底线的原则，推进低保和扶贫两项制度有效衔接，稳步提高民政低保保障标准，将农村"两无"贫困人口全部纳入民政兜底保障。江口县精准扶贫"减量

---

① 慢性病"五＋五"服务：在全县挑选五种最常见的慢性病（高血压、糖尿病、肺结核、重度精神病、慢性风湿关节炎），每种病各选配5种药物，组建家庭医生签约"服务团"，实行分片包户制，对辖区内重点人群进行筛查确诊，分别制订治疗方案后，由乡镇（街道）卫生院、村卫生室免费配送药物治疗，分类登记、建档、定期跟踪随访服务。

② "五改一化一维"工程即改厨、改厕、改圈、改水、改电，室内和房前硬化，房屋修缮等。

提标、双线合一”试点工作得到汪洋同志的肯定性批示。开展农村特殊困难群体集中供养，建成规范化敬老院 10 所、农村互助幸福院 34 所，集中供养特殊困难群体 693 名。推行残疾人创业就业“1234”工作法[①]，解决残疾人特殊群体脱贫难题。2017 年 6 月，贵州省残疾人脱贫攻坚现场推进会在江口县召开。

第六，思想脱贫攻坚战。以“自力更生、素质提升、干群情深”为目标，江口县从思想动员、陋习革新和干群齐心三个方面力抓思想脱贫。在思想动员方面，充分发挥新时代农民讲习所阵地作用，大力宣传习近平新时代中国特色社会主义思想，切实宣传“四个好”，给老百姓“五个讲清楚”[②]，实现群众从“要我脱贫”到“我要脱贫”。全县 1920 户贫困群众主动申请脱贫，被《贵州日报》头版报道。在陋习革新方面，全县驻村工作队、帮扶干部，走遍了村村寨寨、家家户户，实现了多年以来对农村群众走访的全覆盖。各村将村寨环境卫生和家庭卫生纳入村规民约管理，引领广大群众改掉生活陋习，养成健康文明的生活习惯。在干群齐心方面，在脱贫攻坚战中，全县机关干部、帮扶责任人深入田间地头、走村串户，访百姓苦、济百姓困。通过共同战胜贫困，全县干部群众面对面、心连心，鱼水情更深。

第七，脱贫保障攻坚战。江口县以“党建引领、干部帮扶、多方联动”为抓手，实现了组织带动、社会联动和资金推动，为脱贫攻坚提供了坚实的保障。在党建引领方面，加强党对脱贫攻坚工作的领导，成立县委书记、

---

① “1234”工作法：搭建一个平台（残疾人信息数据库），完善两项机制（四级联动机制、素质提升机制），坚持三大原则（“扶危济困，托底补短”“从小到大，以大带小”“生态优先，绿色发展”），主推四种方式（“自主就业”方式、“带动就业”方式、“自主创业”方式、“带动创业”方式）。

② 五个讲清楚：讲清楚农村面貌是历史以来变化最大的、讲清楚农村群众是脱贫攻坚受益最多的、讲清楚扶贫济困是最重要的文化传承、讲清楚干部作风是近些年以来最扎实的、讲清楚脱贫摘帽是最值得骄傲的大好事。

县长任双组长的领导小组，下设县指挥中心和9个工作专班。乡镇（街道）成立指挥部，由县委常委和人大、政协主要领导任指挥长。推进“民心党建+三社融合促‘三变’+春晖社”农村综合改革，推动农村经济社会持续快速发展。自2014年以来，全县累计筹集137亿元投入脱贫攻坚工作。2014年，江口县党员“十个一”工作法，得到赵乐际同志的肯定性批示，被写入贵州省《关于深入推进基层发展型服务型党组织建设的意见》；2017年，江口县党建扶贫工作案例《“民心党建”与精准脱贫“双推进”》荣获全国第四届基层党建创新优秀案例；2020年，《贵州省江口县：“民心党建+组委会”治理模式助推乡村善治的探索与实践》，荣获第五届全国基层党建最佳案例。干部帮扶方面，2017年以来，累计选派驻村干部1397人组成104个驻村工作队，组织2853名干部结对帮扶12176户贫困户，实现村村有驻村工作队、户户有帮扶责任人。在多方联动方面，充分借助中国浦东干部学院、大连民族大学、贵州省扶贫办、苏州市姑苏区等帮扶单位的资源优势，助推脱贫攻坚。开展“千企帮千村”行动，43家民营企业助力脱贫攻坚。

“幸福是奋斗出来的！”党的十八大以来，江口县实现了从一个国家扶贫开发工作重点县向整县脱贫的成功嬗变，是25万江口人民共同努力的结果，是精准扶贫、精准脱贫的生动实践，也是贵州经验、铜仁经验的县级样本。江口县的脱贫攻坚战不仅助推了经济发展，也改善了生态环境、改变了城乡面貌、促进了社会和谐。当前，江口县正坚定不移贯彻落实习近平总书记“防止返贫和继续攻坚同等重要”指示精神，以重视程度不减、管理精度不减、帮扶力度不减“三个不减”以及教育保障政策不变、医疗保障政策不变、民政兜底政策不变“三个不变”，紧扣群众稳定脱贫、长期脱贫不返贫目标，全面落实脱贫后续保障巩固举措，确保脱贫不脱责任，确保脱贫不脱保障。同时，江口县正抢抓“一带双核”[①]重大战略机遇和撤县设区重大历史机遇，围绕基础设施大幅度提升、产业发展大幅度提升、社会治理大幅度提升“三个提升”，构建半小时通高铁、半小时通机场、半小时进铜仁主城区的“三个半小时”便捷交通圈，建成世界抹茶之都、中国鲟鱼养殖基地县、全国全域旅游示范县，建立健全社会管理新机制，实现社会和谐发展。

为了总结和推广江口县的脱贫攻坚经验，在国务院扶贫办全国扶贫宣传教育中心的精准规划和指导下，本书对江口县“以脱贫攻坚统揽经济社会发展全局，把绿水青山变金山银山，打好七大攻坚战”的做法与经验进行了总结和提炼。首先是概要，概述江口县脱贫攻坚实践核心内容“七大攻坚战”的做法及成效，简要介绍全书各章节的内容。第一章对江口县的基本县情、经济社会发展概况、贫困特征与扶贫历程进行回顾与总结。第二章、第三章、第四章分别对江口县脱贫攻坚统揽县域经济社会发展全局的基本思路、改革创新的主要经验，县域脱贫攻坚战略部署、政策设计和构成体系，合力体系与参与机制等保障条件进行了总结。第五章对江口县脱贫攻坚中的主要难点、破解思路和经验进行了总结，也是对前面三章内容的深化和强调。第六章、第七章、第八章分别对江口县脱贫攻坚战取得的直接和间接成效、脱贫攻坚成果巩固的主要做法及经验、2020 年后可能的贫困走势及乡村振兴前景进行了总结和展望。第九章是对全书的总结和讨论，一方面归纳和讨论江口县脱贫攻坚的主要经验和启示；另一方面提出继续巩固脱贫攻坚成果的建议。最后，本书将江口县摘帽退出专项评估检查报告摘要、县委书记在全县脱贫攻坚表彰大会上的讲话以及江口县

---

① 一带双核：梵净山沿太平河、锦江河至铜仁主城区旅游观光带和梵净山景区、铜仁主城区两核。规划区域东至江口太平镇黄家坝，西至铜仁市主城区，全长约 85 千米，面积约 150 平方千米，涉及碧江区、江口县 7 镇 26 村。

各乡镇、各脱贫攻坚专项行动的“速写”作为附录加以收录，为读者全面了解江口县的脱贫攻坚做法与经验提供参考。

本书认为江口县脱贫攻坚的主要经验：坚持从生态富集型贫困的县情出发，始终坚持习近平新时代中国特色社会主义思想的指导，以脱贫攻坚统筹县域经济社会发展为抓手，以“大扶贫”战胜贫困为主线，以“大党建”引领改革创新为突破，以“大生态、大健康、大旅游”为支撑，因地制宜地将生态资源转化为冷水鱼养殖、乡村旅游、茶叶种植及抹茶加工等绿色富民产业，推进生态产业化和产业生态化，把绿水青山变成脱贫致富的金山银山，探索出一条“生态美、产业兴、百姓富”的绿色发展脱贫新路径。这一经验的启示是“三个始终坚持”，即始终坚持习近平新时代中国特色社会主义思想指导脱贫攻坚，始终坚持因地制宜地推进脱贫攻坚，始终坚持创新引领脱贫攻坚。同时，针对江口县进一步巩固脱贫攻坚成果，本书提出了重视易地扶贫搬迁户的后续帮扶、加快实施社区化治理、防范扶贫产业风险、增强扶贫产业的可持续发展能力、总结和宣传扶贫精神、助推乡村振兴方面的建议。

脱贫攻坚是一项系统工程，在精准扶贫方略的引领下，各贫困县开启了脱贫攻坚的新征程，取得了脱贫攻坚的新胜利，也探索出了脱贫攻坚的新经验。江口县作为全国脱贫攻坚主战场之一和省级样板，是贵州省脱贫攻坚的“缩影”，其做法和经验的特殊价值及启示不言而喻。本书尝试再现这一伟大的实践，并在理论上加以概括和提升，为讲好中国脱贫故事提供鲜活的素材，为精准扶贫重要论述乃至中国扶贫理论的实证支撑尽一份绵薄之力。不过，由于团队水平有限、时间仓促，难免挂一漏万、把握不准，请读者批评指正。

第一章 生态资源富集型贫困：基本县情与扶贫历程

江口县地处武陵山集中连片特困地区，是国家扶贫开发工作重点县、国家重点生态功能区、长江中上游重要生态屏障。长期以来，由于受自然环境、交通条件与区位特点等因素制约，江口县深陷贫困状态。生态资源富饶，而群众生活贫困，成为江口县最突出的矛盾。江口县的扶贫发展历程大致分为1978—1985年的体制改革推动扶贫阶段、1986—1993年的大规模开发式扶贫阶段、1994—2000年的八七扶贫攻坚阶段、2001—2013年的21世纪以来多措并举扶贫阶段、2014—2018年的全面推进精准扶贫精准脱贫战略和实现脱贫摘帽阶段、2018年至今的巩固脱贫成效的后扶贫阶段。党的十八大以前，江口县经济发展水平低，经济总量小，贫困面广，贫困程度深，脱贫基础弱；基础设施建设不完善，城乡面貌有待改善；社会事业发展滞后，基本公共服务不足；产业发展滞后，农业龙头企业带动能力弱；生态资源富饶，但利用率低、生态环境脆弱、承载能力有限等现象不同程度地存在。近年来，特别是党的十八大以来，江口县深入学习贯彻习近平总书记关于扶贫工作的重要论述，以脱贫攻坚统揽经济社会发展全局，全面贯彻精准扶贫、精准脱贫基本方略，紧扣“一达标、两不愁、三保障”目标，打好精准管理、产业扶贫、基础设施、易地搬迁、社会保障、思想扶贫、脱贫保障“七大攻坚战”，以贫困不除、愧对历史，群众不富、寝食难安，小康不达、誓不罢休的信心和决心，奋力决战决胜脱贫攻坚整县达标，取得了显著成效。全县县域经济迅速发展，脱贫计划有序完成；基础设施质量提升，城乡面貌显著改善；易地搬迁稳步推进，人居环境显著改善；教育医疗保障力度显著提高；就业帮扶与民政救助能力显著提升；产业开发稳步推进，脱贫基础更加坚实；开展生态扶贫，生态保护与脱贫攻坚实现共赢，生态“富饶”与经济“贫困”的矛盾得以解决。2018 年 9 月，江口县以群众认可度 99.05% 的成绩实现整县脱贫摘帽、精彩出列。

一、江口县概况

（一）基本情况

江口县位于武陵山腹地，隶属贵州省铜仁市，全县面积 1869 平方千米，辖 10 个乡镇（街道），145 个村民委员会，11 个居民委员会（社区），总人口 25 万人，其中土家族、侗族、苗族、羌族等少数民族 31 个，占总人口的 65.53%。境内山清水秀，气候宜人，森林覆盖率 77%，其中梵净山森林覆盖率达 95% 以上，生态环境十分优越，负氧离子每立方厘米平均含量达 11 万个，有“天然氧吧”之美誉。县城距铜仁市区 35 千米，距铜仁凤凰机场 55 千米，距沪昆高速铁路铜仁南站 80 千米；渝怀铁路过境江口并设有县级站，303、305 省道线横贯东西，杭（州）瑞（丽）高速公路、安江高速公路穿境而过，安江高速缩短了江口至省城贵阳的距离，全程只有 248 千米；江（口）大（龙）高速公路正在紧锣密鼓的建设中。随着航空、铁路、公路立体交通网络的形成，江口已成为湘、鄂、渝、黔经济圈黄金连接点。

1. 江口有丰富的旅游资源

江口县位于贵州省东北部，铜仁市东部，属亚热带季风性气候，冬无严寒、夏无酷暑，无霜期长，年平均气温 16.2℃，素以“渔米之乡、黔东粮仓”著称。全县的森林覆盖率高达 77%，被国家授予“林业绿化百佳县”，堪称地球上同纬度的“绿宝石”。

境内生态文化原始古朴、佛教文化源远厚重、民族文化浓郁多彩，相互交织、交相辉映。目前，主要有一个国家 5A 级旅游景区梵净山景区，两个 4A 级旅游景区亚木沟、云舍景区，还有少数民族村寨寨沙侗寨、乡村旅游示范点漆树坪羌寨，快场户外拓展体验营、德旺坝梅生态园、坝盘龙虾美食小镇、黄岩古寨以及黄牯山一地落湖、龙阳仙人桥、鱼粮溪大峡谷等待开发的景区、景点，使江口成了闻名遐迩的旅游胜地。

2. 江口有异彩纷呈的民族民俗文化

江口县除汉族外，还生活着土家族、苗族、侗族、仡佬族、羌族等 31 个少数民族，少数民族人口占总人口的 65.53%。云舍土家民俗文化村、梭家苗寨、寨沙侗寨、漆树坪羌寨、江溪屯仡佬寨的村寨文化与遍布全县的其他文化一起，共同构成了江口县丰富多彩的民族文化。

全县各少数民族风情各异，土家族的拦门礼、崴轿歌、金钱杆、摆手舞、女儿节以及婚俗表演，苗寨的火龙舞等，侗寨的情歌对唱和羌族的沙朗舞等都别有风味，其中土家金钱杆已被列入贵州省非物质文化遗产名录。

（二）历史沿革

江口地域最早初形于春秋战国时期，属楚黔中。战国时属秦黔中郡义陵县，汉高祖五年（前 202 年）改秦黔中郡为武陵郡，隶荆州，属武陵郡无阳县，王莽建国，号“新”，改武陵郡为建平郡，东汉复称武陵郡，并无阳县入辰阳，江口属辰阳县。刘宋时期，宋孝武帝孝建元年（454年）至齐，江口仍属辰阳县。502年，萧衍称帝，国号“梁”，江口属武州南阳郡建昌县。557年，陈霸先称帝，国号“陈”，废建昌县，江口属南阳郡。隋朝文帝开皇元年（581年），废南阳郡，于其地置寿州。十八年（598年），改寿州为充州，大业初废充州，并其地入辰州，改为沅陵郡，废静人县入辰溪县，江口属沅陵郡辰溪县。唐天宝三年（744年），江口属辰水县，隶充州，后唐江口属蜀黔州。后晋高祖天福五年（940年），牂牁蛮首领张万浚率所属思夷等州归附于楚，江口属楚思州。南唐时期，攻楚，楚王马希崇降，江口属南唐。宋高宗绍兴二年（1132年）分荆湖路为荆湖南北两路，北路领沅州、清州，江口属沅州麻阳县，淳熙八年（1181年），杨再西率其子政强领土兵开发省溪、宙逻、铜仁大小两江等地。元置省溪，提溪长官司。明永乐二十年（1424年）改隶铜仁府并延至清朝。雍正五年（1727年）“改土归流”，设省溪吏目1员，吏目署驻大江口（今双江镇）。光绪六年（1880年）清廷准贵州巡抚岑毓英奏，移铜仁县治于大江口，江口始成县治。民国二年（1913年），铜仁府改铜仁县，将原设大江口之铜仁县更名为江口县，属黔东道。民国十二年（1923年）废道，各县均直隶省。民国二十四年（1935年），省分设行政督察区，江口县属第九行政督察区，专员公署驻铜仁。之后，行政督察区番号屡经更易，但体制未变。县辖村寨小有调整，但基本格局未动，一直维持至1949年。1949年11月13日，江口解放。1950年3月1日，县人民政府成立。1958年12月，经国务院批准，江口、玉屏两县并入铜仁县。1961年3县分开，江口县辖区仍旧，保持至今。

（三）行政区划

1951年，江口县划分为5个区、2个镇和11个乡，即一区辖双江镇、凯德乡，二区辖坝盘乡、铁矿乡，三区辖闵孝镇、官和乡、民和乡，四区辖红石乡、德旺乡、太平乡，五区辖桃映镇、溪口乡、怒溪乡。是年7月，二区并入一区，改闵孝为二区，茶寨为三区，桃映为四区。1986年，江口县调整为双江、闵孝、民和、桃映4区和1个镇双江以及莲花、太平、凯德、坝盘、张屯、闵孝、罗江、红石、茶寨、德旺、民和、洪坪、铁厂、凯里、官和、泗渡、桃映、溪口、匀都、地楼、怒溪、快场22个乡。1991年，江口县调整为2个镇7个乡，即双江镇、闵孝镇，太平土家族苗族乡、坝盘土家族侗族苗族乡、德旺土家族苗族乡、民和侗族土家族苗族乡、官和侗族土家族苗族乡、桃映土家族苗族乡、怒溪土家族苗族乡。2012年，经贵州省人民政府批准，撤销民和乡、桃映乡、坝盘乡、怒溪乡、太平乡建制，设置民和镇、桃映镇、坝盘镇、怒溪镇、太平镇建制，双江镇、闵孝镇、德旺土家族苗族乡和官和侗族土家族苗族乡建制保持不变。2013年12月，经贵州省人民政府批准，撤销双江镇建制，设置双江街道办事处和凯德街道办事处，其余各乡镇建制保持不变。2016年至今，全县辖双江街道办事处和凯德街道办事处2个办事处和闵孝镇、民和镇、桃映镇、坝盘镇、怒溪镇、太平镇6个镇以及官和乡、德旺乡两个民族乡。

（四）自然环境

1. 地貌形态

江口县地处贵州高原向湘西丘陵过渡的斜坡地带，全县地势由西、北、南三方向东倾斜，最高点凤凰山海拔2570.5米，最低点新寨村矮埂海拔275米。境内山峦重叠，沟谷纵横，溪河密布，主要河流太平河、闵孝河、桃映河、车坝河均属长江流域沅江水系；地势起伏较大，主要为西北—东南部高中山峡谷区，山势陡峭，层状地形明显，适宜于生态、旅游业发展；中部低山宽谷区，属地势平缓开阔的低山谷盆地，溪河密度大，是稻谷、油菜主产区；东部低山丘陵河谷区，地势有一定起伏但平缓开阔，适宜经济作物生长；南部岩溶化低山丘陵区，区内峰丛、槽谷、溶洞、暗河发育，地势平缓，山顶多呈浑圆状，是粮食和烤烟产区。

2. 气候特征

江口县地处亚热带中纬度地区，属亚热带季风湿润气候，具有热量丰富、降雨量充沛、四季分明、雨热同季的气候特点。冬半年白天多阴晴，夜间多阴雨；夏半年雷雨天气较多，大雨暴雨、冰雹天气时有发生；盛夏受太平洋副热带高压北跳西伸影响，伏旱灾害严重。由于武陵山脉主峰梵净山雄峙县境西北部对气流起到阻断、抬升作用，使县内气候的水平垂直差异较为明显，年平均相对湿度为 82%，年平均总日照时数为 1105.32 小时，年平均蒸发量为 1080.9 毫米，风向随季节性呈西南季风交替变化。

3. 自然资源

江口县土地面积 1869 平方千米，其中耕地面积 110.14 平方千米、林地 1226.78 平方千米、园地 4.56 平方千米、牧草地 171.56 平方千米、交通用地 5.66 平方千米；未利用地 116.87 平方千米。

江口矿产种类繁多，有金、铜、硫铁、钼、磷、重晶石、玉带石等 30 余种。其中硫铁、磷、黏土、重晶石储量丰富，可供大规模开采。目前，黄金、玉带石的开采加工已初具规模。

江口县水系发达，河流溪沟众多，发源于梵净山的太平河、闵孝河、桃映河、车坝河等几十条大小河流贯通全县，于县城处汇成锦江，形成长江上游沅江水系的主要支流。县内年平均自然降水 25 亿立方米，年径流量 15.63 亿立方米，水能理论蕴藏量 18.41 万千瓦。县内已发现泉眼 283 处，可供开发利用的有 253 处，多为国家水源标准一、二级。县内所有河流，水质优良、异常澄洁，为发展特种水产养殖业提供了优良的养殖环境。

江口县生物资源丰富，全县有2000余种植物，木本植物达900多种，其中珙桐、梵净山冷杉等8种植物为一级保护植物，连香树、水青树等23种植物为二级保护植物。名贵中药材有天麻、黄连、杜仲、银杏、当归等。珍稀树种有珙桐、贵州紫薇，还有大片的冷杉林、黄杨林、水青冈林。生长有灵芝、猴头菇等数十种真菌。动物300多种，珍稀动物有黔金丝猴、华南虎、大鲵等。江口堪称全国著名的规模宏大的“自然基因库”。

二、江口县经济社会发展概况

近年来，江口县坚持以习近平新时代中国特色社会主义思想为指导，深入学习宣传贯彻党的十八大、十九大精神和习近平总书记在党的十九大贵州省代表团重要讲话精神，按照“五位一体”总体布局和“四个全面”战略布局，深入践行新发展理念，牢牢守好发展和生态两条底线，紧扣贵州省委、省政府“大扶贫、大数据、大生态”三大战略行动和铜仁市委、市政府“一区五地”[①]奋斗目标以及将江口县打造成“铜仁会客厅、贵州后花园、中国最美县、世界名小城”的远景目标，坚持不懈地实施“一业带三化·三化促一业”[②]发展战略，统筹抓好稳增长、促改革、调结构、惠民生、防风险的各项工作，全县呈现经济平稳健康发展、社会大局和谐稳定、人民群众安居乐业、干部群众感恩奋进、政治生态风清气正的良好局面，谱写了江口发展新篇章。

① 一区五地：奋力创建绿色发展先行示范区，全力以赴打造绿色发展高地、内陆开放要地、文化旅游胜地、安居乐业福地、风清气正净地。

② 一业带三化·三化促一业：以文化旅游产业为龙头，带动农业产业化、新型工业化、城镇园林化发展，以新型工业化、城镇园林化和农业现代化发展，促进旅游产业振兴。

（一）经济发展持续健康

近年来，江口县面对复杂多变的经济形势和前所未有的发展机遇，牢牢把握发展的主动权，全县经济社会发展实现了历史性跨越。2018 年，江口县全年完成地区生产总值 59.39 亿元，同比增长 9%；固定资产投资同比增长 17.6%，社会消费品零售额为 11.33 亿元，同比增长 8.6%，全县金融机构存款、贷款余额分别为 83.98 亿元和 69.42 亿元，分别同比增长 21.3% 和 14.6%，全县实现财政总收入 4.37 亿元，同比增长 9.1%，公共财政预算收入 1.81 亿元，同比下降 5.7%，城镇居民人均可支配收入 29186 元，同比增长 9.2%。

2019 年，实现地区生产总值 67.13 亿元，同比增长 4%；固定资产投资同比增长 0.2%，社会消费品零售额为 11.49 亿元，同比增长 1.5%，全县金融机构存款、贷款余额分别为 74.31 亿元和 82.3 亿元，分别同比下降 11.5% 和同比增长 18.6%，全县实现财政总收入 4.37 亿元，与 2018 年持平，公共财政预算收入 1.86 亿元，同比增长 2.5%，城镇居民人均可支配收入 31887 元，同比增长 9.3%。

2020 年，实现地区生产总值 70.1 亿元，同比增长 4.2%；固定资产投资同比增长 4.5%，实现社会消费品零售额同比增长 4.1%；全县金融机构存款、贷款余额分别为 73.5 亿元和 86.8 亿元，分别同比下降 1.1% 和同比增长 5.5%；全县实现财政总收入 4.32 亿元，同比下降 1.2%；公共财政预算收入 2.3 亿元，同比增加 23%；城镇常住居民人均可支配收入达到 33481 元，同比增长 5.0%；农村常住居民人均可支配收入达到 10902 元，同比增长 8.4%。

（二）实体经济提质增效

江口县坚持高质量发展要求，统筹抓好文化旅游产业、现代高效农业、绿色工业升级提质，推动实体经济不断取得突破。2020年，第一产业实现增加值19.14亿元，同比增长6.6%；第二产业实现增加值13.66亿元，同比增长5.8%；第三产业实现增加值37.31亿元，同比增长2.2%。三次产业结构占比为27.3∶19.5∶53.2。

1. 文旅产业龙头作用彰显

按照“旅游统筹、全域推进”思路，立足江口旅游资源优势，将大旅游发展与大生态建设结合起来，深化旅游综合改革，推进全域旅游发展，切实把旅游业打造成了全县经济社会发展的战略性支柱产业。积极创新旅游产品业态，完善服务要素配套，扎实推进“旅游+”融合发展，提升旅游服务质量。梵净山成功创建为国家5A级景区。深入推进国家全域旅游示范区创建和“一带双核”战略，深入实施梵净山、亚木沟等重点景区建设项目，大力推进云舍4A级景区整改提升，建成乡村旅游示范村4个，获评全省甲级乡村旅游村寨1个，新增四星级标准以上酒店3家。梵净山景区实行实名制网络售票，并率先在全国推出智慧入园叫号管理系统，“云闪付”等线上支付方式实现景区全覆盖。成功举办“世界遗产地·梵净江口城”“美丽梵净山·铜仁过大年”系列旅游推介会，梵净山被联合国教科文组织列入世界自然遗产名录，江口上榜“2018中国最美县域”，旅游产业持续保持“井喷”式增长势头，2020年全年接待游客1366.47万人次，实现旅游综合收入115.38亿元。

2. 现代农业提质增效加快

坚持走资源节约、环境友好、产出高效、产品安全、农旅结合的现代山地农业发展新路，做大做强山地特色高效农业。按照“农业园区化、园区景区化、农旅一体化”发展思路，加快推进现代高效农业园区发展，做大县级农业园区基地规模，增加市级农业园区产出总量，提升省级农业园区综合实力。推进农村产业革命，确立生态茶、冷水鱼、猕猴桃三大主导产业和中药材、蔬菜两个增收项目，加快推进现代农业发展。2020 年，农业总产值实现 30.56 亿元，同比增长 6.7%。农业产业结构持续优化，主导产业全产业链基本形成，生态畜牧业稳定发展，建成全国最大的抹茶生产基地、淫羊藿基地，全省最大的冷水鱼基地。生态茶园达到 15.97 万亩、产值 10.6 亿元；冷水鱼突破 7000 亩、产值 1.53 亿元；中药材达到 3.44 万亩、产值 1.41 亿元；精品水果达到 5.15 万亩、产值 2.62 亿元；蔬菜长期稳定在 13 万亩，产值 4.37 亿元。成功创建国家农产品质量安全县，农业“三品”认证 41 个，其中无公害农产品 38 个、绿色食品 2 个、有机食品 1 个，无公害认证面积 40.63 万亩。利用网络营销平台，积极拓宽农产品上行渠道，开设“梵净山珍·淘宝江口特色馆·苏宁易购江口特色馆”，孵化培育网商 20 家，引导传统企业触网转型 2 家，破解“江货出山”难题。

3. 绿色工业健康稳步发展

围绕“一园两翼”[①]工业空间布局，构建具有江口特色的新型绿色工业发展体系，推动江口工业经济发展实现质的转变。做强凯德特色产业园区，着力发展新型材料、旅游商品、健康医药、绿色加工、生产服务、电子商务等绿色生态产业，大力提升中药材、茶叶等特色产业品质，实现由初级加工向精深加工转变，推动园区提档升级。依托紫袍玉和大理石等特色资源，开发具有地方特色的旅游商品，推动怒溪、德旺片区石材产业快速发展。加快优质矿泉水资源开发利用，做足水文章，形成产业链。围绕渝怀铁路、境内高速、铜江城市快速干道等交通“动脉”，做足县内物流

① 一园两翼：“一园”指凯德特色产业园区；“两翼”指闵孝至德旺产业带和桃映至怒溪产业带。

产业文章，建成“东西相连、南北互通”的现代化物流产业基地，实现农副产品、工业产品等大宗商品的“快进快出”。扎实开展“千企引进”“千企改造”，大力推进贵茶产业园、屈臣氏等重点项目建设，贵茶集团建成碾茶生产线 18 条、抹茶生产线 34 条，贵茶产业园项目（一期）、屈臣氏饮用矿泉水开发项目（一期）建成投产，农夫山泉项目快速推进。2020 年新增入规企业 5 家，规模以上工业增加值同比增长 6.3%；完成工业园区基础设施建设投资 1.56 亿元，园区承载力不断提升。农村电商深入推进，新增农村电商扶贫综合服务站点 62 个。截至 2020 年 11 月，“黔货出山”完成网络零售额 1.7 亿元，国家级电子商务进农村综合示范县项目顺利通过国家第三方验收。

（三）城乡建设稳中有进

近年来，江口县抢抓“一带双核”重大机遇，狠抓“五规融合、五线管控”①，全力构建“老城提升、新区提速、县有新区、镇有新街、村有新寨”城乡发展体系，城镇功能日益完善、城乡面貌变化明显。

1. 城市环境更加宜居

依托梵净山的资源禀赋、生态优势和文化内涵，以打造“世界知名、全国一流生态旅游目的地”为目标，坚持把生态元素融入城市规划中，把好山好水好风光融入城市建设中，推进城市建筑绿色化。完成县城总规修编和多规合一工作，加快老城区改造和凯德新城区建设步伐，完善城市路网和配套服务设施，积极推进智慧县城、海绵县城、低碳县城建设，把江口县城建成梵净山旅游集散地、综合服务区、宜居宜游的绿色城市家

① 五规融合、五线管控：国民经济和社会发展规划、主体功能区规划、城市总体规划、土地利用规划、生态环境建设规划五规合一。对道路规划红线、文物保护紫线、绿地保护绿线、城市地表水体保护蓝线、城市基础设施用地黄线五线管控。

园。2018年，完成中医院、五中、沙子坳道路降坡等项目涉及的300余户房屋征收工作。开工建设太平河沿岸景观二期工程和凯德园区3号、6号、12号道路工程及沙子坳道路降坡工程，启动了梵净山南路、环城南路、凯德大道、云瓦路网、狮子山山体公园等市政项目；完成磨湾大道改造项目；建成5家三星级以上酒店；全面实施环卫保洁及垃圾收运市场化运作，城乡垃圾转运至铜仁海螺发电厂无害化处理工作有序推进，城市管理更加规范。全县城镇化率提高到48%，建成区绿化率达40%。2018年8月1日，江口县召开了全县城镇建设推进大会，全县城镇建设三年攻坚行动工作正式启动。

2. 乡村振兴启动实施

按照“小而精、小而美、小而特”要求，打造了一批体现山水风光、民族风情、特色风物的绿色示范小镇。以美丽乡村建设和传统村落保护为重点，建成了一批“望得见山、看得见水、记得住乡愁”的美丽乡村。大力实施乡村振兴突破年行动，出台《推动乡村振兴战略的实施意见》，明确了目标任务和工作原则，结合脱贫攻坚“春风行动”，深入推进“四在农家·美丽乡村”八项行动，完成小康“业、路、水、电、信、房、寨、绿”投资18.3亿元。2018年，完成53个行政村乡村规划编制工作，同时启动了9个行政村村庄规划“两规合一”试点工作，并完成村庄规划全覆盖，建成美丽乡村示范点6个。

（四）社会事业和谐进步

江口县始终坚持以人民为中心，顺应人民对美好生活的新期待、新要求，把保障和改善民生作为一切工作的出发点和落脚点，不断增进人民福祉，人民群众幸福感获得新提升。

1. 教育质量全面提升

深入推进教育综合改革，在巩固“581”工程的基础上，江口县开始深入实施“681”升级工程，进一步集中了全县教育资源，破解了乡村教育教学质量不高的问题，保障了城乡学生特别是建档立卡户学生同等接受优质教育，有效切断贫困代际传递。大力推进江口中学改扩建项目、新建第五中学项目主体工程。不断巩固“新两基”成果，学生德艺体智全面发展，县二完小 U7、U8 两个年龄段足球队获全省“菁英计划”比赛冠、亚军；县足球队曾获全市校园足球三级联赛 2 个冠军、1 个亚军、3 个季军；县二小、江口中学、县实验幼儿园编排的舞蹈在全市比赛中均获得一等奖。教育教学质量显著提升，2018 年全县高考一本上线 148 人，二本上线 813 人，上线率 54.31%，创历史新高；全县中考总均分 484.5 分，排名全市第一。

2. 医疗水平有效改善

深入实施县域医疗服务共同体建设，稳步推进医药卫生体制改革，出台《江口县 2018 年县域医疗服务共同体县乡村三级考核细则》《江口县公立医院工资总量管理暂行办法》，推行慢性病“五 + 五”药品免费发放服务，推行药品采购加入“三明模式”，严格控制公立医疗机构费用不合理增长。全面完成“五个全面建成”工作，完成村级卫生室提质改造工程，县人民医院被评为“全国中医药综合示范单位”，在全省率先实现乡镇卫生院中医馆全覆盖，太平镇卫生院被评为“全省医养结合示范单位”。

3. 保障体系加快构建

2018 年，完成城镇新增就业 2712 人，转移就业农村劳动力 5007 人，城镇登记失业率控制在 4.2% 以内。加大社会保险征缴力度，社会保险覆盖率达 92.5%。深入实施全民参保计划，城乡居民各项社会保险参保累计达 15 万余人次。健全兜底保障制度，稳步提高农村和城镇低保标准，农村低保标准从 3528 元 / 年 · 人提高到 3876 元 / 年 · 人，城镇低保标准从 6384 元 / 年 · 人提高到 6840 元 / 年 · 人，全年发放城乡低保资金 1.04 亿元。开展农村特殊困难群体集中供养，建成 2 个乡镇示范敬老院、3 个农村留守儿童之家、3 个农村幸福互助院，建成残疾人托养中心并完成儿童福利院主体建设，规范化农村互助幸福院 34 所，集中供养特殊困难群体 693 名。

4. 综合治理全面加强

大力推进平安警务云、社会稳定风险评估、禁毒链条式管理、智能零发案创建“四项重点”工作，实施了“天网工程”“雪亮工程”，积极构建了立体化、智能化社会防控体系，深入开展了扫黑除恶专项斗争、严打整治、猎赖行动、法治扶贫、公益诉求等专项工作。2018 年，公安机关共立刑事案件 165 件，破案 78 件、销案 8 件、结案 35 件；办理行政案件 471 件，结案 425 件；收集涉黑涉恶刑事案件线索 25 条，立案 15 起。深入推进领导接访包案督访工作，深入开展矛盾信访问题“百日攻坚战”“五个专项治理”，妥善解决人民群众合理诉求，化解市级交办的信访案件 86 件，化解率 100%，全县呈现出“三无一稳”的良好局面。

5. 民族团结创建有力

近年来，江口县坚持以习近平新时代中国特色社会主义思想为指导，认真贯彻落实党的十九大及十九届历次全会精神，根据中共中央办公厅、国务院办公厅印发的《关于全面深入持久开展民族团结进步创建工作铸牢中华民族共同体意识的意见》精神，坚持唱响民族团结进步主旋律，紧扣“中华民族一家亲，同心共筑中国梦”的总目标任务，全面深入持久开展民族团结进步创建工作，铸牢中华民族共同体意识，促进各民族和睦相处、和衷共济、和谐发展，各民族交往交流交融，谱写了江口县民族团结进步新篇章。2018 年，江口县民族宗教事务局荣获“贵州省民族团结进步模范集体”称号，江口县桃映镇漆树坪羌寨村民胡久珍荣获“贵州省民族团结进步模范个人”称号。2020 年，江口县委统战部、官和侗族土家族苗族乡人民政府、凯德梵瑞社区被铜仁市委、市政府评为“全市民族团结进步创建模范集体”，江口县被贵州省委宣传部、省委统战部、省民宗委命名为“全省民族团结进步示范县”。

（五）生态文明建设成效明显

江口县牢固树立绿水青山就是金山银山理念，牢牢守好发展和生态两条底线，坚持走生态发展之路，努力解决生态“富饶”与经济“贫困”之间的矛盾，切实推动把江口干净的水、清新的空气、神奇的山、稀有的物种等生态优势转化为经济社会发展优势，全力打造绿色发展高地。

1. 生态环境质量保持优良

全县上下认真落实生态环境保护“党政同责，一岗双责”责任制，全力打赢污染防治攻坚战，圆满完成了中央环保督察的反馈问题的整改工作，生态环境质量保持优良。空气优良率达 95% 以上，全县 4 大主要河流 2 个监测断面水质达标率为 100%，县城及乡镇集中式饮用水源地水质达标率为 100%，土壤环境质量达到国家标准。

2. 经济社会发展取得成效

深入实施绿道、绿水、绿城、绿园、绿景、绿村“六绿”攻坚工程，大力实施森林质量提升工程，切实加大退耕还林、植树造林、荒漠化治理和矿山地质环境恢复治理工作力度，完成全域绿化建设 23 万亩。太平镇获得了“省级森林特色小镇”“贵州江口净云森林康养基地”“省级森林城市”等荣誉称号。立足“三条红线”，落实“河长制”，深化开展“百千万”清河行动，编制完成了《江口县水资源综合利用规划》《江口县太平河闵孝河水环境综合治理规划》等，推进县城污水处理厂、凯德污水处理厂和闵孝污水处理厂问题整改，实现全县河流水质保持在Ⅱ类水体以上。投入资金8800万元，实施饮水安全工程600余处，全县农村自来水普及率100%，供水保证率95%以上。完成水利项目投资1.33亿元，石宝岩、军屯水库，防洪堤、农田水利等项目建设有序推进。

三、江口县贫困概况与扶贫发展历程

江口县位于武陵山集中连片贫困地区，境内山川连绵、河谷深切，人均耕地面积少、资源利用效率低、群众贫困程度深，产业带动能力不强、发展优势不明显，县内贫困村和贫困人口内生发展能力偏弱，生态“富饶”与经济“贫困”成为江口县最突出的矛盾。江口县始终把扶贫工作作为全县最大的政治任务和第一民生工程，并把脱贫攻坚摆在全县经济社会发展的重要位置，坚持走生态扶贫之路，努力解决生态“富饶”与经济“贫困”之间的矛盾，咬定目标，坚持不懈，久久为功，取得了明显成效。

（一）江口县贫困概况

江口县是国家集中连片特困地区片区县、国家扶贫开发工作重点县。由于受自然环境、交通条件与区位特点等因素制约，江口县长期深陷于贫困状态。生态资源富饶而群众生活贫困，成了江口县最突出的矛盾。

江口县贫困人口以居住在大山深处的少数民族人口为主，达到60%以上。在2014年因病致贫人口为6000多人，约占贫困总人口的16%，到2017年底，因病致贫仍有1000多人，约占25%；贫困户缺劳动力现象比较普遍，其中有1547户无任何劳动力，占贫困户数量的12.74%；贫困户中的低保户7305户16052人，占贫困户数量的60%、贫困总人口的

37.9%。到 2017 年底未脱贫的 1529 户 4227 人中，70% 以上为重病、重残或智障家庭，兜底脱贫压力较大。

江口县除县城以外的乡镇，2014 年贫困发生率都在 14% 以上，其中民和镇、坝盘镇、怒溪镇的贫困发生率超过 20%，而德旺乡和官和乡则超过 30%。从空间分布来看，93.5% 的贫困人口集中分布在县城周边、基础条件较差的乡镇。贫困人口分布地区多为交通不便的偏远山区，距离大城市和县城较远，特别是有大山阻隔的少数民族聚居村寨，几乎所有村寨都属于贫困村。

从致贫原因来看，交通条件与区位劣势明显，由于处在贵州、湖南两省交界处，距离省会贵阳和其他中心城市都比较远，2013 年之前没有高速公路，铁路站点距离偏远；路网不健全，农村公路密度偏低，特别是山区居民出行困难。虽然降雨丰沛，但由于地质和地形限制，工程性缺水问题突出，农田灌溉用水困难，部分海拔较高村寨居民的安全饮水存在较大困难。产业基础薄弱，外来资本投资意愿偏低；产业单一（以农业为主），贫困人口脱贫难度大。

2014 年以前，江口县的贫困状况具有以下特点。

1. 经济发展水平低，经济总量小，脱贫基础弱

2014 年，江口县地区生产总值仅为 33.32 亿元，在全省 88 个县级行政区划单位中排名第 77 名；规模以上工业增加值 4.3 亿元，在全省排第 74 名；一般公共预算收入 1.55 亿元，在全省排第 85 名；城镇常住居民、农村常住居民人均可支配收入分别为 20099 元、6162 元；财政总收入仅为 2.9 亿元，几乎江口县所有主要经济指标均在贵州省排名靠后。当时的江口县经济发展水平低，经济总量小，综合承载能力亟待增强。农业规模化、集约化程度不高，农产品转化率不高，农业龙头企业带动效应不明显，农业总体抗风险能力不强；工业缺乏大企业和优势企业支撑，工业经

济严重“短腿”；文化旅游产业产品单一，现代服务业不够发达，服务产品严重不足。财政收支矛盾依然尖锐，社会保障水平和民生改善与人民群众的要求仍然有较大差距。江口县贫困面广、量大，贫困程度深。2014年，全县仍有贫困村80个，建档立卡贫困人口4.3万人，贫困发生率19.85%，县内有相当部分贫困群众还存在就医难、上学难、社会保障水平低等困难。

2. 基础设施建设不完善，城乡面貌有待改观

当时，江口县的基础设施建设完善程度低，历史欠账多，农村的路、水、电、网等设施短板突出。

一是农村道路交通条件有待改善。虽然当时的通村柏油路（水泥路）总里程达到了213.2千米，但是全县仍有32个行政村未实现通村柏油路（水泥路），这在一定程度上制约了群众出行。调研中发现，由于大山的阻隔和地理环境的影响，江口县大部分的村寨之间都相距较远，农户居住比较分散。以此来看，即使当时的建制村通畅率达78.4%，但是村组之间的交通出行问题仍然没有解决，群众的生产生活依然受到了一定影响。此外，江口县财力薄弱，投入资金有限，使得全县公路建设配套资金不能足额到位，工程建设标准不高，实施难度较大，公路里程增长数量相对缓慢，与周边区县相比有不小差距。

二是农村水利条件、电网设施有待改善。江口县雨水丰富，但由于地形特点，使得全县面临着工程性缺水严重、饮水安全未全覆盖、农田灌溉能力较低、防汛抗旱能力薄弱和产业发展配水设施不完善等问题，这在一定程度上影响了部分农田灌溉用水和部分海拔较高村寨居民的安全饮水。此外，江口县农村能源通信投资有限，城乡电网老化，城乡变电站较少，供电可靠性较低，“三网融合”推进滞后，部分乡镇未覆盖光纤宽带，部分村寨未覆盖移动电话网络，这些都影响了群众脱贫致富，制约了脱贫攻

坚进程。

三是农村人居环境条件差。当时的江口县大部分群众居住条件简陋，危房较多，住房安全存在较多隐患，村容村貌差，农村生活污水聚集，农村生活垃圾未进行有效治理，垃圾山、垃圾围村、垃圾围坝等现象突出。

3. 社会事业发展滞后，基本公共服务不足

2014 年以前，江口县的教育、文化、卫生、体育等方面软硬件建设速度慢，城乡居民就业不充分，人均教育、卫生、社保和就业支出均低于全国平均水平。

一是教育保障能力较低。当时，江口县在校小学生 16282 人、初中生 9492 人、中职学生 1841 人，入学率适龄儿童 99.6%、初中阶段 98.5%、高中阶段 89.01%、“三残”少年儿童 88.57%；九年义务教育巩固率达 85.13%；辍学率小学为 0.02%、初中为 0.83%、普通高中为 0.94%、中职为 7.5%。虽然江口县各学段的辍学率均控制在国家要求指标范围内，但是全县当时仅有小学 77 所、初级中学 10 所，专任教师仅有 2147 人，远远不能满足义务教育的需求。此外，办学资金缺口大，教育投入乏力，办学条件改善相对滞后；学校管理水平不高，教育教学质量较低；城乡师资配置不合理，教师学科结构和年龄结构有待优化；山村幼儿园经费投入乏力，很难保障园内正常工作开展；等等。这些问题依然是脱贫攻坚的制约因素。

二是医疗保障质量较低。2014 年以前，江口县农村群众基本医疗保障措施不完善，广大农村群众由于看不起病，使得因病致贫、因病返贫的规模比较大。特别是广大的农村低保户、残疾户、计生“两户”、65 岁以上老人、孕产妇、0—6 岁儿童、慢性病患者等特殊群体，致贫程度更深，再加上贫困户和民政低保户政策没有有效衔接，使得贫困患者新农合、大病保险、民政救助、医疗费用兜底及非医疗费用专项救助等多重医疗保障结算更困难、程序更复杂，医疗费用产生的经济负担也会更重。当时，江

口县建档立卡贫困人口的城乡居民基本医疗保险参合率、贫困患者住院医疗费用补偿比例均比较低，全县年内千人拥有卫生（助理）医师 1.5 人、千人拥有卫生机构病床数 3.7 张，新农合住院实际补偿比例仅为 68.05%，人口自然增长率为 4.6‰。

4. 产业发展滞后，农业龙头企业带动能力弱

2014 年以前，江口县的农业人口占全县总人口的 87.65%，产业主要以农业为主。江口县农业基础薄弱，存在农业优势产业布局不够集中、产业规模总量小、档次低、产业链条短、利益联结关系不紧密、市场竞争力不强、品牌建设滞后、融资困难、技术服务推广能力不足、产业抗御自然风险能力不强、外来资本投资意愿偏低、缺乏较大规模的龙头企业、农业整体发展水平不高、农村贫困人口脱贫难度大等问题和困难。2014 年，全县的粮食年总产量仅为 7 万吨，粮经比为 32∶68；万元田、万元山仅为 2.1 万亩；烤烟种植仅为 2 万亩，收购烟叶仅为 4 万担；江口萝卜猪存栏仅为 5.5 万头；特种水产养殖面积仅为 2.5 万平方米，大鲵存池不到 3 万尾。全县县级以上农业龙头企业仅有 15 个、农民专业合作组织 23 个，2014 年一产增加值仅为 8.37 亿元。

5. 生态资源富饶，利用率低，自然环境脆弱，承载能力有限

江口县生态资源富饶、森林覆盖率高、水系发达、旅游资源丰富，但是生态扶贫方面贡献不大，使得当地群众依然生活贫困，有着“富饶”与“贫困”共存的矛盾。另外，江口县内平均海拔高，气候恶劣，旱涝灾害并存，泥石流、风灾、雨雪冰冻等灾害易发。部分乡镇水土流失严重，石漠化现象严重。土壤瘠薄，人均耕地面积少。发展与生态保护矛盾尖锐，产业结构调整受生态环境制约大。2014 年以前，多数干部群众对生态环境保护工作重视程度不够，生态保护意识淡薄，自然保护地内乱搭乱建、无序开发、乱砍滥伐和破坏生态环境的行为时有发生，生态资源富饶、贫

困人口众多、生态环境问题突出等问题不同程度地存在。

精准脱贫攻坚战打响以来，江口县委、县政府深入学习领会习近平总书记关于扶贫工作的重要论述，认真贯彻落实党中央、国务院脱贫攻坚决策部署，细化实化政策措施，因地制宜深化精准扶贫精准脱贫，因村因户因人精准施策。经过长期艰苦奋斗特别是两年多脱贫攻坚，地区生产总值、公共财政收入、农村居民人均可支配收入等增长速度均处于全省上游，整体面貌发生了明显变化。贫困村水、电、路、网等突出短板加快补齐，基础设施和公共服务领域主要指标接近全国平均水平。产业扶贫、就业扶贫、易地扶贫搬迁、危房改造、教育扶贫、健康扶贫、社会保障等政策措施到户到人比较精准，贫困人口退出路径总体清晰。截至 2020 年底，江口县脱贫人口全部实现吃穿不愁，新型农村合作医疗、大病医疗保险实现全覆盖，义务教育阶段因贫失学辍学问题有效解决，100% 实现住房安全有保障，稳定实现“两不愁、三保障”。贫困发生率由 2013 年底的 19.85% 下降为零，区域性整体贫困有效解决。通过帮扶，100% 的脱贫户生产生活条件明显或有所改善，100% 的农户家庭收入明显增加。贫困群众获得感强，县乡干部、人大代表、政协委员对扶贫工作的认可度均达到 100%，村干部、脱贫户、非建档立卡户的认可度均在 99% 以上，摘帽退出得到了当地干部、群众的普遍认可。

（二）江口县的扶贫发展历程

实践证明，江口县的经济社会发展史，就是一部与贫困做斗争的奋斗史。虽然新中国成立后，江口县委县政府一直致力于发展经济、消除贫困，但严格意义上的扶贫，是伴随着改革开放的大潮实施的。总的来说，江口县的扶贫发展历程可以归纳为以下几个阶段。

1. 1978—1985 年：体制改革推动扶贫阶段

1978 年以前，江口县的贫困人口数量较多、规模大，占据了农村总人口的 90% 以上，农民人均纯收入低，远远低于全国平均水平。当时江口县的致贫原因具有多样化特征，但最主要的原因和全国其他贫困地区一样，都是农业经营体制不适应生产力发展需要，造成农民生产积极性低下。因此，制度方面的变革成了缓解贫困的主要举措。1978 年后，江口县按照国家、省市的统一部署和安排，开始了以土地经营制度为核心的改革，使得家庭承包经营制度取代了原有的人民公社的集体经营制度，这种土地制度大大地激发了全县农民的劳动热情，进一步解放了生产力，提高了土地的产出率。此外，为达到缓解贫困的目的，江口县还实施了农产品价格改革、发展乡镇企业和农村商品经济等措施。通过这些措施，极大地解放了全县的农村劳动生产力，激发了广大农民生产的积极性，为全县农村经济的超常规增长和贫困人口的大幅度减少提供了强劲动力。当时，县内有一半未解决温饱的农村人口在这一时期解决了温饱问题。

2. 1986—1993 年：大规模开发式扶贫阶段

1986 年，江口县成立了扶贫机构，专门负责领导、组织、协调、监督、检查全县的扶贫开发工作，并出台扶贫规划，专门提出扶贫的具体任务、主要目标、组织方式、帮扶方法、内容和目标管理措施，安排专项扶贫资金，制定专门的优惠政策，改革传统的救济式扶贫方式，确定开发式扶贫方针，实施开发式扶贫。自此，江口县和全国一道进入有计划、有组织和大规模的开发式扶贫阶段，江口县的扶贫工作进入了一个新的历史时期。经过 8 年的艰苦奋斗，江口县农民人均纯收入由 1986 年的 206 元提升到 1993 年的 483.7 元；农村贫困人口逐步递减，年均递减 6.2%；贫困人口占农村总人口的比重从 14.8% 下降到 8.7%。

3. 1994—2000 年：八七扶贫攻坚阶段

1994 年，我国扶贫史上第一个有明确目标、对象、措施和时限的扶贫开发行动纲领——《国家八七扶贫攻坚计划》颁布实施，提出在 20 世纪最后 7 年，集中力量基本解决全国农村 8000 万贫困人口的温饱问题。借着这股东风，江口县抢抓历史机遇，乘势而上，继续坚持开发式扶贫模式，集中人力、物力、财力，动员县内外各界力量，巩固和发展已有的扶贫成果，减少县内返贫人口，加强基础设施建设，改变教育文化卫生落后状况，扶贫工作取得了明显成效。2000 年底，全县基本解决了农村贫困人口的温饱问题。

4. 2001—2013 年：21 世纪以来多措并举扶贫阶段

进入 21 世纪，江口县扶贫工作出现新面貌。2001 年，第一个国家农村扶贫开发纲要《中国农村扶贫开发纲要（2001—2010 年）》颁布实施。同一年，江口县被确定为国家扶贫开发工作重点县。伴随着国家扶贫开发新的东风，江口县再次实现了新的发展。在这十年，江口县注重将政府主导和全社会共同参与相结合，重视扶贫主体的多元性、扶贫对象的主动参与性，追求扶贫开发的可持续性，着眼于县内农村经济社会的全面发展，进入了多元“造血”式扶贫阶段。这一阶段，江口县争取到贵州省“种草养畜试点县”“蔬菜基地试点县”“农村公益事业一事一议财政奖补试点县”“县为单位、整合资金、整村推进、连片开发扶贫开发项目试点县”“国家水利扶贫试点县”5 个惠农项目，大大增加了贫困群众的收入。截至 2010 年，全县生产总值达 14.5 亿元，财政总收入达 1.2 亿元，农民人均纯收入达到 3151 元，净减少贫困人口 39663 人，全县农村的生产生活条件明显改善，各项社会事业发展迅速，农民生活水平大大提高，为全面建设小康社会奠定了坚实基础。

2011 年，第二个国家农村扶贫开发纲要《中国农村扶贫开发纲要

（2011—2020 年）》颁布实施，国家提出了新的扶贫目标和扶贫战略，将连片特困地区作为扶贫开发的主战场，并把六盘山区、秦巴山区、武陵山区等 14 个连片特困地区纳入全国扶贫对象范围。同一年，第一个连片特困地区扶贫攻坚规划——《武陵山片区区域发展与扶贫攻坚规划（2011—2020 年）》出台实施，为江口县扶贫开发提供了新的发展机遇。《中国农村扶贫开发纲要（2011—2020 年）》和《武陵山片区区域发展与扶贫攻坚规划（2011—2020 年）》启动初期，江口县进一步摸清了贫困人口底数，建立了贫困人口台账，健全了扶贫联席会议制度、督查考核、结对帮扶、多元投入等长效机制，形成了政府主导、企业主推、群众主体的"三位一体"扶贫发展格局。

5. 2014—2018 年：全面推进精准扶贫精准脱贫战略和实现脱贫摘帽阶段

2014 年，江口县有贫困村 80 个，建档立卡贫困人口 4.3 万人，贫困发生率 19.85%。面对艰巨的扶贫任务，江口县深入学习贯彻习近平总书记关于扶贫工作的重要论述，以脱贫攻坚统揽经济社会发展全局，全面贯彻精准扶贫、精准脱贫基本方略，紧扣"一达标、两不愁、三保障"目标，打好精准管理、产业扶贫、基础设施、易地搬迁、教育培训、医疗扶贫、思想扶贫、环境整治"八大攻坚战"，以贫困不除、愧对历史，群众不富、寝食难安，小康不达、誓不罢休的信心和决心，奋力决战决胜脱贫攻坚整县退出。截至 2018 年底，江口县建档立卡贫困人口减少至 2048 人，综合贫困发生率下降至 0.96%，农村常住居民人均可支配收入达到 9105 元，同比增长 9.9%。

6. 2018 年至今：巩固脱贫成效的后扶贫阶段

2018 年 9 月，江口县以"零漏评、零错退、群众认可度 99.05%"的成绩顺利通过国务院扶贫办第三方评估验收，实现整县脱贫摘帽。摘帽后，江口县认真学习、深刻领会、坚决贯彻落实习近平总书记“防止返贫和继续攻坚同等重要”指示精神，继续坚持把巩固脱贫攻坚作为县委的重大政治责任和工作的重中之重，实施措施“三个不减”（重视程度不减、管理精度不减、帮扶力度不减）、政策“三个不变”（强化教育保障政策不变、强化医疗保障政策不变、强化民政兜底政策不变）、发展“三个提升”（推动基础设施大幅度提升、推动产业发展大幅度提升、推动社会治理大幅度提升），确保摘帽不摘责任、摘帽不摘政策、摘帽不摘帮扶、摘帽不摘监管，着力做好脱贫成效的巩固提升工作。

第二章 脱贫攻坚统揽：思路、创新与经验

江口县立足县域经济社会发展与减贫特点，坚持以习近平总书记关于扶贫工作的重要论述凝聚发展共识，将脱贫攻坚与加强党建、乡村振兴、公共服务完善、区域城镇化等关系区域经济社会发展全局的关键问题有机结合，明确了县域整体发展的思路。在脱贫攻坚过程中，江口县深入学习贯彻习近平总书记关于扶贫工作的重要论述，以脱贫攻坚统揽经济社会发展全局，落实大扶贫、大党建、大生态、大健康、大旅游等发展战略，通过采取“民心党建”与精准脱贫双推进，坚持大生态绿色发展道路，完善乡村基础设施功能，提升乡村社会保障水平等创新措施，实现了生态产业化、产业生态化，把绿水青山变成了脱贫致富的金山银山，走出了一条生态美、产业兴、百姓富的绿色发展脱贫新路。江口县在脱贫攻坚过程中积累了丰富的经验，其中围绕党建扶贫工作巩固党的执政基础、围绕特色生态资源提升持续发展能力、围绕乡村环境优化夯实县域发展基础、围绕易地扶贫搬迁提升县域城镇化质量、围绕社会保障扶贫提升县域公共服务水平、围绕扶贫管理机制创新提升乡村综合治理水平等做法和经验，具有很强的可复制性和可推广性。

一、江口县以脱贫攻坚统揽经济社会发展全局的基本思路

江口县以习近平新时代中国特色社会主义思想为指导，坚持脱贫攻坚统揽全局的机制，科学处理脱贫攻坚与党的建设、乡村振兴、公共服务及区域城镇化等工作之间的关系，深入实施大扶贫、大生态、大旅游等战略行动，立足生态资源优势探索大生态绿色发展道路，实现县域经济社会发展全面提质。

（一）坚持以习近平总书记关于扶贫工作的重要论述凝聚发展共识

党的十八大以来，习近平总书记将扶贫开发摆在治国理政的突出位置，发表了系列重要论述，深刻揭示了我国扶贫开发的基本特征和规律，全面回答了脱贫攻坚的系列重大理论和实践问题，形成了思想深刻、内容丰富、体系完整的习近平总书记关于扶贫工作的重要论述。

江口县组织党员干部认真学习和深刻领会习近平总书记关于扶贫工作的重要论述，坚持以极高的政治站位，准确把握习近平总书记关于扶贫工作的重要论述的精神实质和深刻内涵，深入落实“大扶贫”战略，将脱贫攻坚作为全县经济社会发展的核心工作，凝聚以脱贫攻坚统揽经济社会发展全局的共识。

一是深刻领会“扶贫开发是社会主义的本质要求”的重要论述，认识到消除贫困对于扎牢党的执政基础、巩固执政地位的重要性。

二是深刻领会“农村贫困人口脱贫是全面建成小康社会最艰巨的任务”的重要论述，认识到脱贫攻坚是全面建成小康底线任务的基本要求。

三是深刻领会“扶贫开发要坚持发挥政治优势和制度优势”的重要论

述，认识到加强和改善党的领导对打赢脱贫攻坚战的重要作用，进一步加强党对脱贫攻坚工作的领导。

四是深刻领会“扶贫同扶志扶智相结合”的重要论述，组织引导鼓励支持贫困群众改变思想观念，自力更生，用辛勤劳动实现脱贫致富。

五是深刻领会“构建大扶贫格局”的重要论述，广泛调动全社会的积极性，充分用好社会各方面的资源和力量，不断形成持续巩固提升脱贫攻坚成果的强大合力。

六是深刻领会“抓好党建促脱贫攻坚”的重要论述，进一步加强基层党组织建设，加大基层党员干部的培养锻炼，把基层党组织建设成带领贫困群众脱贫致富的坚强战斗堡垒。

思想认识是行动的基础，江口县广大干部群众深刻认识到了脱贫攻坚在统揽经济社会发展中的重要性，并将行动统一到中央的决策部署上来。

（二）坚持脱贫攻坚与加强党建有机统一

江口县增强“四个意识”，坚定“四个自信”，坚决做到“两个维护”，深入落实“大党建”战略，充分发挥党委总揽全局、协调各方的领导核心作用，将脱贫攻坚与加强党建有机结合，坚持通过党委统揽脱贫攻坚与发展的方向、大局与政策，实现实施脱贫攻坚与加强党的执政能力有机统一。

一是狠抓党的政治建设，各级党组织把强化党的政治建设作为一项全局性、根本性、长远性、战略性任务深入抓、持久抓，健全党委统一领导、政府负责、各部门统筹协调的领导机制，各部门结合自身职能职责准确定位主动作为。

二是狠抓人才队伍建设，坚持党管人才原则，站在全局和战略的高度，严把选人用人“四关”，坚决纠正“四唯”问题，杜绝重选拔轻培养和论资排辈、平衡照顾现象，着力构建积极、开放、有效的人才政策体系和公平竞争的人才环境。

三是狠抓基层组织建设，充分发挥基层组织战斗堡垒作用和基层党员先锋模范作用，持续将优秀党员和回村定居、精力旺盛、热衷于公益事业的退休党员干部选配为村党组织书记，将有担当、带动能力强的回村大中专毕业生、返乡青年能人、致富能手、农业经营主体负责人培养成为党员，健全村干部报酬常态化提升激励机制和离任村干部保障机制。

四是狠抓工作作风建设，坚持以上率下大兴调查研究之风、真抓实干之风、勤俭节约之风，驰而不息纠正“四风”，强化责任担当，自觉把使命放在心上，把责任扛在肩上，凝心聚力狠抓工作落实，确保各项目标任务按时保质完成。通过脱贫攻坚战斗的洗礼，切实提升党员干部的工作能力，改善工作作风，提升基层党组织的战斗力，最终强化党建和巩固党的执政基础。

（三）坚持脱贫攻坚与乡村振兴有机衔接

脱贫攻坚中，江口县着眼于脱贫攻坚成果的稳定与可持续性，坚持将脱贫攻坚与乡村振兴有机衔接，着力推动乡村的可持续发展。

一是发展乡村振兴产业，以大健康、大生态产业为核心，做大产业规模、做长产业链条、做响农业品牌。把农业产业发展作为农民增收的重要渠道，推进现代农业体系建设，促进农业升级，让农民在参与发展中受益，在产业兴旺中致富。

二是推进乡村振兴试点，突出规划引领，突出实地落实，突出督查考核。坚持乡村振兴和新型城镇化双轮驱动，统筹城乡国土空间开发格局，优化乡村生产生活生态空间，分类推进乡村发展，全力打造生态宜居及各具特色的美丽乡村。

三是着力机制创新，巩固乡村振兴保障措施，夯实基层领导力量，深化村民自治实践，提升乡村德治水平，健全乡村综合治理体系。发展问题是永恒的，完成脱贫攻坚工作是一个新的发展起点，将脱贫攻坚与乡村振兴有机衔接，可为未来县域城乡协同发展与可持续发展提供重要保障。

（四）坚持脱贫攻坚与公共服务完善有机结合

针对基本公共服务的缺失问题，江口县在脱贫攻坚中着力提升县域基本公共服务的整体水平，切实改善教育、医疗、救助等基本公共服务水平和质量，推进脱贫攻坚与公共服务完善有机结合，实现相关政策之间的科学衔接，全面提升县域公共服务能力和水平。

一是以完善教育扶贫机制为基础推进教育服务均等化。江口县按照“小县办大教育，穷县办美教育”的理念，确保学前教育、义务教育、高中（中职）教育、高等教育等四个阶段教育资助政策全覆盖，坚决杜绝贫困家庭因贫失学和因学返贫；按照全力做好教育工程建设，切实优化教师队伍建设，全面提升教育教学质量的整体思路，集中全县教育资源，破解了乡村教育教学质量不高问题，保障城乡学生同等接受优质教育。

二是依托健全健康扶贫机制推进医疗服务质量提升。健全完善“四重”医疗补偿机制[①]，实现建档立卡贫困群众100%参合、100%群众落实大病集中救治、100%实行慢性病服务管理、100%落实家庭医生签约服务，免费开展慢性病“五＋五”服务。建立城乡居民医保全国异地就医联网直接结算机制，推进智慧医疗医共体项目平台系统建设，实现农村家庭医生签约服务全覆盖。

三是深入推进社会救助机制。建立农村低保与扶贫开发信息共享平

① “四重”医疗补偿机制：基本医疗保险（新农合）、大病保险、医疗救助和医疗扶助。

台，实现动态监测管理有效衔接。不断提高农村低保保障标准和低保对象救助水平，完善临时救助制度，及时对因灾、因病等符合条件的贫困家庭和个人提供临时救助；逐步提高农村特困人员供养水平，改善供养条件；健全困难残疾人生活补贴和重度残疾人护理补贴制度，将残疾人普遍纳入社会保障体系予以保障和扶持。

通过脱贫攻坚完善公共服务质量，构建完善的社会保障体系，实现对困难群众帮扶救助的常态化与制度化，是实现全面建成小康社会的重要保障。

（五）坚持脱贫攻坚与区域城镇化联动发展

江口县深入实施“四在农家·美丽乡村”基础设施建设六项行动计划，全力补齐农村基础设施短板，打通基础设施建设“最后一公里”，农村面貌全面改善，推进脱贫攻坚与区域城镇化联动发展。

一是以“路通水洁、电通讯畅”为目标，全面抓好“路、水、电、信、寨”等基础设施建设。杭瑞、安江高速和梵净山景区快速干道等一批骨干路网相继建成，国省干道、县乡道和“组组通”路网四通八达，乡乡通油路、村村水泥路、寨寨硬化路，江口交通实现外捷内畅。实施各类水利项目、饮水提升工程，从城到村实现“龙头一打开，清水自然来”。通信稳定畅通，4G 网络实现全覆盖。以“村美寨靓”为目标，全力改善农村人居环境，对江口县 4.8 万余农户实施危房改造和“五改一化一维”。

二是坚持将易地扶贫搬迁安置点选择在产业发展基础好、交通便利、就业有保障的城区、集镇、园区附近，实现脱贫攻坚与城镇化互动双赢。统筹落实“五个三”后续保障，确保已搬迁人口稳定搬迁，实现搬迁一户、稳定脱贫一户；用好用足城乡建设用地增减挂钩政策，增加易地扶贫搬迁收入；按照“五进社区”模式建设社区党组织和公共服务机构，切实解决搬迁群众就业、就学、就医、养老、殡葬、社会治理等方面的问题，着力打造和谐社区、活力社区。

二、江口县以脱贫攻坚统揽经济社会发展全局的改革创新

自2014年以来，江口县坚持以脱贫攻坚统揽经济社会发展全局，以加强党建为基础，以“五个一批”为抓手，通过产业绿色发展、基础设施完善、易地搬迁保障、教育均衡改革、社会保障水平提升等领域不断改革创新，有力推动了县域经济社会发展，奠定了同步小康基础，实现了既要富起来、又要绿起来、更要美起来的战略目标。

（一）“民心党建”与精准脱贫双推进

江口县紧扣脱贫攻坚目标任务，按照“围绕脱贫抓党建、抓好党建促脱贫”的总体思路，深入实施“民心党建”工程，积极探索党建扶贫新思路、新模式、新机制，促进了“民心党建”与脱贫攻坚双融合、双推进。

1. 人才支撑，加强队伍建设与提升带富能力双推进

脱贫攻坚，关键靠人。江口县采取个人主动申请、单位推荐、组织考察等方式，2017年以来，精准选派1397名干部到104个村（社区）驻村或担任第一书记，实现了贫困村5人以上、非贫困村3人以上干部驻村全覆盖，选优派强脱贫攻坚队伍。同时，依托鱼良溪市级党员干部短期实训基地、农村（社区）道德讲堂、农村党员干部远程教育站点等载体，结合大扶贫、大数据“两大战略行动”和大生态、大健康、大文化“三大跨越工程”，集中培训农村（社区）党组织书记、驻村干部和第一书记、农村致富带头人及农村妇女、“田秀才”“土专家”等，提升基层党员干部群众

的致富带富能力。探索推行了“1+3+1”帮扶模式（1名致富党员联系3名困难群众和帮助1户建档立卡贫困户），充分发挥致富带头人在脱贫攻坚中的示范引领作用。截至2020年底，江口县开展贫困村致富带头人集中培训343人，农村“三女”（持家女、家政女、锦绣女）1518人，农村经济人、产业等培训3.2万人次，着力培养了一批致富带富人才，建强了脱贫攻坚队伍。

2. 完善机制，优化服务网络与帮扶群众增收双推进

江口县以群众服务需求为导向，创新服务载体，完善服务机制，延伸服务触角，实打实服务群众增收致富。按照“党群部门联弱村、经济部门联穷村、政法部门联乱村、涉农部门联产业村”的精准联建帮扶思路，明确104个县直机关事业单位和25家民营企业与104个村（社区）开展联建帮扶，并按县级干部1帮5、科级干部1帮4、一般干部1帮3的模式，3200多名干部职工与9200多户贫困户28000名贫困群众结成帮扶对子，制作并发放干群联系卡，实行群众一日不脱贫、干部帮扶一日不脱钩。县扶贫办、县农牧科技局等部门单位设置群众服务接待室（窗口），各乡镇（街道）104个村（社区）以规范化建设干群连心室、道德讲堂和精准脱贫工作站、“党建+信合+”助推精准脱贫服务站等为抓手，优化整合资源，规范一套牌子、建立一套工作日志、建立一册群众来访台账、建立一套制度、明确一批服务群众流程、确立一些保障措施，形成了以县为龙头、以乡镇（街道）为纽带、以村（社区）为网底的三级服务群众网络，实打实为基层群众提供信贷申请、政策咨询、资金申请、技术指导等综合服务38960余人次。

3. 精准施策，健全帮扶体系与因户施策扶贫双推进

江口县结合党员干部遍访贫困村贫困户工作，按照“村不漏组、组不漏户、户不漏人”的要求，深入各村（社区）遍访贫困户，面对面了解民

情，建立一村一册、一户一档的贫困户信息档案，分析各户贫困原因，因户施策制定帮扶措施，明确脱贫时限和帮扶责任人，并录入全省扶贫数据系统“扶贫云”，形成了“贫困户基本信息—贫困原因—帮助措施—帮扶责任人—脱贫期限”等完善的帮扶体系。同时，明确要求各联建帮扶单位党政主要负责人每月到联建村现场办公不少于 1 天，各联建帮扶单位每年为联建村解决实际问题不少于 3 件，落实帮扶资金和物资不低于 6000 元，并建立工作台账和考核机制。截至 2018 年底，全县各联建单位党员干部、第一书记走访群众 79856 人次，为基层群众办理实事 1035 件，化解矛盾纠纷 42 起，为基层解决问题 753 个，帮助基层建立专业合作组织 62 个、县级以上示范家庭农场 14 个，带动了 8.1 户万农户参与农业产业化经营，促进了群众增收致富。

4. 示范带动，打造党建示范点与小康村建设双推进

江口县以“基层组织建设精品年”活动为契机，结合小康六项行动计划、“四在农家・美丽乡村”创建等工作，采取“以点带面、示范推进、交叉建设”的方式，统筹抓好各领域基层党建与小康村建设。按照“一室多用、规范实用”的原则及社区“一核为主、多元共治”的模式，采取“县财政解决一点 + 乡镇（街道）投入一点 + 联建部门帮扶一点”的方式筹集资金，县财政对每个新建、改扩建的村级活动场所分别匹配资金 20 万元和 5 万元，规范建设基层组织阵地。立足各村资源优势，积极探索“党建 + 信合 +”“党建 + 集体经济 +”“党建 + 电商 +”等模式，逐步推进了党建扶贫由“大水漫灌”向“精准滴灌”，“输血”式向“造血”式的转变。截至 2018 年底，全县打造了鱼良溪村产业党建、梵净山村旅游党建等 13 个党建扶贫示范点；建立了黑岩村产业带动型、快场村旅游引领型等 10 个集体经济发展示范点，通过党建示范点打造带动了小康村建设。

案例 杨再炼和他的“十个一”工作法

杨再炼是江口县闵孝镇鱼良溪村党总支书记，自2004年任村支书以来，他团结带领全村党员和群众大力调整产业结构，走出一条富民强村之路。按照“抓党建促发展”的总思路，党总支积极探索党建工作方法，以总支核心、堡垒作用发挥为总抓手，以党员互动、党群联动为总载体，以群众增收、社会和谐、共同小康为总目标，提出“把支部建在产业链上、把支部植入管理网中、把支部融进群众心里”，相继建立了水果、蔬菜党支部、特色加工（华龙根雕）企业党支部，建立了矛盾纠纷调解、环卫管理、项目监督网络组织。先后提出了党员“三带头”“五争先”，创新提炼出党员“十个一”工作法，全面发挥党员在社会各方面的引领带头作用，实现了党建工作与经济社会发展的互动“双赢”。通过开展党员“十个一”活动，群众的冷暖有人问、困难有人帮、致富有人带，群众的幸福指数提升了，对党员、干部的牢骚和埋怨也就少多了，甚至没有了，党群、干群关系得到了很大改善。不少群众高兴地说：“毛主席时代的党员、干部作风又回来了。”2014年，江口县探索的党员“十个一”工作法，得到赵乐际同志肯定性批示，写入贵州省《关于深入推进基层发展型服务型党组织建设的意见》。

（二）围绕大生态推动产业绿色发展

根据习近平总书记提出的“绿水青山就是金山银山”的绿色发展理念，江口县结合实际提出并实践以大生态为核心的产业绿色发展脱贫新思路。江口县立足生态优势和区位优势，着眼于可持续发展，按照“念好山字经、做好水文章、打好生态牌”的总体发展思路，发展以梵净山为核心的生态旅游产业，积极创建生态文明示范区，以“农业富民、旅游富民、生态富民”为目标全力打好生态文化产业脱贫攻坚战，以“村党支部＋合作社＋农户”的利益联结模式作为贫困群众的收入增长点。

1. 做实生态农业扶贫

江口县立足生态资源优势，打响“梵净山珍·健康养生”品牌，突出抓好生态茶、冷水鱼、猕猴桃 3 个主导产业和中药材、蔬菜 2 个增收项目，开发大健康生态农产品。自 2014 年以来，累计投入农业产业发展资金 20.11 亿元，其中发放“精扶贷”1.59 亿元，政府贴息 1775.67 万元，惠及 3011 户贫困户。

种植业方面，建成 4 个省级、7 个市级、7 个县级农业园区，实现乡乡有农业园区；建成茶园 15.97 万亩、精品水果 5.15 万亩、中药材 3.44 万亩、油茶 5.5 万亩，每年蔬菜种植稳定在 13 万亩以上。累计建成茶叶加工厂 43 家，其中建成抹茶生产线 1 条，碾茶生产线 18 条。

特色水产方面，江口县建成冷水鱼养殖场 28 个，养殖面积突破 7000 亩。2020 年，冷水鱼产量达到 7400 吨，占全省冷水鱼产量的 30%，成为贵州省冷水鱼养殖产量最高、面积最大的县和全省两个冷水鱼裂变式发展试点县之一。

生态畜牧业方面，依托铁骑力士等龙头企业发展生猪代养场 46 个，年出栏生猪 15 万头；建成肉牛养殖场 34 个，年出栏肉牛 9000 余头；建成工厂化蛋鸡养殖场 3 个，年产禽蛋 7400 吨以上。在农业产业扶贫中，江口县大力推行资源变资产、资金变股金、农民变股东的“三变”模式，建立贫困户利益联结机制，实现了所有建档立卡贫困户利益联结全覆盖。

2. 做大生态旅游扶贫

江口县依托梵净山独特生态文化旅游资源，大力发展全域旅游、乡村旅游和生态旅游扶贫。自 2014 年以来，建成了寨沙侗寨、云舍等全国金融扶贫示范点和乡村旅游扶贫示范点，国家 5A 级旅游景区 1 个，4A 级旅游景区 2 个，3A 级景区 1 个，打造乡村旅游示范点 6 个。2014—2020 年，旅游总人数从 435 万人次增加到 1366.47 万人次，旅游综合收入从 36.14 亿元增加到 115.38 亿元，旅游从业人数从 15769 人增加到 28315 人。旅游产业覆盖 7200 余户 2.5 余万人，成为农民增收的重要增长点。2015 年，江口县获得“全国休闲农业与乡村旅游示范县”称号。

案例　江口县寨沙侗寨、云舍乡村旅游扶贫示范点

寨沙侗寨位于贵州省铜仁市江口县太平镇梵净山村，地处世界自然遗产地、国家 5A 级景区梵净山脚下，省级风景名胜区太平河畔。距县城 15 千米，距梵净山景区 2 千米。全寨共有 75 户 321 人，其中侗族占全寨人口 78.8%，寨内民风古朴，民族风情浓郁，生态环境良好，是侗族群众聚居的一个自然村寨。近年来，寨沙侗寨依托梵净山生态文化资源优势，按照“山上做吸引力、山下做生产力、乡村做支撑力”的发展方向，大力发展乡村旅游，以金融扶贫、文化旅游扶贫为重点，采取“政府 + 公司 + 协会 + 农户”四位一体管理模式，高起点打造寨沙侗寨旅游扶贫试点，形成了乡村旅游扶贫“寨沙模式”。

一是成立梵净山担保公司，向国家开发银行、农行、信用联社等金融机构争取金融贷款支持 1636 万元，用于建房和开办农家乐。二是积极争取上级资金，投资 5900 万元发展寨沙侗寨乡村旅游，修缮侗家木楼 76 幢，建成侗寨大门、寨沙吊桥、2500 平方米文化广场、1500 米流水景观、侗寨钟鼓楼、民族风情表演场以及风雨廊桥等基础设施。三是邀请省民族歌舞团、本土专家长期进驻

侗寨讲课传艺，开展与周边从江县和黎平县侗家民俗大师文化交流合作，组建了一支50余人的民俗技艺表演队伍，精心打造了一台原生态文化演艺节目《月上寨沙》，受到游客的喜爱和好评。四是成立寨沙乡村旅游协会，积极扶持村民发展农家乐。截至2017年，寨沙侗寨有乡村旅游农家乐、民宿客栈74户，有乡村旅游从业人员370余人，每日可接待游客3000余人次。2020年，寨沙侗寨接待游客25.63万人次，综合收入1.01亿元。随着梵净山文化旅游业的蓬勃发展，寨沙侗寨成为梵净山旅游一道亮丽的风景线，成为游客休闲度假的好去处，并先后入选"中国少数民族特色村寨"、全国金融扶贫乡村旅游产业示范村、国家3A级景区和贵州省100个文化旅游景区乡村旅游示范点。

巍巍梵净山下，幽幽太平河畔，坐落着一座宛若世外桃源般的自然村落，这便是被誉为"中国土家第一村"的江口县太平镇云舍村。云舍村距江口县城3千米，距梵净山东大门10千米，总面积4公顷，居住4个自然村寨10个村民组，共417户1925人，这里现仍完整保留着傩堂戏、拦门礼等传统土家习俗，金钱杆、摆手舞、伴嫁歌等土家歌舞广为流传，土法造纸术沿袭至今。云舍2002年被纳入国家旅游局帮扶点；2004年被省政府定为"全省乡村旅游示范点"；2005年被国家旅游局批准为"全国农业旅游示范点"；2007年被评为中国首批"旅游文化示范地"；2014年被国家住房和城乡建设部与国家文物局评为第六批"中国历史文化名村"；2015年被国家旅游局评为国家4A级旅游景区。近年来，江口县依托梵净山特色文化旅游资源优势，以东西部协作对口帮扶机遇为发展契机，着力打造和提升云舍国家4A级景区，探索出了"旅游+扶贫"的新模式，让农村变景区，让贫困农户真正脱贫致富。云舍景区规划总面积约1632亩，项目建设分三期进行，一期为门景系统工程，建设内容为游客服务中心、停车场、荷花池、游泳池等；二期为古村落改造工程，建设内容为房屋立面改造、龙潭河整治、安置区建设、游线交通建设等；三期为景区提升工程，建设内容为旅游景观景点、民宿酒店、公厕等旅游配套服务设施、标识标牌系统等。截至2018年，云舍景区已投入1.2亿元，建成了门景区、环山公路、停车场，修缮和改造了古村落民居和古法造纸坊。正式营业的农家乐、民宿客栈有45家，日可接待游客5000余人。2020年，云舍景区接待游客23.27万人次，综合收入0.89亿元。随着云舍景区的不断完善和提升，云舍景区还辐射带动周边镇江、梭家、岑忙、老街等4个行政村1万余群众发展，让村民们享受到了旅游扶贫的红利。

案例　江口县“景区带村”助推旅游扶贫

江口县依托梵净山优质旅游资源，坚持以全域旅游为抓手，按照“建一个景区、引一批企业、活一带经济、富一方群众”的思路，通过抓好景区建设、发展乡村旅游带动周边村寨脱贫致富奔小康，走出了一条“景区带村”旅游扶贫新路。

一是科学规划建设，让贫困农村美起来。通过给予企业优惠配套政策支持，引导企业参与旅游扶贫开发、群众发展乡村旅游服务，充分激发了社会参与乡村旅游发展的动力；遵循民族文化传统村落保护原则，结合山水风貌、人文民俗、交通地理等特点，着力构建“一品一特”乡村旅游发展格局；坚持因地制宜、分类规划建设的原则，打造特色鲜明的民族文化、山水体验、传统村落、农旅一体化等乡村旅游景点，实现了“农村”到“景区”转变。

二是创新发展方式，让乡村旅游强起来。创新推出政府、旅游部门、银行、担保公司、项目业主“五位一体”项目融资模式，破解了金融机构不放贷、贫困群众不敢贷难题；推行“以企带户”模式，实行企业“带贫帮困”扶贫责任机制，企业在用工和收购农产品的过程中优先考虑和保障贫困户，带动景区沿线贫困群众稳定增收致富；鼓励群众通过“精扶贷”方式筹集资金，带动景区周边想脱贫、敢创业的贫困群众发展乡村旅游。

三是丰富产业形式，让贫困群众富起来。旅游景区景点周边发展精品民俗、乡村旅馆和农家乐，做大做强乡村旅游品牌，促进农村产业结构调整，切实增加贫困群众收入。坚持农旅融合，着力把特色农产品打造成高附加值的旅游商品，让贫困户成为旅游商品的“供应商”和受益者。完善“利益链”，整合农村资源、闲散资金和劳动要素入股到合作社，形成“政府＋公司＋合作社（基地）＋农户”的利益联结模式，实现了资源变资产、资金变股金和农民变股东的转变。

3. 做强生态补偿扶贫

江口县抢抓国家重点生态功能区、实施新一轮退耕还林和森林植被恢复建设等机遇，认真落实生态补偿扶贫各项政策。2014 年以来，全县完成退耕还林 7.01 万亩，兑现退耕还林补助资金 7960.39 万元，涉及农户 1.66 万余户 4.98 万余人，其中贫困户 3129 户 9387 人。发放生态公益林补助资金 7126.66 万元，涉及农户 4.3 万户 15.05 万人，其中建档立卡贫困户 4717 户 16509 人；聘请 1680 名建档立卡贫困群众担任生态护林员，年人均工资 1 万元，助推了贫困群众增收脱贫。

（三）“四在农家·美丽乡村”基础设施建设

乡村美、群众富，基础设施是关键。江口县为切实解决农村过去“交通闭塞、路面泥泞，种田靠天、吃水靠抬，信号不强、供电不稳”等问题，以“四在农家·美丽乡村”建设为抓手，推进基础设施建设与乡村振兴有机对接，集中力量抓好路、水、电、信等基础设施建设，切实改善了农村人居环境和发展基础，为未来乡村振兴奠定了坚实基础。

1. 建设小康路

自2014年以来，累计投入67.79亿元用于大交通建设。建成安江高速，正在建设江大高速公路，使江口融入了国家交通大动脉和省城3小时经济圈；实施国省道路、县乡道路、通村公路、通组公路建设，实现村组路网全覆盖。截至2018年底，建成高速公路76.3千米、国省干道324.2千米、县乡公路518千米（县道244.2千米、乡道273.8千米）、旅游公路127千米、通村公路582.5千米、“组组通”硬化道路1213千米，公路总里程达2714千米，是2014年的3倍以上。实现了100%的乡镇通油路，100%的行政村通水泥路，30户以上自然组100%通水泥路。

2. 建设小康水

自2014以来，累计投入水利建设资金15.96亿元，实施骨干水源、病险水库整治各类综合水利项目180个。建成渔粮中型水库并向县城供水。其中整合各类涉农资金1.22亿元，实施农村人饮安全巩固提升全覆盖工程，实现100%的村民组通自来水，水质达标率100%。

3. 建设小康电、小康讯

自2014年以来，累计投入4.67亿元，大力实施农网升级改造。新建和改造配网线路266条（次），共计131.42千米。新增配变压器644台，户均容量达到3.06千伏安，江口县供电可靠率达到99.82%。推进“三网融合”工程，几年来江口县相继完成了城区及所有行政村 FTTH 光纤宽带接入建设，并在原有 2G、3G 网络的基础上进行扩容新建，实现 30 户以上自然村寨 4G 网络交叉覆盖率 100%，并于 2020 年开始实施 5G 网络建设，截至 2020 年底，已新建 5G 基站 46 个。

4. 建设小康寨

结合文明村寨创建，以组为单位成立组委会，扎实推进村庄环境大整治行动，建成村级文化广场（含欢乐院坝）286 个；村（社区）综合性文化服务中心 105 个、文化墙 680 个，实现“村容整洁、乡风文明、社会和谐”。

案例　江口县坝盘镇龙阳村“四在农家·美丽乡村”建设

龙阳村位于坝盘镇南部，距镇政府 27 千米，是江口县最为偏远的村落之一，2014 年贫困发生率 26.95%。近年来，龙阳村结合“四在农家·美丽乡村”建设，以脱贫攻坚统揽村寨发展，逐步形成了基础设施大提升、人居环境大改善、农业产业大发展、干群关系大融合、党风民风大好转的良好局面。2017 年底，龙阳村实现整村脱贫摘帽，贫困发生率下降至 1.67%。

一是狠抓全村基础设施建设，彻底改善群众的生产生活条件。脱贫攻坚以来，全村累计完成连户路建设 190 条 6.7 万千米，建成通组路 15 条累计 21.05 千米，建成安全人饮工程 5 个，铺设维修管道 2.6 万米，完成村级公共厕所改造 1 个，完成人行步道建设 1500 千米，建成文化广场 1 个，铺设街上片区柏油路 1.3 千米，成为全镇第一个新铺柏油路的新农村。

二是生态自然环境宜居。按照乡村旅游的发展定位，主动融入全市“一带双核”旅游项目布局，按照生态、生产、生活“三生融合”和农业、文化、旅游“三位一体”的理念，大力开展人居环境提升工程，累计帮助农户实施完成“五改一化一维”工程467户，完成破旧房屋整治和围栏建设136户，安放垃圾桶65个，建成绿化带面积达5600多平方米。结合全县“六绿”攻坚行动，大力实施村寨绿化、亮化、美化和净化工程，保护自然生态环境，建设美丽宜居家园。

三是精神文娱生活丰富。注重把文明创建、社会治理、文化活动、基层组织建设有机结合起来，把农村精神文明建设作为乡风文明综合治理、打赢脱贫攻坚战的重要任务，大力兴建文化活动广场、农家书屋和文化墙等，组建秧歌队、广场舞等文艺队伍，通过开展各类活动，深入推进党的政策好、人居环境好、社会风气好、干群关系好“四个好”宣传创建活动，让农民精神文化生活更加丰富多彩、乡村更加和谐安定。

（四）“33322”易地扶贫搬迁工作机制

江口县按照贵州省委、省政府“六个坚持”要求，探索出以三个保障、三个重点、三个关键、两个措施、两个机制为核心的“33322”易地扶贫搬迁工作机制，确保农户搬得出、稳得住。

1. 强化组织领导、政策制度和目标责任三个保障

一是自2016年以来，江口县按照省、市易地扶贫搬迁工作部署，成立了由县委书记、县长任双组长，县直相关职能部门、乡镇为成员的县易地扶贫搬迁工作领导小组，负责全县易地扶贫搬迁的统筹协调，定期召开工作调度会议，统筹解决调度项目推进的困难和问题，抽调了15名工作人员具体办公，制订了年度实施计划，建立了“县负总责、乡镇

（街道）主体、群众参与、部门协作”的工作机制和县级领导干部包保安置点的责任机制，进一步明确了各乡镇、各县直部门的工作职责。各项目实施乡镇（街道）严格按照县年度实施方案工作要求，均成立了易地搬迁脱贫指挥机构，组建工作专班，实行倒排工期、挂图作战，为全县易地搬迁脱贫工作提供坚强的组织保障。二是落实政策制度保障。在严格落实住房政策、土地政策、就业政策、产业政策、社会保障政策的基础上，各乡镇（街道）和民政、农牧科技、扶贫、卫计等部门结合易地扶贫搬迁群众的发展需要制定了工作方案，做好培训、就业、产业发展等后续保障工作，妥善解决搬迁群众的长远生计问题。三是落实目标责任保障。把易地扶贫搬迁工作纳入县年度绩效目标考核，实行“定目标任务、定时间进度、定责任人员、定工作措施、定责任追究”五定工作机制，确保保质保量完成项目建设。

2. 突出宣传发动、对象确定和安置方式三个重点

一是广泛宣传发动。通过召开各种动员和宣传会议，深入村组逐户了解群众的真实愿望和实际困难，做好搬迁群众思想工作，消除搬迁群众的思想顾虑。通过在各安置点制作标语牌和工程牌等方式加大宣传力度，做到宣传贯彻到位、政策执行到位。二是精准确定搬迁对象。按照搬迁对象精准到村到户的要求，组织干部进村入户调查摸底，注重将“一方水土养不起一方人”、生存环境恶劣、贫困率发生高的自然村寨贫困群众作为重点搬迁对象。三是坚持以城镇集中安置为主，始终坚持以岗定搬，以岗促搬，充分考虑到搬迁群众搬迁后就学、就业、就医和出行办事便捷等生产生活需求，结合江口县全域旅游规划、当地建筑风格、自然环境等因素，因地制宜、科学合理进行规划设计，提升搬迁群众的幸福指数。

3. 狠抓工程质量、资金管理和督促检查三个关键

一是狠抓工程质量。严格落实工程建设各方质量安全主体责任，把加

强质量安全监管贯穿于规划、建设、管理全过程。建立了易地扶贫搬迁工程质量终生责任制度和易地扶贫搬迁工程标志标牌制度，由县住建部门派技术人员驻点，强化施工质量监管。同时，加强资料收集和建档工作，做到情况清、底数明、资料完善、档案齐全、规范有序。二是狠抓资金监管。按照省、市项目资金管理有关规定，制定了《江口县易地扶贫搬迁项目资金管理方案》，对项目的各类资金进行统一调度、专账管理、专款专用。三是狠抓督促检查。将年度易地扶贫搬迁工作任务纳入各乡镇（街道）及县直部门绩效目标考核内容。严格执行“一月一督查、一月一通报、一月一调度”工作机制，强化对项目建设进度的督促检查，对工作进度滞后的实行预警通知、约谈提醒和诫勉谈话；对推进不力、未按期完成工作任务的乡镇（街道）主要负责人进行约谈，并启动问责程序。

4. 强化移民生计保障和后续扶持发展两个措施

搬迁是手段、脱贫才是目的，江口县紧紧围绕搬迁贫困群众的生计保障和后续扶持发展，采取超常规措施，着力在“搬得来”“稳得住”“能致富”三个方面下功夫。一是江口县及时调整充实了以县长任组长、分管移民、教育、就业、卫生、民政、国土等部门的副县长任副组长，相关职能部门、乡镇（街道）为成员的县易地扶贫搬迁移民生计保障和后续扶持发展工作领导小组，抽调相关人员具体办公，确保移民生计保障和后续扶持各项工作有人抓、有人负责。二是严格落实易地扶贫搬迁“五个三”[①]配套措施，夯实移民生计和后续发展能力。在移民生计保障方面，建立搬迁贫困对象临时生活困难救助机制，把该纳入低保的搬迁贫困群众全部纳入最低生活保障，做到应保尽保，加强搬迁对象家庭的就学、医疗、低保、养

---

① 易地扶贫搬迁“五个三”：一是盘活承包地、山林地、宅基地“三块土地”；二是统筹就业、就学、就医“三大问题”；三是衔接低保、医保、养老保险“三类保障”；四是建设经营性公司、小型农场、公共服务站“三个场所”；五是探索集体经营、社区服务管理、群众动员组织“三个机制”。

老金等帮扶措施转接、落实工作，确保各项后续扶持政策及时兑现，落实到位。同时建立贫困群众“四重医疗”保障机制，提高贫困群众就医报销比例，避免搬迁贫困家庭因病返贫。在移民就业方面，依据搬迁对象家庭实际情况和就业意愿，由县就业局牵头，相关部门协作，切实组织搬迁群众开展定向、定单、定岗，有针对性的移民就业技能培训，让搬迁对象掌握一种或多种技能本领，通过政府组织劳务输出务工、县内园区、企业就业和开发公益性岗位就业等渠道，实现有劳动力的搬迁对象家庭至少 1 人稳定就业。同时在有产业优势的项目乡镇积极引导搬迁农户参与产业发展，以“精扶贷”入股，采取“公司 + 专业合作社 + 村级组织”发展模式，带动搬迁贫困户逐步实现自主脱贫。在移民土地流转经营方面，通过土地确权到户再流转的方式，让搬迁群众吃下“定心丸”。

5. 积极探索创新易地扶贫搬迁工作两个机制

江口县在开展易地扶贫搬迁工作中，精准聚焦“怎么搬”和“搬出来后怎么办”两大问题，探索了易地扶贫搬迁“四定”工作法，即以群众意愿“定”搬迁地点、以就业岗位“定”搬迁人数、以家庭人口“定”安置面积、以家庭情况“定”脱贫措施。“四定”工作法得到了中央、省、市领导的高度肯定和全国广大新闻媒体的特别关注，自 2016 年以来，全国各地共有 100 余个考察团来江口县学习易地扶贫搬迁工作。2017 年 6 月，中央电视台到江口县拍摄易地扶贫搬迁专题片，作为向党的十九大献礼，在北京“砺行奋进的五年・十八大成果展”大型展览馆进行了 3 个月的巡回展播。同时，为确保搬迁成效，江口县积极创新社区管理机制，对 1000 人以下的安置区，纳入迁入地社区一个村组进行管理，1000 人以上的安置区单独成立社区，在社区成立党支部或者社区党委，由一名副科级领导干部担任安置区党支部书记或党委书记，切实增强基层组织的凝聚力，抽调相关工作人员在社区具体办公和服务搬迁群众，使搬迁家庭尽快融入城镇生活，实现一步住上新房子，快步过上好日子的目标。如2017年凯德街道安置区成立了梵瑞社区和社区党委，抽调20名干部职工在社区办公和服务群众。

案例 江口梵瑞社区：此心安处是吾乡[①]

江口县梵瑞社区易地扶贫安置项点，共安置搬迁居民2363户10185人（其中建档立卡贫困户1751户7682人）。为让搬迁群众稳得住、快融入，成功转换为具有现代城镇化综合素质的“新市民”，江口县坚持党建引领，高规格成立了梵瑞社区党委，通过推进党的组织和工作覆盖，强化后续保障，带领搬迁群众在新家园过上了新生活。梵瑞社区党委成立以来，始终坚持“挪穷窝”与“拔穷根”并举，按照“五个三”要求，千方百计帮助搬迁群众实现安居乐业，做到产业、就业、帮扶、培训、服务全覆盖。

一是做好党建，为搬迁群众提供强有力组织保障。按照“机制健全、运行高效、服务规范、管理精细、群众满意”的目标要求，从社区所在凯德街道选派党建指导员进社区指导建立党组织，相继成立了5个党支部和15个党小组，形成了“党支部建在小区、党小组建在楼栋”的组织管理架构，实现党的组织和工作全覆盖，为移民扶贫搬迁社区发展提供强有力的组织保障。

二是做好服务，丰富搬迁群众的精神文化生活。社区党委通过“社区党委+党支部+党员”“社区+干部+楼长”服务模式，对搬迁群众反馈的问题及时“把脉”，“对症”施策；建立了文娱活动中心，组建广场舞、山歌堂等文艺队伍，积极开展各类活动丰富群

① 龙腾：《江口梵瑞社区：此心安处是吾乡》，http://www.ddcpc.cn/szx/tongren/jkx/201812/t20181203_315157.shtml，2018年12月3日。

众精神文化生活；为老人们修建了约170平方米的老年活动中心，不仅让搬迁群众老有所居，还让群众老有所乐；每逢中秋、春节等传统节日，社区党委都要组织吃团圆饭、迎新春等活动。

三是做好后续保障，帮助搬迁群众实现创业和就业。组织县内外企业到社区开展现场招聘会，并将社区内190余个商铺整合，通过招商引资，带动移民群众创业、就业，有效拓宽搬迁群众的就业渠道；按照“培训一人，就业一人，脱贫一户”目标，委托第三方培训机构开展贫困群众劳动力就业培训，助力搬迁群众全面提升综合素质。

（五）推进教育改革与均衡发展工程

习近平总书记强调，要把发展教育扶贫作为治本之计，确保贫困人口子女都能接受良好的基础教育，具备就业创业能力，切断贫困代际传递。江口县通过实施教学质量“3223”教育赶超战略工程[①]，探索推行“三破三立”教育体制改革，通过深化教育体制改革，在落实教育扶贫的过程中实现了教育服务的均衡化和教育教学质量稳步提升。

1.“三个聚焦”筑实教育发展“奠基石”

一是聚焦设施完善，全面改善办学条件。2014—2020年，江口县教育经费从2.8亿元增加到5.17亿元，累计投入教育基础设施资金11亿元（含设施设备采购1.89亿元），新建成江口中学、县第四中学、县第二小学、县第三小学、县第五中学、县第三幼儿园、民和镇第二幼儿园、闵孝镇第二小学、县第一小学，改建江口中学综合大楼，新增和改扩建面积

① “3223”教育赶超战略工程：从2016年起，江口县计划用3年时间，打造2所省市级优质名校，在20所中小学实施课程改革等实战型战略，促进管理优化和质量提升，并在战略工程实施过程中历练培育中小学课程改革骨干教师300名，最终实现江口教育水平的整体提升，实现后发赶超。

50.4 万平方米，新增学位 8000 余个，切实改善教育基础设施，满足城乡学生对优质教育的需求。

二是聚焦队伍建设，全面优化教师配置。通过特岗招聘、人才引进、公开招聘等措施，不断优化教师配置。自 2014 年以来，江口县新增教师 525 人，有效破解了学科结构不合理、师资紧缺等问题。同时抓实教师继续教育工作，扎实开展“送教下乡”活动，激发乡村教师参与教研工作的积极性，促进城乡教师之间交流互学，有效提升了农村教师整体素质。

三是聚焦资源共享，全面推进营养改善。严格实施“营养改善计划”，推行“贵州模式”营养午餐，所有实施营养改善计划的学校食堂实行自办自管，坚持公益性零利润运营。在巩固“581”工程的基础上，开始深入实施“681”升级工程。

2.“三破三立”构建教育管理“新机制”

一是破教学管理单一化，立多元办学新机制。建立“政府主导、社会参与、多元主体”的多元办学体制机制，不断提高教学质量。2015 年至 2020 年，小学六年级终端检测学科总均分排全市第一名，2015 至 2020 年中考总均分全市排名分别是第一名、第一名、第二名、第一名、第二名和第二名；2015 至 2020 年高考本科上线率分别为 17.26%、46.3%、53.32%、54.31%、51.00%、56.41%。

二是破职称评聘过场化，立聘用督导新机制。建立校长竞争性选拔机制，实施学校校长聘用班子成员、班子成员聘用班主任、班主任聘用科任教师的三级聘用机制，对没有获得评聘的教师参加“二次上岗”考试，成绩排名靠后的十位教师参加末位培训。自 2014 年以来，江口县公开选聘 7 所学校校长、1000 余名教师参加“二次上岗”考试，592 名教师因教学质量不高参加末位提高培训班。

三是破考核评价封闭化，立综合考评新机制。实行职称聘用与年度考核直接挂钩，一年不合格降一级职称，连续两年不合格做待岗处理，连续三年不合格解聘。探索建立学校及教师管、办、评分离机制，主动接受人大代表、政协委员等对学校及教师的评价，外聘专家团队对教师教学能力进行评价。自 2014 年以来，全县有 7 名教师考核不合格被降聘一级岗位工资。

3、“易扶优学”改革保障搬迁群众子女“上好学”

为巩固提升教育脱贫成效，持续做好易地扶贫搬迁教育保障，确保搬迁群众“搬得出、稳得住、能致富”，实现搬迁群众子女从“有学上”转变到“上好学”，江口县于 2019 年 9 月至 2022 年 7 月，通过近 3 年时间实施“易扶优学”改革工程，致力优化凯德街道梵瑞社区易地扶贫搬迁点群众子女教育保障工作。该工程明确了梵瑞社区易地扶贫搬迁点的群众子女，县内就近就读的各阶段学校建设目标为进一步深化教育改革，优化育人环境，加强师资队伍建设和校园文化建设，实现搬迁点学校教育教学提质升级，江口中学通过省级示范性普通高中三类升二类评估，江口淮阳中学创建为全省特色学科支持计划品牌学校，第四中学创建为校园足球、传统文化特色示范校，凯德民族学校创建为“阳光校园・智慧教育”全省十佳学校，县第二幼儿园力争创建为省级示范性幼儿园，县第三幼儿园创建为市级示范性幼儿园。五项改革措施为党建引领常态化行动、校园办学特色化行动、师资力量集聚化行动、服务环境人文化行动、教育质量优质化行动。三个实施步骤：优化配备，基础构建阶段；全面共建，“五化行动”阶段；完善机制，形成经验阶段。

4.“三个精准＂织好教育扶贫“保障网”

一是部门联动，确保助学目标精准。建立教育、扶贫、民政、团委、妇联等部门紧密配合的工作机制，按照“精准识别、动态管理”原则，进村入户摸清底数、瞄准对象，构建覆盖每所学校、每个贫困家庭学龄人口的信息管理机制，明确帮扶目标、任务和责任，并绘制教育扶贫任务书和路线图，按每个时间段的具体任务目标扎实推进。二是因户施策，确保助学措施精准。与国家学籍系统、扶贫办建档立卡信息系统对接，根据学校实际情况及学生家庭情况实施具有针对性的帮扶措施，发放《资助政策明白卡》《资助政策兑现告知书》，教育扶贫5个阶段31个资助项目逐项宣传落实，实现建档立卡贫困户宣传率、知晓率、学生资助申报成功率“3个100%”。三是从严审核，确保助学对象精准。建立“免、助、贷、补”多位一体的资助体系，严格按照程序确定资助类型、资助名单和受助标准，确保贫困学生“应免尽免”“应助尽助”“应贷尽贷”“应补尽补”。

表2-1 江口县教育扶贫5个阶段31个资助项目清单

阶段	资助项目
学前教育 3项资助	1. 国家“营养改善计划”补助金800元/人·年（3+1模式，国家3元，地方匹配1元，普惠制所有学生全覆盖—名额不限无须申请），2018年秋季学期后600元/人·年（地方不再匹配资金）。 2. 国家学前教育贫困幼儿资助金500—800元/人·年（名额有限—需向幼儿园申请—精准扶贫户全覆盖）。 3. 铜仁市建档立卡贫困户学生兜底资助金600元/人·年（精准扶贫户学生全覆盖—名额不限需持贵州省贫困户登记卡、学生本人身份证或户口簿、家庭信合农补存折，县内学生向学校、县外学生向户籍地教育局申请—以县级扶贫部门审核认定为准）；实施截止时间为2018年春季学期。
小学教育 4项资助	1. 国家免学费、免教科书费、免住宿费政策（普惠制—所有学生全覆盖名额不限—无须申请）。 2. 国家“营养改善计划”补助金1000元/人·年（4+1模式，国家4元，地方匹配1元；普惠制所有学生全覆盖—名额不限—无须申请）；2018年秋季学期后800元/人·年（地方不再匹配资金）。 3. 国家寄宿生生活费补助金1000元/人·年（2017年以前普惠制小学教育所有寄宿学生全覆盖—2018年以后覆盖70%寄宿生—名额有限需向学校申请—学校将补助金打入学生家庭信合农补存折，学生到学校吃晚餐需返交学校用作晚餐费）；2019年秋季学期以后更名为农村义务教育阶段家庭经济困难生生活补助，住校1000元/人·年，非住校500元/人·年（建档立卡、农村低保、特困救助和困难残疾“四类学生”全覆盖，在满足“四类学生”的前提下，还可以涵盖住校的其他贫困学生，资助资金分学期直接打入“一卡通”）。 4. 铜仁市建档立卡贫困户学生兜底资助金600元/人·年（精准扶贫户学生全覆盖—名额不限—需持贵州省贫困户登记卡、学生本人身份证或户口簿、家庭信合农补存折，县内学生向学校、县外学生向户籍地教育局申请，以县级扶贫部门审核认定为准）；实施截止时间为2018年春季学期。

续表

阶段	资助项目
初中教育 4 项资助	1. 国家免学费、免教科书费、免住宿费政策（普惠制—所有学生全覆盖名额不限—不需申请）。 2. 国家“营养改善计划”补助金 1000 元 / 人・年；（4+1 模式，国家 4 元，地方匹配 1 元；普惠制所有学生全覆盖—名额不限—无须申请）；2018 年秋季学期后 800 元 / 人・年（地方不再匹配资金）。 3. 国家寄宿生生活费补助金 1250 元 / 人・年（2017 年以前普惠制—初中教育寄宿学生全覆盖—2018 年以后覆盖 70% 寄宿生—名额有限需向学校申请—学校将补助金打入学生家庭信合农补存折后因学生到学校吃晚餐需返交学校用作晚餐费）；2019 年秋季学期以后更名为农村义务教育阶段家庭经济困难生生活补助，住校 1250 元 / 人・年，非住校 612.5 元 / 人・年（建档立卡、农村低保、特困救助和困难残疾“四类学生”全覆盖，在满足“四类学生”的前提下，还可以涵盖住校的其他贫困学生，资助资金分学期直接打入“一卡通”）。 4. 铜仁市建档立卡贫困户学生兜底资助金 1000 元 / 人・年（精准扶贫户学生全覆盖—名额不限—需持贵州省贫困户登记卡、学生本人身份证或户口簿、家庭信合农补存折，县内学生向学校、县外学生向户籍地教育局申请，以县级扶贫部门审核认定为准）；实施截止时间为 2018 年春季学期。
普通高中 4 项资助	1. 国家助学金 2017 年及以前为 2000 元 / 人・年；2018 年起分三档：一档 1500 元 / 人・年、二档 2000 元 / 人・年、三档 2500 元 / 人・年（名额有限—需向学校申请—精准扶贫户、计生“两户”、复员退伍军人家庭学生优先—复读学生、休学学生不予资助，精准扶贫户须全覆盖）。 2. 国家免学费补助金江口中学 1600 元 / 生・年、淮阳中学 760 元 / 生・年（农村精准扶贫户、低保家庭、特困救助供养和残疾学生全覆盖—名额不限—“绿色通道”、零资料，报名时立即减免—最终以扶贫办、民政和残联审核为准—复读学生、休学学生不予资助）。 3. 贵州省教育精准扶贫学生资助金 1900 元 / 人・年（精准扶贫户学生全覆盖—名额不限—需持贵州省贫困户登记卡、学生本人身份证或户口簿、省内学生以学生资助卡、省外学生以家庭信合农补存折，省内学生向学校、省外学生向户籍地教育局申请—以省级扶贫部门审核认定为准—复读学生、休学学生不予资助）。 4. 铜仁市建档立卡贫困户学生兜底资助金 3000 元 / 人・年（精准扶贫户学生全覆盖—名额不限—需持贵州省贫困户登记卡、学生本人身份证或户口簿，县内学生以学生资助卡、县外学生以家庭信合农补存折，县内学生向学校、县外学生向户籍地教育局申请—以县级扶贫部门审核认定为准—复读学生、休学学生不予资助）。

续表

阶段	资助项目
中职学校 4 项资助	1. 国家助学金 2000 元 / 人・年（一、二年级学生全覆盖—名额不限—需向学校申请—休学学生不予资助）。 2. 国家免学费补助金 2000 元 / 生・年（普惠制—所有学生全覆盖—名额不限—需向学校申请—休学学生不予资助）。 3. 贵州省教育精准扶贫学生资助金 1900 元 / 人・年（一、二年级精准扶贫户学生全覆盖—名额不限—需持贵州省贫困户登记卡、学生本人身份证或户口簿，省内学生以学生资助卡、省外学生以家庭信合农补存折，省内学生向学校、省外学生向户籍地教育局申请—以省级扶贫部门审核认定为准—休学学生不予资助）。 4. 铜仁市建档立卡贫困户学生兜底资助金 3500 元 / 人・年（一、二年级精准扶贫户学生全覆盖—名额不限—需持贵州省贫困户登记卡、学生本人身份证或户口簿，县内学生以学生资助卡、县外学生以家庭信合农补存折，县内学生向学校、县外学生向户籍地教育局申请—以县级扶贫部门审核认定为准—休学学生不予资助）。

（六）创新特殊困难群体集中供养（养老）机制

江口县围绕精准脱贫，以敬老院和农村互助幸福院为依托，采取集中供养方式，实现农村兜底对象精准脱贫、稳定脱贫、同步小康，有效破解农村兜底对象稳定脱贫难题。

1. 整合资源，建设好集中供养场所

一是选址新建。按照集中供养、互助养老方式，统筹考虑各村寨特困人员总量、辐射面积，规划新建了凯德街道敬老院，实现全县乡乡有敬老院，切实满足特困人员入住需求。

二是提质改造。结合所在乡镇（街道）集中供养人数和养老人员，按照相关建设标准要求，对现有 7 个乡镇（街道）敬老院进行提质改造，作为集中供养和养老场地，其中创建乡镇星级示范性敬老院 2 个，进一步扩大了敬老院的服务空间，优化了敬老院的服务环境。

三是修缮利用。根据各村需集中供养人员数量，投入资金对合并村后闲置村委会、村级小学实施“581”工程后闲置学校进行修缮后，改建为

村级互助幸福院，按照就近安置原则，对所在村兜底对象进行集中供养。自2014年以来，江口县建成敬老院10所、规范化农村互助幸福院34所，增设养老服务床位927张，集中供养特殊困难群众693名，有效满足了全县集中供养需求。

2. 整合资金，保障好集中供养投入

一是财政支持。县财政每年补贴每个村级互助幸福院工作经费2万元，用于服务人员工资和生活补助，切实保障运转。

二是民政保障。对集中供养对象是特困人员的，由县民政局按国家救助划归敬老院或互助幸福院统一管理使用；对集中供养对象是低保对象的、入住敬老院的，由民政资金按每人每月500元支付生活费给敬老院，入住村级互助幸福院的，由民政资金按每人每月350元支付生活费给村级互助幸福院，不足部分由县财政统筹解决。自2014年以来，江口县投入特困供养金3150余万元。

三是对象自筹。对部分无生活自理能力，但有法定赡养人且其法定赡养人有能力赡养而因外出务工无法赡养的，本着自愿原则，可入住村级互助幸福院，所在家庭交纳一定生活费，由互助幸福院集中供养，既解决了入住人员生活问题，又解决了其家庭劳动力外出务工后顾之忧。

3. 整合力量，服务好集中供养对象

一是开展医院义诊。加强互助农村幸福院集中供养对象健康管理和服务，由县人民医院、县中医院等县城主要卫生医疗机构及乡镇（街道）卫生院与农村互助幸福院开展结对健康服务帮扶活动，定期到农村互助幸福院开展健康义诊服务，切实保障集中供养对象身体健康。

二是组织文娱义演。组织县文旅局、县老干局、县老龄委等单位到农村互助幸福院开展文艺演出，促进集中供养人员在集体文娱活动中能身体得到锻炼、精神得到满足、生活更加丰富。

三是倡导社会义工。由团县委组织青年志愿者、中小学生深入敬老院和农村互助幸福院，帮助集中供养人员打扫卫生、整理床铺、收拾衣物及解决其他生活中的困难。同时，充分利用除夕、春节、端午、中秋等重要时间节点，组织所在村联建帮扶单位、乡镇干部、村“两委”深入农村互助幸福院开展集体包饺子、包粽子、吃月饼、过佳节等系列送温暖活动，在充分发扬“敬老爱老”的中华传统美德的同时，又让集中供养人员充分感受到党的温暖、干群的关心和社会的关爱。

四是引导对象互助。建立相互照顾、互帮互助工作机制，引导有劳动能力的集中供养人员对高龄老人、残困老人轮流进行助行、助洁和陪护，让高龄老人、残困老人住得干净、心里温暖，营造了互助暖心的良好社会氛围。

截至 2020 年 12 月，江口县已有 693 人实现了集中供养，通过农村集中供养，既解决了农村困难群体的兜底脱贫保障问题，促进其实现了精准脱贫、稳定脱贫，又有效解决了农村养老服务资金和人员不足的窘境，提高了农村特殊困难群体的生活水平，达到了“老人开心、子女放心、政府省心”的多赢效果。

案例　鱼良溪村齐心协力共建“黔馨家园”

鱼良溪村“两委”筹资修建了“黔馨家园”，将 23 名患有重度残疾的村民采取集中食宿、集中托养、集中培训、集中劳动的方式进行安置，让全镇 23 名残疾人有了“新家”。

一是整合“精扶贷”“特惠贷”、村集体收入等资金入股黔馨家园，为残疾人开辟就业岗位。2016 年，鱼良溪村借村级集体经济发展契机，为残疾村民、五保户争取“精扶贷”入股村贫困残疾人生态养殖专业合作社，共同创建黔馨家园生态养殖基地，规模养殖江口特产萝卜猪，专门解决残疾人、五保户就业。2017年，全村16户残疾人贫困户共投入“特惠贷”47万元，入股黔馨家园。流转土地30亩，建成一个钓鱼池；建成一个生态萝卜猪养殖场，年出栏萝卜猪约200头；建成80亩红心猕猴桃基地；23位重度残疾人不但免费吃住，还被分配到村开办的农家乐、钓鱼池、免费理发店、村委会农经网、红心猕猴桃基地等岗位就业。

二是各尽所能，分配适量劳动，彰显人生价值。根据23个残疾人的个体情况，结合他们的年龄、身体状况等特征，适量分配力所能及的劳动，能扫地的扫地、能看鱼塘的看鱼塘、能喂猪的喂猪、能煮饭的煮饭。同时，严格按照劳动发放工资800元至1500元不等，坚决不养懒汉和偷奸耍滑的人，帮助他们树立正确的人生观和价值观。此外，为照顾几个生活不能自理的残疾人，鼓励几个有能力的人轮流照顾生活不能自理的人，并根据劳动量为他们发放一定的工资。

三是争取社会各界公益支持。通过助残组织、春晖社、个人、众筹等方式，为残疾人基地募集公益资金，组建学习基地，把思想解放作为推进残疾人建设的重要基础，帮助其解除思想包袱，增强对生活工作、干事创业的自信心。试点推进“爱心超市”“亲情聊天室”“残疾人免费理发社”建设，切实解决贫困户和残疾人生产生活之忧。

三、江口县以脱贫攻坚统揽经济社会发展全局的主要经验

江口县在坚持脱贫攻坚统揽经济社会发展全局的过程中，还实现了党

的执政基础巩固、县域发展基础夯实以及持续发展能力、城镇化质量、公共服务水平和乡村综合治理水平的提升，是贵州省实施“大扶贫、大党建、大生态、大健康、大旅游”脱贫攻坚战略的典型代表，相关做法和经验具有很强的可复制性和可推广性。

（一）围绕党建扶贫工作巩固党的执政基础

江口县围绕扶贫党建工作，打造脱贫攻坚的领导核心与战斗堡垒，为以脱贫攻坚统揽经济社会发展全局奠定了坚实的组织和制度保障，干群关系得到了极大改善，干部的工作能力特别是做群众工作的水平得到显著提升，从而极大巩固了党的执政基础。

一是通过党建引领，强化基层党组织的战斗力。成立县委书记、县长任双组长的领导小组，下设县指挥中心和9个工作专班；乡镇（街道）成立指挥部，由人大、政协主要领导和县委常委任指挥长；实行“十天一调度、两月一观摩”的推进机制，组建督查组开展蹲点督查、交叉督查；推进“民心党建+‘三社融合’促‘三变’+春晖社”农村综合改革，发挥农民专业合作社、供销社、农信社功能，促进农村生产力、生产关系和资源要素融合，推动农村经济社会持续快速发展。

二是通过干部帮扶工作，提升干部的工作能力。累计从中央、省、市县、乡五级选派1397名干部职工组成104个驻村工作队，负责驻村抓脱贫工作；组织2853名干部结对帮扶12176户贫困户，实现村村有驻村工作队、户户有帮扶责任人；建立评比奖惩机制，制定驻村工作队管理办法，激励脱贫攻坚一线干部干事创业、建功立业。

三是通过深入基层密切干群关系，树立党员干部形象。在脱贫攻坚战中，江口县机关干部、帮扶责任人深入田间地头、走村串户，访百姓苦、济百姓困；有的躺在病床上仍然牵挂着贫困群众，有的匍匐前进在结冰的山路上不忘百姓冷暖，有的干部主动更改婚期，通过共同战胜贫困使干部群众面对面、心连心、鱼水情更深。

（二）围绕特色生态资源扶贫开发提升持续发展能力

习近平总书记指出，发展产业是实现脱贫的根本之策，培育产业是推动脱贫的根本出路。江口县按照贵州省委、省政府农村产业发展“八要素”[①]的要求，守好发展和生态两条底线，切实推动生态产业化、产业生态化，让绿水青山源源不断地带来金山银山，不断提升持续发展能力，为脱贫攻坚奠定坚实的产业基础。江口县立足生态资源优势，推进山地特色高效农业园区建设，做大做强园区经济，壮大产业规模；延伸产业链条，大力实施农产品加工提升行动和休闲农业、乡村旅游精品工程；全面打响产业品牌，推进农业建设由“增产”向“提质”转变，打造“梵净山珍·健康养生”“梵净抹茶·香溢天下”“梵山净水·泡茶好水”“梵山净水·养鱼好水”等品牌。在产业扶贫中，江口县坚定不移贯彻落实创新、协调、绿色、开放、共享发展理念，推动发展方式转变、经济结构优化、增长动力转换，构建新体制、培育新动能，拓展新领域、发展新业态，做到质量更高、效益更好、结构更优，使区域的特色与优势得到充分释放，实现可持续发展。

（三）围绕乡村环境优化夯实县域发展基础

江口县围绕乡村人居和发展环境优化，统筹抓好乡村“路、水、电、信、寨”等基础设施建设，为未来乡村振兴战略实施、农村现代化及县域经济社会发展奠定坚实的基础。通过脱贫攻坚的深入推进，全县公路总里

---

①　农村产业发展“八要素”：产业选择、培训农民、技术服务、资金筹措、组织方式、产销对接、利益联结、基层党建。

程达到了2714千米，实现了乡乡柏油路、村村水泥路、寨寨硬化路、家家联户路；农村人饮安全巩固提升全覆盖，实现100%的村民组通自来水，水质达标率100%；全县供电可靠性达到99.82%，光纤宽带乡村覆盖率达100%，几年来我县相继完成了城区及所有行政村FTTH光纤宽带接入建设，并在原有2G、3G网络的基础上进行扩容、新建，实现30户以上自然村寨4G网络交叉覆盖率100%，并于2020年开始实施5G网络建设，截至2020年底，已新建5G基站46个。同时，江口县不断优化城乡发展布局，持续拓展发展空间。科学划定生态、农业、城镇等空间和生态保护红线、永久基本农田、城镇开发边界等主要控制线，因地制宜发展特色鲜明、产城融合、充满魅力的特色小镇，以镇带村，联动发展；优化乡村发展布局，坚持人口资源环境相均衡、经济社会生态效益相统一，打造集约高效生产空间，营造宜居适度生活空间，保护山清水秀生态空间；分类建设美丽村寨，根据不同村寨的发展现状、区位条件、资源禀赋等，分类推进乡村发展。

（四）围绕易地扶贫搬迁提升县域城镇化质量

江口县坚持将易地扶贫搬迁与生态保护、居民自我发展能力提升及城镇化有机结合，实现贫困户搬得出、稳得住，切实地实现在城市的安家落户。

一是因地制宜搬迁。对“一方水土养不起一方人”和自然条件恶劣的深度贫困山村，按照以就业岗位定安置人口、以群众意愿定搬迁地点、以户籍人口定安置面积、以家庭情况定脱贫措施“四定”工作法，推进易地扶贫搬迁。自2016年以来，江口县共投入资金10.77亿元，建成易地扶贫搬迁集中安置点8个，实现易地扶贫搬迁对象3537户14873人搬出大山、搬进新居，其中贫困户2808户11933人。

二是强化后续保障。江口县抓住扶贫搬迁中老人与小孩两个关键群体，为老人养老与小孩上学提供优质服务保障，实现易地搬迁户的稳定。认真落实易地搬迁后续扶持“五个三”政策，在搬迁安置点，新建成中小学校 5 所、增设安置点卫生室 8 个；围绕有劳动力的搬迁群众“一户一人”以上就业目标，大力开展搬迁群众劳动技能培训，搭建就业平台，推荐县内就业 1258 人，外出务工就业 2427 人，做到搬迁群众就学、就医、就业有保障，实现贫困群众搬进新房子、过上好日子。

（五）围绕社会保障扶贫提升县域公共服务水平

江口县坚持将社会保障扶贫与基本公共服务完善和优化相结合，在推进脱贫攻坚的同时实现基本公共服务水平和能力的持续提升。为有效解决乡镇集中统一组织管理服务半径大、村干部承担的工作量大、群众办事跑路难等问题，江口县在村委会驻地或集中连片中心村寨设立一站式便民服务点，将与群众生活密切相关的合作医疗、社保、涉农补贴、社会救助等服务事项下沉，采取驻村干部上门服务的方式，让群众在家门口就可快捷办理，切实方便农村群众特别是偏远自然村寨群众办事。制定完善贫困群众大病医疗救助方案，对江口县建档立卡贫困家庭实行“四重医疗保障”，推行一站式结算服务。围绕“培训一人、就业一个、脱贫一户”的目标，以促进就业增收为导向，以因缺技术致贫的贫困户为重点，结合江口县产业发展现状，结合企业用工需求和贫困劳动力特点，多轮次开展农村劳动力职业技能培训和农村贫困劳动力全员培训。按照应保尽保、托住底线的原则，推进低保和扶贫两项制度有效衔接，不断提高农村低保保障标准、低保对象救助水平，实现农村低保与扶贫线“两线融合”。健全困难残疾人生活补贴和重度残疾人护理补贴制度，加大农村互助幸福院建设、运行和管理。推行残疾人创业就业“1234”工作法，助推残疾人通过自主创业等方式解决脱贫难题。

（六）围绕扶贫管理创新提升乡村综合治理水平

江口县坚持将扶贫管理机制创新与乡村治理机制优化相结合，在推进农村脱贫的同时实现乡村治理机制的优化和治理水平的提升。

一是充分发挥新时代农民讲习所阵地作用，结合院坝会、群众会，大力宣传习近平新时代中国特色社会主义思想，激发贫困群众脱贫致富的内生动力。积极培育优良家风、文明乡风，引导群众养成健康、文明、科学的生活习惯，遏制大操大办、人情攀比、高额彩礼、厚葬薄养等陈规陋习，广泛开展“星级文明户”、最美媳妇、最美孝子、最美家庭等系列评选活动。

二是深化村民自治实践。加强以村民小组为基本单元的农村群众性自治组织建设，通过组务会等组织形式，让农民广泛参与农村饮水、通组公路、集体经济等公共事务治理，使之成为公共服务的提供者、乡村治理的参与者、利益协调的当事人，构建民事民议、民事民办、民事民管的村民自治格局。

三是健全乡村民主法治建设。完善以村为主的矛盾纠纷调解委员会，把“说话管火、做事管用”的人充实到矛盾纠纷调解委员会中，并大力推行一村一法律顾问，有效拓宽群众学法、懂法、知法的覆盖面。健全乡村综治体系，推进平安江口警务云建设，推动社会治安防控力量向基层下沉，惩戒不孝、蛮横无理、胡搅蛮缠等行为，严厉打击农村黑恶势力及其背后的保护伞。

四是夯实基层领导力量，以提升组织力为重点，突出政治功能，建立完善农村党员定期培训制度，着力培养一批优秀农村党组织书记和干部，提升基层党组织战斗力。

案例 江口县快场村“垃圾兑换银行”破解乡村治理难题[①]

太平镇快场村立足地处梵净山景区的资源优势，将转变群众观念、治理乡村环境卫生、大力发展旅游资源作为帮助该村决战脱贫攻坚战役的重要突破口，2017年探索建设了“垃圾兑换银行”。以快场村委会为主体，通过“垃圾兑换积分，积分兑换商品”的激励机制，形成了村民可接受、面上可推广、长期可持续的农村垃圾分类回收办法，引导村民转变思想观念，提高了环保意识，建立了村集体发展旅游产业的新模式。

一是建好“垃圾兑换银行”，明确治理主体。该村充分利用游客服务中心建立“垃圾兑换银行”，制定了《江口县快场村“垃圾兑换银行”试点实施方案》，明确垃圾积分管理模式、积分卡领取方式、积分兑奖形式、垃圾投放方式等方面的规则。按照镇设总行、村设分行、组设兑换点的方式成立主体机构。每个“垃圾兑换银行”注入4万元启动资金和配备“一长四员”，由村副主任兼任行长，在村民中发展积极分子担任积分兑换员、系统管理员、宣传员、垃圾辅助分拣员。

二是管好“垃圾兑换银行”，建立治理机制。通过“垃圾分类、有偿兑换、集中处理、卫生评比”的模式，规范化配置垃圾分类收集箱、储存房、转运车等设备，引导村民将生活垃圾进行分类收集，并明确兑换积分的可回收垃圾和不可回收垃圾。采取“收垃圾、存积分、兑奖品”的方式，根据不同垃圾种类设定积分计量，明确1个积分价值0.1元，将生活用品纳入可兑换商品，并按照市

① 周果、甘文武：《江口县“垃圾兑换银行”扮靓美丽乡村》，http://www.tongren.gov.cn/2018/0910/161073.shtml，2018年9月10日。

场价值核算所需积分。

三是用好“垃圾兑换银行”，改变治理陋习。通过创卫比武活动、发布卫生红黑榜单、建立村规民约等正面激励、反面惩罚、动态监管机制补齐了乡村缺失的约束和引导机制。自“垃圾兑换银行”启动后，村民绿色环保意识开始由“被动接受”变“自愿行动”，垃圾整治工作实现了从“上门服务”到“坐等收购”的转变。

第三章 县域脱贫攻坚实践体系：统筹设计与因地制宜

精准扶贫是解决我国贫困地区贫困问题的良策。江口县为将精准扶贫系列政策及措施落实到位，根据实际情况，围绕“三个三”“三个四”“三个抓”全面开展脱贫攻坚工作，力求实现精准扶贫、精准脱贫，争取一个不落，实现全面精准脱贫。总体上推行“三个三”，做好县域脱贫攻坚战略部署。通过划分“三大战役”、制定“三项标准”、推行“三个机制”，针对江口县的贫困问题发起全面总攻。运用“三个四”，提升群众认可度。即“四下沉”将政策落实到位公平公正，“四结合”发展红利共建共享，“四覆盖”全面提升群众认可度，促进贫困人口精准脱贫，实现“五个一批”。立足“三个抓”，重整行装再出发。以“抓谋划”“抓创新”“抓发展”为核心，解决“扶持谁、谁来扶、怎么扶、如何退”的问题。为精准落实政策，江口县通过“四个全覆盖”“四场大活动”“五个讲清楚”深化群众对政策的理解，坚持以群众为主体，精准靶向治贫。全面实践因地制宜的思维意识，充分体现战略、生态、长远、兜底、创新、组织意识。为全面贯彻习近平总书记“四个问题”“五个一批”“六个精准”精准扶贫精神，江口县因地制宜制定具体的扶贫帮扶措施，既重视整体把握，同时又不忽视细节，为乡村振兴之路，开启了江口社会主义基本现代化建设新征程。

一、统筹设计县域脱贫攻坚战略部署

（一）“三个三”擘画脱贫攻坚战略部署

1. 划分“三大战役”，分阶段有步骤攻坚

明确“三大战役”，实现决战贫困分阶段。精准扶贫要做到精准，必须因地制宜将精准扶贫的各项政策结合当地实际情况落实到位。江口县很好地做到了因地制宜，并将脱贫攻坚分为“战略总攻、全面冲锋、堡垒攻克”三大战役。

（1）战略总攻

以精准管理、因户施策为主题在全县开展脱贫攻坚工作。建立驻村干部“一学、二访、三会、四评”四步骤工作法，实现精准管理，全面启动因户施策，做到公平公正、公开透明，让老百姓了解扶贫政策，切实感受到政策的温暖和政策设计的科学性。

（2）全面冲锋

一是从基础设施建设方面冲锋。推进江口县各个乡镇村寨的基础设施建设，每个自然寨根据实际情况开展组组通公路、户户饮安全工程、“五改一化一维”等具体工作，江口县几乎所有村寨的通组路得到硬化，大大改善了村貌，方便了村民的出行和村寨之间的交流联系。

二是从产业扶贫方面冲锋。江口县大多数贫困人员都是农村人口，以农业为主，工业十分落后。为鼓励贫困户发展产业、促进村里经济发展，政府为村民发展产业提供种子、肥料、技术以及相关发展资金辅助，大大降低了贫困户自主发展产业的成本。同时政府为贫困户提供扶贫财政贴息小额贷款，培养和鼓励村里的致富带头人领导贫困户加入相关产业的投

资，以利益联结分红的方式，带动贫困户发展产业的积极性，增加其收入，助力贫困户脱贫。

三是从教育方面冲锋。为阻断贫困代际传递，江口县十分重视教育扶贫工作。2018 年调研期间，通过实地走访农户和村干部座谈会，我们了解到江口县教育扶贫工作落实非常到位。贫困户家庭学龄期间除部分因疾病和身体缺陷的学生无法完成学业之外，没有出现学生辍学打工的现象。针对部分因疾病和身体缺陷的学生，江口县按照政策给每位学生安排了家庭教师。特殊儿童家人反映家庭教师比较负责，经常登门拜访关心教授特殊学生。

四是从医疗方面冲锋。为了能让贫困老百姓看得起病、看得上病，江口县为全体贫困人口购买了新农合和大病医疗保险，让老百姓切实享受到基本医疗保障政策，排除了贫困人员发展致富中最担心最害怕的忧虑。

（3）堡垒攻克

一是从住房上攻克。江口县以山区为主，近年来很多老百姓外出务工导致很多交通不便的自然村组出现房屋废弃破败的情况。对破损较轻的房屋进行危房改造，针对交通不便和房屋破坏严重以及部分人没有房子住等情况，江口县以易地搬迁、思想扶贫为重点，给这些贫困人员做思想工作，让他们改变思想，接受易地搬迁帮扶措施。起初很多老百姓因为担忧搬走后无法谋生而拒绝，但通过村干部和扶贫干部对他们做思想工作以及帮忙解决相应的就业问题后，江口县享受易地搬迁政策的人都高高兴兴拎包入住易地搬迁新房。

二是从思想上攻克。江口县贫困人口住房安全全面得到保障。各个贫困村扎实开展“五个讲清楚”工作，引导群众了解形势和国家政策，同时督促群众加强思想道德修养，提升群众获得感，提升人民群众对党和国家政策及扶贫工作的认可度。

2. 制定“三种标准”，执行政策尺度统一

（1）“一达标、两不愁、三保障”江口标准

衡量贫困户是否脱贫的主要杠杆就是“一达标、两不愁、三保障”。江口县严格按照国家政策对贫困户收入进行计算，明确“一达标”主要以经营收入、工资性收入、财产性收入和转移性收入作为计算指标。“两不愁”明确“不愁吃”的“四有”标准为：有米、有油、有肉、有橱柜；“不愁穿”的“四有”标准为：有衣、有被、有床、有衣柜。“三保障”明确教育保障“两有”标准为：人人有学上、费用有保障；医疗保障“两不”标准为：生病不愁医、看病不愁钱；住房保障“两全”标准为：功能齐全、结构安全。通过调研并根据相关资料对贫困户的收入进行核算，加上实地查看贫困户家“两不愁、三保障”的具体情况，证明江口县近年来扶贫效果显著，脱贫户基本实现“一达标、两不愁、三保障”。

（2）“五改一化一维”和“六不改”江口标准

精准扶贫相关政策的制定与民众的生活起居息息相关，为改善江口县贫困人口的生存生活环境，江口县严格按照规定因户施策进行“五改一化一维”工作。江口县“五改一化一维”标准为改厨，即贫困户有单独的房间作为厨房，有固定的灶台和碗柜，灶台平整；改厕，无圈户新建厕所，有圈户在原地结合改圈同时改造，确保有相对独立的卫生间，有围栏、有门，地面平整有蹲位；改圈，实现居住与圈舍分离，有完善的储粪池，设置清运方便的粪便出口；改水，实现“龙头一打开，清水自然来”目标；改电，对老旧线路和供电设备进行更换，确保用电安全；室内和房前硬化，硬化室内、阶沿和房前院坝；房屋维修，对破旧损坏、漏风漏雨的房屋进行维修，实现住房主体结构坚固、屋顶不漏雨、四周装板、门窗齐全。在改善贫困户住房和日常起居方面，江口县依据政策，结合当地贫困人口需求开展相关工作，将政策落实到位，从整体上改善了贫困人口的生

活环境，得到了群众的高度认可。

精准扶贫与以往的扶贫方式不同，主要是解决真正贫困群众的问题，困难达到扶贫标准的一个不落，不符合标准的一律不享受相关政策。因此，按照扶贫政策的相关规定，江口县的“六不改”标准：易地扶贫、生态移民、地质灾害 3 种搬迁户未拆除的危旧房不改；已建、已购新房，危旧房未拆除或将危旧房作为附属用房的不改；农户有经济能力建房、购房，但长期租住安全住房或长期外出务工的不改；儿女有工作有房，而家中老人居住在危旧房的不改；儿女有经济能力且有安全住房，将危旧房用于家中老人居住的不改；已签订拆迁协议或两年内纳入拆迁范围的危旧房不改。

（3）脱贫退出江口标准

江口县以“精准脱贫”相关要求为指导原则，按照国定贫困县退出的标准程序，运用“五看法”对拟退出贫困户逐一进行入户核查评估，并且对已脱贫户进行多次回访，对贫困户所有的信息进行核实，将客观实际存在的事实、系统记录的数据、扶贫手袋里的扶贫手册、墙上挂的扶贫卡、群众嘴里说的事情进行对照核实，以求达到“五个一致”，实现“不错退一户”。

江口县通过“三项标准”的统筹规划，使江口县扶贫工作有法可依、有章可循、有据可查，切实做到了政策落实宣传到位和“扶贫对象精准”“项目安排精准”“资金使用精准”。

3. 建立“三个机制”，比学赶超增强动力

（1）转段动员机制

江口县的脱贫攻坚“三大战役”是分阶段进行的，因此，在扶贫工作开展期间推行“三大战役”转段机制。每一个战役结束意味着一个阶段的扶贫工作基本结束，为了扶贫工作整体循序渐进地有效开展，一个战役结束后需召开转段动员会，总结上一战役工作，安排部署下一战役工作。对

各战役工作完成情况进行考核，达标的乡镇（街道）可转段进入下一战役，不达标的乡镇（街道）延迟转段，直至考核达标后方能转段。

（2）观摩互学机制

江口县每次转段动员大会召开前，都要进行实战观摩。通过“村与村”“乡与乡”互学观摩，进行交流沟通，既看工作推进好的先进典型又看工作落实不到位的后进乡村，并分析原因。形成正面观摩互学、负面观摩反思、激励先进、鞭策后进、共同提高、共同进步的良好氛围。

（3）授旗奖惩机制

对各战役阶段目标完成好、考核排名全县前两名的乡镇（街道），授予流动红旗，颁发“骏马奖”，实行绩效加分和经费奖励；对阶段目标完成差、考核排名挂末的乡镇（街道），授予流动白旗，颁发“蜗牛奖”，对党政主要负责人、分管负责人进行问责。有奖励、有竞争才有动力，通过奖励的方式鼓励优秀的继续保持，激励落后的发愤图强。真正评出责任、评出压力、评出动力，形成脱贫攻坚比学赶超的浓厚氛围。

（二）“三个四”保障政策部署落实落细

1.“四下沉”，政策落实公平公正

（1）责任体系下沉

为进一步增强扶贫工作人员的责任意识，促进扶贫工作有序开展，江口县建立“四级包保”责任制，乡镇（街道）成立脱贫攻坚指挥部，派出驻村工作队，户户落实帮扶责任人。层层明确分工及责任，促进江口政府及扶贫工作人员提高对扶贫工作的重视。

（2）村民自治下沉

扶贫要因地制宜，江口县充分尊重农村群众以村民组（自然寨）为基本单元的生活方式，充分激发农村群众参与村民自治的积极性，在村党支

部的统一领导下，引导群众在村民组（自然寨）内采取民主推荐的方式，从全县 1620 个村民组中推荐热心服务、公道正派、威望较高的党员、村民代表、离任村干部、离退休人员，成立组务会，共同协商管理村民组（自然寨）的各类事务。江口县成立组务会大大提高了群众自我发展和自我管理的积极性，同时增强了群众对政策的关心度，有利于促进脱贫攻坚相关工作的开展。

（3）民主评议下沉

充分发挥组务会作用，对贫困户、低保户的评定和贫困户脱贫退出，采取逐组逐户走访、广泛征求群众意见、分组召开群众会的方式进行评议，确保所有农村群众家庭都参与民主评议。

（4）项目实施下沉

脱贫攻坚精准扶贫政策的项目很多，但是每一项目的实施都与群众息息相关。江口县充分发挥基层群众参与民主管理、乡村治理、项目建设、产业发展的积极性，将“五改一化一维”、联户路建设、通组路建设、安全饮水工程、环境卫生整治、公益事业等以组为单位进行统筹，并由组务会召集群众自治商议决定，真正让群众自己当家做主，自己的事情自己说了算，形成思想共识，激发群众参与建设、参与发展的内生动力。

2.“四结合”，发展红利共建共享

（1）村民自治与民主法治相结合

江口县在脱贫攻坚工作中尊重民众自主与法治民主，在村民自治的基础上，加大法治教育宣传力度。推行一村一法律顾问，在每村培养 5 名以上法律明白人，拓宽群众学法、懂法、知法的覆盖面。对蛮横无理、胡搅蛮缠的“两争两瞒”（争当贫困户、争要扶贫政策，隐瞒收入、隐瞒住房）行为进行教育；对不孝老爱亲、不尽赡养（抚养）义务的人进行惩戒；对黑恶村霸进行依法严厉打击，增强群众正义感，弘扬社会正气，以加强村里的乡风文明建设，为扶贫政策的实施创造良好的社会环境。

（2）村级组织与合作组织相结合

产业扶贫是扶贫的重要方面之一，发展产业要有一定的规模并有专业的管理机制。江口县按照“村社合一”模式，推行资源变资产、资金变股金、农民变股东“三变”改革，每个村建立扶贫专业合作社，与贫困户建立利益联结机制，让每一个贫困群众都得到利益分红，走上脱贫致富新路，解开贫困“枷锁”，逐步实现“造血”发展模式。

（3）基础设施与美丽乡村相结合

江口县旅游局按照省委、省政府“旅游强省”战略和市委、市政府提出的“一区五地”“一带双核”决策部署，坚持以政府为主导，以市场为主体，依托梵净山发展极核，发挥县城的综合服务和集散功能。以“一核两区”为发展战略，把“森林旅游＋森林康养”作为全县经济社会发展的载体和目标，推动脱贫攻坚，助推乡村振兴快速发展。按照“企业（合作社）＋贫困户＋基地”的方式，推进贫困群众更广泛地参与林业产业发展，主要采用“四股促三变”［四股即资金入股、林地（土地）入股、劳力入股、技术入股；三变即促进资源变资金、资金变股金、农民变股民］路径夯实脱贫攻坚成效，切实增加贫困群众的经济收入。

（4）公共服务与社会保障相结合

在村委会驻地或集中连片中心村寨设立一站式便民服务点，将与群众生活密切相关的合作医疗、社保、涉农补贴、社会救助等服务事项下沉，采取驻村干部上门服务的方式，让群众在家门口就可快捷办理相关事务，让困难群众零距离共享公共服务。这样既增进了帮扶责任人与贫困户之间的感情，同时也解决了群众的困难，促进了脱贫攻坚工作的开展。

3.“四覆盖”，全面提升群众认可度

（1）干部培训全覆盖

采取“先学政策，再干工作；边学政策，边干工作”的方法，定期召开千人大会、脱贫攻坚调度视频会，对参与脱贫攻坚的党员干部进行脱贫政策知识培训，开展问卷调查，组织模拟考试，制定群众会流程图，实现会议流程全掌握、过程全把控、评议全公开。

会前梳理村级遗留的征地拆迁、民政低保、危房改造等群众关注的问题，广泛征求意见，取得理解支持，并合理安排时间，保障群众参与的实效性。会中制定一套会议流程图，形成会议突发状况处理机制，公开现有贫困户和脱贫户名单，逐户说明贫困原因和贫困状况，讲清识别缘由和脱贫依据。会后建立村级会议档案，对缺席会议的群众逐户当面沟通解释，实现会议情况全知晓，议定事项全认可。

（2）入户走访全覆盖

对所有农户家庭成员、生产生活情况进行大走访、大核查，建立家庭档案，重点开展“六必访”[①]活动。要求贫困户家庭信息达到“五个一致”，让群众清清楚楚算账、明明白白脱贫，实现信息精准、退出精准，提高群众认可度。

（3）思想动员全覆盖

开展“历史不会忘记、人民不会忘记、组织不会忘记”干部动员活动，极大激发扶贫干部的荣誉感、成就感。充分利用新时代农民讲习所平台，以“组组开群众会、村村开代表会、乡乡开动员会”为载体，采取“找管火的人、说管火的话、做管火的事”工作方法，开展“五个讲清楚”宣讲活动，增强贫困群众能脱贫、敢脱贫、要脱贫的信心和勇气，实现群

① 六必访：家庭发生矛盾纠纷必访、生病住院必访、突发事故必访、重大节假日必访、婚丧嫁娶必访、农忙时节必访。

众从“要我脱贫”到“我要脱贫”的转变。

（4）长效机制全覆盖

为促进扶贫成果的长远发展，江口县探索建立“以水养水”、农村公路“建管养运”一体化，农村互助养老、卫生评比等一系列全民参与的长效机制，既可以改善农村基础设施又提升了群众的认可度和幸福感，实现村级长效治理的整体提升。

紧扣“一达标、两不愁、三保障”目标，聚焦“两率一度”，按照“认识越统一认可度越高、参与越广泛认可度越高、荣誉感越强烈认可度越高”的工作思路，江口县探索推行“四下沉、四结合、四覆盖”群众工作法，谱绘了一幅干群同心、鱼水情深的生动画卷。做到一级抓一级、层层抓落实，突出党组织引领、村民参与、共同决策，实现“民事民定”。做到“四下沉”，实现政策执行阳光透明、公平公正公开，提升群众认可度。推行“四结合”，加强村民自治，推进“村社合一”，补齐基础短板，健全公共服务，让老百姓实实在在享受发展红利，提升群众认可度。为解决部分群众“等、靠、要”思想甚至争当贫困户、争当低保户的问题，开展“四覆盖”思想扶贫，提升群众认可度。

通过“三个四”政策的制定，江口县回答了“谁来扶”和“怎么扶”的问题，做到了“措施到户精准”和“脱贫成效精准”，受到了群众对政策、对脱贫攻坚工作的认可。

（三）“三个抓”推动脱贫攻坚与乡村振兴衔接

乡村振兴战略是党的十九大提出的一项重大战略，是关系全面建设社会主义现代化国家的全局性、历史性任务，是新时代“三农”工作总抓手。为进一步巩固脱贫攻坚成果，江口县坚持不只为摘帽而扶贫，而以整县脱贫摘帽为新的起点，实施乡村振兴战略，开启江口社会主义基本现代化建设新征程。

1. 抓谋划

（1）周密部署巩固脱贫攻坚工作

2018年6月，县委、县政府出台了《关于进一步巩固提升脱贫攻坚工作成效的实施意见》。8月17日，召开县委十三届五次全会，对进一步巩固脱贫攻坚成果、实施乡村振兴战略给出了实施意见，为江口县脱贫攻坚工作做出全面谋划部署，开启了江口社会主义基本现代化建设新征程。

（2）定期开展脱贫攻坚帮扶活动

县委决定，每个月第一周为“全县扶贫活动周”，全县干部全部深入村组继续开展联建帮扶，为实现脱贫攻坚战全面胜利打下坚实基础。

（3）启动乡村振兴驻村帮扶工作

按照非贫困村2～4人、深度贫困村5～6人的人员配备模式，调整充实498名干部驻村，开展巩固脱贫攻坚成果，实施乡村振兴战略工作。

（4）形成“四拼四争”脱贫攻坚精神

2018年11月24日，召开全县脱贫攻坚表彰大会，表彰了全县脱贫攻坚407名优秀个人、69个先进集体，45名个人被记三等功，形成了“四拼四争”[①]江口脱贫攻坚精神，成为全县宝贵精神财富，激励全县巩固脱贫攻坚成果，实施乡村振兴战略，在江口社会主义基本现代化建设新征程中披荆斩棘、阔步前行。

2. 抓创新

（1）建立分类管理制度，实现精准扶贫政策公平公正

对条件较好、收入与非贫困户相当、子女读书已就业不再因学致贫等

① 四拼四争：拼全力争全胜，就是听党指挥，敢于胜利；拼团结争荣光，就是万众一心，荣誉至上；拼实干争担当，就是苦干实干，担当作为；拼匠心争卓越，就是独具匠心，追求卓越。

能够稳定脱贫的已脱贫户，有序减少福利性政策待遇；对处于脱贫线边缘的“两无”贫困人口，在扶贫资源、扶贫资金上重点倾斜，确保他们稳定脱贫；对有劳动能力、收入不高的贫困人口，安排参加扶贫产业劳动参与分红，避免把产业分红等扶贫政策变成福利陷阱。

（2）建立大病保障制度，有效防止因病致贫因病返贫

取消医疗交通、住宿补助等容易引发不公平的特惠政策，继续实行新农合保障政策，出台针对所有群众的大病医疗保障政策。

（3）建立阻止因学致贫制度，有效阻断贫困代际传递

出台江口县阻止因学致贫制度，有效防止因贫困失学辍学高中及高中以上阶段教育、因高中及高中以上阶段就学加深贫困程度的情况发生，推动江口教育事业跨越式发展。

3. 抓发展

深入学习贯彻习近平总书记关于乡村振兴战略的重要论述，紧扣“产业兴旺、生态宜居、乡风文明、治理有效、生活富裕”的总要求，大力实施乡村振兴战略。

（1）发展乡村振兴产业

深入实施贫困村“一村一品”产业推进行动，全面推广“龙头企业 + 合作社 + 农户”的生产组织方式，带动贫困群众发展优势扶贫产业。大力发展乡村旅游扶贫产业，引导贫困农户通过旅游创业脱贫致富。健全完善产业扶贫利益联结机制，明确贫困户在产业链、利益链中的环节和份额，促进贫困人口增收脱贫。

（2）推进乡村振兴试点

突出规划引领：坚持因地制宜、分类制订完善乡村振兴规划。突出政策落地落实：出台《江口县乡村振兴战略实施方案（2018—2020 年）》。突出督查考核：建立乡村振兴战略试点工作推进督查考核机制、绩效评价

机制。围绕产业振兴、人才振兴、文化振兴、生态振兴、组织振兴“五个振兴”，因地制宜规划打造净河村产业振兴、快场村社会治理创新和镇江村生态宜居等县级示范点，以点带面推动整体发展。

江口县将精准扶贫与乡村振兴计划相结合，通过脱贫攻坚统筹经济的发展，做到了“发展生产脱贫一批”，促进了乡村振兴工作的开展，巩固了发展成果。

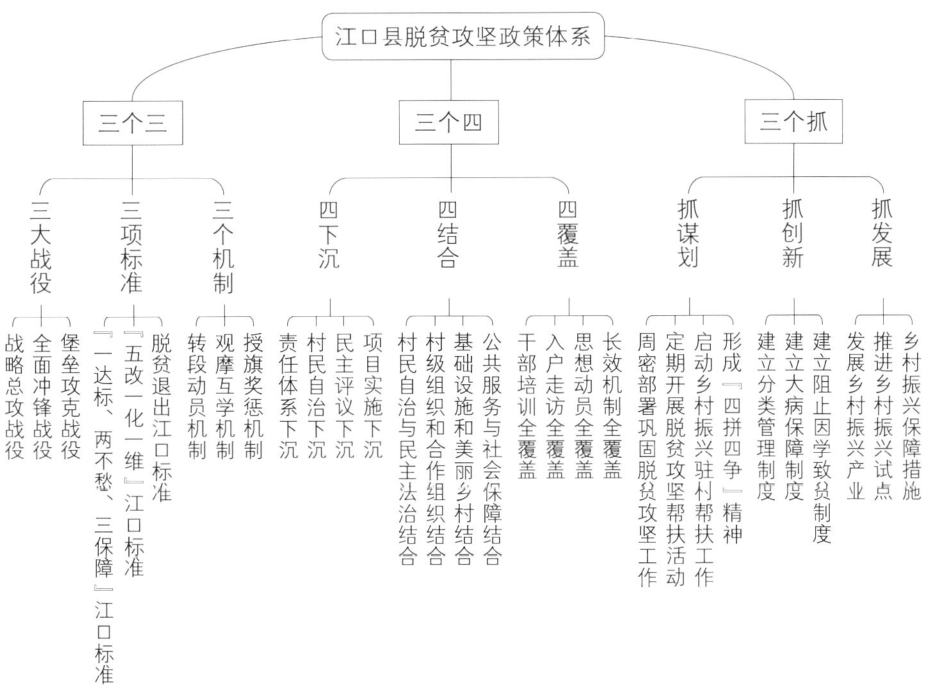

图 3-1　江口县脱贫政策落实体系构成图

二、因地制宜做好县域脱贫攻坚政策设计

以习近平新时代中国特色社会主义思想为指导，按照中央和省、市脱贫攻坚战略部署要求，以巩固提升脱贫攻坚成效为重点，以扶贫领域作风

问题专项治理为抓手，以提高脱贫攻坚实效为导向，江口县狠抓脱贫工作措施不减力，抓住农民增收这个重点不动摇，注重开发式与保障性扶贫并重，凝聚合力，攻坚克难，做到“产业第一、基础先行、社会进步、整村推进、连片开发”，坚决打好脱贫攻坚战，确保同步建成小康社会。

（一）坚持因地制宜的出发点

习近平总书记强调，“扶贫先扶志，扶贫必扶智”“要坚持群众主体、激发内生动力，充分调动贫困群众积极性、主动性、创造性”。精准扶贫既是完善社会资源分配、优化社会体制的一项行为举措，也是动员社会各界力量、促进团体间交流的一项广泛的社会活动。马克思主义认为，幸福是主观性与客观性的统一，是物质生活与精神生活的统一，是享受与劳动的统一，是个人幸福与社会幸福的统一。脱贫攻坚帮扶的主要对象是贫困群体，而“劳动是人的本质”，发展的主体是人民群众，每个人只有通过劳动才能走上发展致富的道路。江口县脱贫攻坚政策设计以此为出发点，充分调动群众的主观能动性，消灭贫困。既让群众腰包鼓起来，也让群众的思想先进起来；既带来经济上的富裕，也带来健康文明的社会氛围。

江口县通过“四个全覆盖”“四场大活动”“五个讲清楚”的工作，切实做深做透群众的思想工作，全面深化群众对政策的理解。第一，推行“四个全覆盖”。围绕做实群众工作，突出抓好干部培训、走访回访、政策宣传、利益联结、保障机制等工作，做到了干部培训全覆盖、走访回访全覆盖、政策宣传全覆盖、长效机制全覆盖，实现了干部会做群众工作、掌握群众情况，群众明白脱贫政策、稳定脱贫有保障。第二，开展“四场大活动”。围绕提升群众认可度，深入开展群众思想大动员、问题短板大整改、矛盾纠纷大化解、乡村环境大整治“四场大活动”，消除群众思想疙瘩，化解邻里矛盾纠纷，补齐农村基础短板，提升群众获得感、幸福感，引导群众革除陋习，养成爱干净、讲卫生的良好行为习惯。第三，做好“五个讲清楚”。围绕提升群众精气神，认真做好“五个讲清楚”相关工作，由干部向群众讲清楚，转变群众的思想观念。江口县通过以上工作的开展，农村面貌实现了历史以来最大的变化，群众得到了历史以来最多的实惠，干部在脱贫工作中做出了巨大的努力和贡献。江口县脱贫摘帽是最值得全县人民骄傲的大事，让群众清清楚楚算账、明明白白脱贫。同时，彻底解决了群众思想跟不上的问题，全面提升了群众对脱贫攻坚工作的认可度，转变了群众思想观念，激发了群众主动支持、参与脱贫工作的内生动力，形成了干群心连心、同心战贫困的强大合力。

江口县通过激发村民自治，健全村规民约，实现“要我脱贫”到“我要脱贫”的思想大转变。一是充分发挥村民自治的作用，广泛动员群众积极参与村寨环境整治，自觉做好房前屋后、家庭院落、厨房卧室等环境卫生，共同营造干净整洁的农村生活大环境，养成文明健康的生活习惯。二是激发贫困群众脱贫内生动力。广泛宣传脱贫攻坚先进典型，引导贫困群众依靠自身脱贫致富，开展反面典型警示教育，纠正争当贫困户、骗取扶贫政策、不赡养老人等不良风气，增强感恩意识和“脱贫光荣”意识，调动贫困群众发展的积极性、主动性和创造性。全面实施“新时代农民讲习所”。在乡村大力兴办新时代农民讲习所，宣传宣讲党的十九大精神和习近平总书记在贵州省代表团重要讲话精神，宣传宣讲党的方针政策和脱贫攻坚政策，确保每个行政村有 1 个新时代农民讲习所，加强群众对政策的学习，武装群众的头脑。依法建立健全“村规民约”。按照“合法、民主、实用”的原则，进一步完善村规民约，充分发挥村规民约在维护农村社会秩序、保护农村生活环境、树立良好家风、村风民俗等方面的积极作用，引导贫困群众自我教育、自我管理、自我约束，培育健康文明的生活方式。

（二）坚持因地制宜的基本原则

脱贫攻坚是我国的国策，中央统筹，地方因地制宜进行落实。贵州省是扶贫工作开展的重要地区，江口县根据中央和省市的相关思想指导，因地制宜制定符合江口县各地发展的具体政策。政策的设计主要依据以下四个原则。

1. 坚持精准扶贫，靶向治贫

全面落实“六个精准”要求，真正瞄准已退出的贫困村和脱贫人口，精准靶向、标本兼治，做到应进则进、应扶则扶，切实提高扶持政策针对性和扶贫成果可持续性，实现贫困群众稳定脱贫。

2. 坚持突出重点，分类指导

以群众持续稳定增收，提升社会保障水平为重点，全面解决群众最关心的安居、乐业、有保障等问题。根据贫困村、贫困人口脱贫现状，因地制宜采取巩固提升举措，实行差异化扶持政策。

3. 坚持群众主体，激发动力

坚持群众主体地位，保障脱贫群众平等参与、平等发展的权利，充分调动全县广大贫困群众的积极性、主动性和创造性，发扬自强自立精神，依靠自身努力改变贫困落后面貌，做到扶志与扶智相结合，进一步提高脱贫人口的自我发展能力。

4. 营造良好社会氛围

开展好全县脱贫攻坚先进集体和先进个人的推荐、评选、表彰活动，加强脱贫攻坚宣传报道。抓好意识形态工作责任制，完善涉贫事件处置反馈机制，把握正确舆论导向。

江口县严格按照四个原则制定具体政策，因地制宜进行落实，政策十分科学，符合江口县发展的特点。从以上四个依据我们可以了解到江口县的政策设计结合当地特点，充分尊重群众的主体地位，切实将各项政策落实到位。在 2018 年调研期间我们也看到了江口县的扶贫成效显著，人民生活水平和思想素质得到了很大的提高，乡村面貌得到了极大的改善。

（三）实践因地制宜的思维意识

江口县以国家脱贫攻坚政策为指引，结合自身发展情况设计具体的符合江口县的扶贫政策，其政策充分体现了以下六个意识。

1. 战略意识

江口县为脱贫攻坚规划了“战略总攻、全面冲锋、堡垒攻克”三大战役，明确了打好四场硬仗：一是深化基础设施建设硬仗，二是深化易地扶贫搬迁硬仗，三是深化产业精准扶贫硬仗，四是深化教育医疗住房“三保障”硬仗。要求各乡镇（街道）要统筹好攻坚力量，抽调最精干的力量组建“飞虎队”“突击班”“攻坚连”，确保把最优秀的力量、最强大的火力、最会做群众工作的干部集中到难度最大、问题最多、工作最难做的村，实现重点攻坚、难点攻克、各个击破。

江口县委书记杨华祥于 2018 年 1 月 23 日在全县脱贫攻坚全面冲锋转段暨堡垒攻克动员会上发表了题为《破釜沉舟，背水一战，攻克堡垒，奋力夺取脱贫攻坚整县退出最后胜利》的讲话，对扶贫工作中的全面冲锋战役进行了经验总结，对下一步堡垒攻克进行了战前动员。杨华祥书记提到：“当前，脱贫攻坚已经进入倒计时，到了攻克‘据点’、攻下‘山头’的关键时刻，全县上下要一鼓作气冲上去拼刺刀、肉搏战，与贫困做最后斗争，在战斗中打出士气、弘扬正气、提升本领、练出强兵。”

2. 生态意识

实施生态补偿脱贫工程。县林业重点工程、林业资金安排对贫困地区倾斜，抢抓国家实施新一轮退耕还林还草政策机遇，结合全县产业扶贫专项规划及各乡镇（街道）产业发展规划，因地制宜培育发展山上经济、林下经济和循环经济。既保护生态，又助力脱贫。开展选聘建档立卡的贫困人口为生态护林员工作，将符合条件的建档立卡贫困人口转化为生态护林员，助其脱贫。

3. 长远意识

做好教育扶贫，走可持续发展道路。认真落实教育精准扶贫“两助三免（补）”补助政策，不断完善农村贫困家庭学生教育精准扶贫资助体系，确保每个农村贫困家庭无因学致贫、因贫失学现象发生。深入实施职教培训扶贫“一户一人”行动计划、“雨露计划”等扶贫专项工程。实现全县农村建档立卡贫困户“一户一人一技能”全覆盖，有效增加贫困户工资性收入，逐步消除农村“零就业”贫困家庭，实现“培训一人、就业一人、脱贫一户”。

4. 兜底意识

扎实做好统一城乡居民基本养老保险相关工作，多渠道整合资金确保农村贫困家庭参与“全民参保计划”。着力完善农村贫困家庭社会救助体系，大力统筹社会救助各类资源，织密农村贫困家庭医疗、教育、住房、就业等社会救助兜底“安全网”。深入推进农村养老院、幸福院建设，逐步提高农村五保集中供养率。聚焦贫困老年人、残疾人、重病患者等特定困难群体，统筹相关部门的政策资源，采取有针对性的长期专项扶助措施，有序有效解决特定贫困群众兜底脱贫“三保障”问题。

5. 创新意识

创新社会扶贫参与机制。扎实开展“百企帮百村”活动，鼓励和动员各类非公有制企业承担定点扶贫任务。深入开展“扶贫日”活动，抓好募捐工作，强化募捐资金管理。认真开展扶贫资源“送下乡”活动，开展扶贫济困“直通车”建设，实现扶贫对象需求和帮扶者意愿的“点对点”对接。积极引导人民军队、武警部队和群团组织、社会组织、慈善机构、个人，通过多种方式参与扶贫开发。创新推进培育乡村旅游扶贫，与县旅游部门高标准编制全县乡村旅游扶贫规划，并加强与县有关部门协调联动，合力推进太平镇梵净山村、云舍村、寨抱村和德旺乡坝梅村、怒溪镇河口村、桃映镇匀都村、官和乡江溪屯村、民和镇龙宿村、坝盘镇坝盘社区9个国家级乡村旅游扶贫重点村（社区）旅游设施建设。围绕主要旅游通道，着力打造休闲农庄、观光采摘园、特色养殖园等，促进农业与旅游的深度融合，带动地区发展。

探索利益联结机制。建立完善农民利益联结机制，积极推广“龙头企业+合作社+基地+农户”“农业扶贫园区+龙头企业+合作社+基地+农户”“乡村党政+企业+合作社+基地+农户”“农户互助合作”“技术部门+乡镇政府（合作社、协会）+基地+农户”“政府+银行+企业+合作社+农户”等成功模式，创新扶贫精准制导机制、扶贫效益到户机制、扶贫项目实施机制、扶贫资金使用机制、扶贫项目产权经营机制。

6. 组织意识

落实组织生活制度。一是坚持落实好“三会一课”制度，围绕学习和实践科学发展观，采取集中学习、听取汇报、专题研讨等多种形式，有计划地组织学习，让党员干部在学习中更新观念，树立正确的世界观、人生观、价值观，不断提升政治思想水平和政策法规水平；二是坚持开好组织生活会和民主生活会，及时召开民主生活会，征求意见，查找问题，开展批评和自我批评，落实整改措施，努力促进党员干部素质的提高；三是认真开好党员党性“双评”，评选优秀共产党员和优秀党务工作者，与联建村共庆“七一”，慰问联建村困难党员和群众；四是坚持做好党务公平，自觉接受党员群众的监督。

三、江口县脱贫攻坚的政策体系构成

脱贫攻坚不是纸上谈兵，而是要切实为群众做实事，将各项政策落实到位，让群众切实得到发展，让群众的生活水平和思想素质得到提高。江口县依据全县情况开展脱贫攻坚工作，有如下重大举措。

（一）紧扣“四个问题”，大力推进社会扶贫

精准扶贫的“四个问题”是“扶持谁”“谁来扶”“怎么扶”“如何退”，江口县脱贫攻坚中的主要政策举措紧扣这四个问题，以精准识别为导向筛选贫困户，以“五个一批”为方法回答“怎么扶”，将贫困户识别、贫困户脱贫、贫困村出列、贫困县退出、第三方评估检查等程序标准，印制在驻村干部笔记本上，统一推进全县脱贫攻坚整县退出工作。

在“谁来扶”的问题上，江口县着力“构建大扶贫格局”。习近平总书记指出，“扶贫开发是全党全社会的共同责任”“实现政府、市场、社会互动和行业扶贫、专项扶贫、社会扶贫联动”。江口县广泛调动全社会的积极性，充分用好社会各方面的资源和力量，强化项目、资金、人才、社会等各类扶贫资源整合。形成“党委主责、政府主抓、干部主帮、基层主推、社会主扶”的脱贫攻坚强大合力。

1. 积极推进对口帮扶工作

加大向 8 个帮扶城市争取财政援助资金力度。结合贵州省精准扶贫要求，引导帮扶资金、项目向贫困村和贫困户倾斜，充分发挥帮扶资金、项目的引领性、示范性和探索性作用。深化经济技术交流合作，加快推进帮扶双方共建 1 个以上产业园区建设。推动各市（州）、省旅游局与对口帮扶城市互为目的地的旅游资源开发工作，广泛开展招商引资、引企入黔工

作，有效承接帮扶城市产业梯度转移。继续加大双方党政干部及企业管理人员、医生、教师等专业技术人员挂职、交流工作力度。建立旅游合作协调机制，共同培育帮扶双方的精品旅游线路。

2. 积极开展定点扶贫工作

加强与中央相关定点扶贫单位的沟通交流，围绕贵州省扶贫开发工作重点和三大片区扶贫攻坚规划，编制科学合理的定点扶贫规划和年度工作计划，签订帮扶协议，以规划引领定点扶贫工作。加强与省委组织部、省直机关工委等部门的合作，做好干部驻村工作，通过帮助乡村开展群众路线教育实践活动、推进精准扶贫"六个到村到户"、实施"四在农家·美丽乡村"六项行动计划、推动构建群众工作网络等多种途径，开展驻村工作。抓好国有大中型企业、民营企业、社会组织等开展的定点扶贫工作。例如，江口县国土局于 2018 年选派 56 名干部在怒溪镇龙眉村对精准扶贫户进行结对帮扶，党组书记、局长亲自挂帅并追派 14 名干部入驻龙眉村开展脱贫攻坚工作。单位全体干部职工奔赴脱贫攻坚一线，舍小家为大家，吃住在农户家，切切实实为农户分忧解难。该局自 2014 年建档立卡工作启动以来，在全村共识别贫困户 120 户 398 人，联系龙眉村"十三五"精准扶贫户 77 户，其中 2017 年精准脱贫户 25 户。江口县教育局于 2018 年派出干部职工 70 余人对民和镇、艾坪等五个村进行结对帮扶。干部职工长期吃住在村，访民情、听民意、解民忧、暖民心、惠民生，以群众需求为根本，真抓实干、真金白银、真情实意，及时为群众纾困、救急、暖心。

3. 集团帮扶

扎实推行党政领导牵头、部门负责、社会参与、群众主体的大扶贫模式。全面持续推动市县领导联系的乡、村在 3 年时间内实现整体脱贫"摘帽"目标。加强指导集团帮扶项目编制规划、实施方案，督促各县抓好项目实施。

4. 积极推动重大事项帮扶

继续全面实施脱贫攻坚重大事项推进行动，健全大扶贫领导体制，各乡镇（街道）和县直相关部门与县委、县政府签订脱贫攻坚责任状，建立县委、县政府负总责，县扶贫开发领导小组统筹协调，分管县领导牵头负责，县直各部门各司其职，乡村两级具体负责，将年度绩效目标考核与脱贫攻坚成效挂钩，群众主体参与的扶贫开发工作管理体系，对县直部门、乡镇（街道）实行“定部门、定目标、定任务、定时限、定奖惩”的责任体系。

（二）围绕“五个一批”，扎实落实扶贫举措

1. 发展生产脱贫一批

江口县联系文化旅游业与农业、工业、林业，以“一业带三化、三化促一业”发展。具体政策举措如下：

第一，突出科学规划引领，绘好产业发展路线图，促进农业产业规模不断壮大。第二，突出企业示范带动，带好发展新路子，提升农业产业化经营水平。一是企业联盟带出产业化经营新水平。二是通过“企社联营”拓展品牌市场。采取“四提供一回收一保底”的订单农业生产模式，组建了果蔬配送中心，开通了从基地直接到餐桌的“直通车”，实现了农校对接、农超对接。三是通过村社合一组织发展。第三，突出园区平台承载，搭好农业发展“大舞台”，使农村一、二、三产业融合取得新突破。一是积极开展园区创建。二是引导生产要素流向园区，按照“渠道不乱、用途不变、各记其功”的原则，整合水利、交通、扶贫、国土等部门财政项目资金，引导财政资金流向园区，开展交通、冷链物流设施等基础设施建设，满足农业产业发展基础设施需求。三是引导产业政策投向园。全省产

业融合试点县项目投向闵孝农业园区，加快园区优势产业与二、三产业融合发展，实现农业“接二连三”。四是引导企业进驻园区。着力实现扶贫园区的新突破，以“六个突出”“六个着力”为重点（即突出特色扶贫产业发展、突出基础设施配套、突出服务体系建设、突出经营主体培育、突出生产要素聚集、突出产业化扶贫利益联结机制创新，着力做大产业规模、着力创建品牌开拓市场、着力强化科技服务、着力打造支撑平台、着力提高综合效益、着力增强示范辐射和扶贫带动作用），实现园区建设大的进步。第四，突出绿色发展引领，不断提高农产品质量安全水平，助推品牌塑造。第五，突出政策扶持，夯实农业产业基础保障，让中小企业融资问题得到有效解决。

在产业扶贫方面，江口县采取“联盟发展”的模式，突出抓好生态茶、冷水鱼、猕猴桃 3 个主导项目和中药材、蔬菜 2 个增收项目，并着力增强内生动力，按照“以短养长，长短结合”的原则，加快发展生猪代养、林下养鸡等“短、平、快”项目。实现企业从单打独斗到抱团发展、产业从分散发展到集中发展、农户从个体发展到合作组织发展。截至 2020 年底，全县建成 1 个国家级农村产业融合示范园区、1 个省级茶产业示范园区、3 个万亩茶叶乡镇、12 个茶叶专业村，生态茶园面积达到 15.97 万亩，覆盖 10 个乡镇（街道）82 个村，涉及农户达到 1.86 万户 6.72 万人；建成精品水果基地 5.15 万亩；建成 1 个粤港澳大湾区蔬菜直供基地、1 个避雨设施蔬菜基地、1 个营养餐蔬菜专供基地，蔬菜种植面积 12 万亩；建设油茶 5.5 万亩，发展中药材 3.44 万亩。建成冷水鱼养殖场 28 个，养殖面积突破 7000 亩。2020 年，冷水鱼产量达到 7400 吨，占全省冷水鱼产量的 30%，成为贵州省冷水鱼养殖产量最高、面积最大的县和全省两个冷水鱼裂变式发展试点县之一。依托铁骑力士等龙头企业发展生猪代养场 46 个，年出栏生猪 15 万头；建成肉牛养殖场 34 个，年出栏肉牛 9000 余头；建成工厂化蛋鸡养殖场 3 个，年产禽蛋 7400 吨以上。同时，积极推进“三变”改革模式，按照“公司 + 龙头企业 + 合作社 + 农户”的发展模式，成立江口县梵净山珍农业发展公司，承接产业扶贫子基金，统筹投入全县产业发展。

在旅游扶贫方面，江口县切实开展大扶贫、大旅游战略行动。一是探索出景区带村发展模式。以梵净山景区为龙头，探索“公司 + 农户”“景区 + 农户”“协会 + 农户”等产业化运作模式，给予企业优惠配套政策支持，引导企业参与旅游扶贫开发，引导贫困群众创办餐饮住宿、文化展演、乡旅体验、休闲度假等旅游服务项目。通过土地流转、房屋资产入股等方式参与乡村旅游，带动当地整村发展，探索出“三带三起来”旅游扶贫模式（即 A 级景区带动环境吸引力提升，村庄美起来；A 级景区带动乡村旅游竞争力提升，农民富起来；A 级景区带动创造力提升，产业强起来），切实走出了一条旅游扶贫新路子。二是丰富旅游产品供给培育旅游新业态。不断深入挖掘江口县民族民俗文化，土家金钱杆、瓦寨锣鼓、羌历年等非物质文化遗产以及金丝楠木雕、竹木制品、紫袍玉等手工艺品成为梵净山旅游文创产品；地理标志产品萝卜猪、冷水鱼、豆腐干、野生蜂蜜、藤茶等成为梵净山旅游炙手可热的旅游商品。“月上寨沙”“云中仙舍”等原生态民族演艺节目在景区火爆上演，一些传统农事节会如“打侗年”“豆腐节”“米酒节”等成为游客参与度高的旅游体验活动。几年来，江口县先后建成了亚木沟景区、寨沙侗寨、云舍、提溪土司城、鱼粮农业公园等景区，打造了快场村、寨抱村、河口村等乡村旅游示范点。同时，深入推进闵孝河、锦江河沿线旅游产业带的发展，推动鱼粮溪大峡谷、牛洞岩、黄牯山、龙阳仙人桥等景区景点的开发建设。在文化旅游产业的带动下，全县经济社会实现了协调发展。

2. 易地扶贫搬迁脱贫一批

江口县落实“易地扶贫搬迁一批”的政策要求，明确了易地扶贫搬迁的三个机制：一是用活集体经营机制。做好搬迁群众迁出地“三地”可利用资源的收储、流转、管理和投资开发利用，经营管理迁出地集体建设用地增减挂钩和安置点门面、停车场及政府性资产，落实搬迁群众劳动力就业培训、派出和劳务承接。二是用活社区管理机制。着眼提升社区党组织和社区居民委员会服务群众和社区管理的能力，将移民社区内的交通设施、公共场所、消防设施、楼群院落、实有人口等全部纳入网格化管理。积极引导搬迁群众参与安置区的自我管理，推动搬迁群众尽快融入社区、融入城市。三是用活群众动员机制。建强安置点基层组织，充分发挥桥梁纽带作用，组织开展社会美德、话党情感党恩、社会法治等主题教育活动，有序组织搬迁群众力所能及地参与安置点社区环境整治，增强搬迁群众“人人为我、我为人人”的主人翁意识。按照“五个三”要求，落实土地、产业、就业、教育、医疗和社会保障等方面的后续扶持政策，实现搬迁户户均 1 人以上就业，确保搬得出、稳得住、有事做、能致富。

3. 生态补偿脱贫一批

江口县林业局致力乡村绿化美化、林旅深度融合、发展森林碳汇、发展林下产业、发展珍贵林木及花卉苗木产业。为加强资源保护和生态文明建设，江口县积极探索网格化护林方式，运用现代信息技术，构建县、乡镇（街道）、村、组四级联动网格化林业生态监管系统，开展网格内森林生态环境保护与监管工作。实现了“3 个大幅度提升”（造林成林大幅度提升、生态系统保护与修复率大幅度提升、涉林案件查结率大幅度提升），全县森林覆盖率从 2012 年的 66.01% 上升到 2019 年的 77%。实施生态补偿脱贫一批，实施退耕还林脱贫一批，落实森林管护脱贫一批。

4. 发展教育脱贫一批

县教育局大力开展控辍保学工作，全面开展驻村帮扶。通过学校、教师及全县驻村工作队，大力开展辍学学生走访劝导工作，2018 年县教育局成功劝返学生 89 名，并通过“十百千万”群众思想教育工程，着力解决困难群众思想贫困问题，克服“等、靠、要”思想，全面提升群众思想认识。教育局以城市建设突破年为契机，调整优化教育空间布局，在巩固“581”工程的基础上，深入实施“681”升级工程。

5. 社会保障兜底一批

为确保“社会保障兜底”，努力实现共同富裕，江口县实施如下政策举措：第一，提高低保标准，确保困难群众基本生活水平与全面小康相适应。一是提高低保标准，逐步推进两线合一。二是坚持应保尽保，精准认定低保对象，确保“两无”贫困人口和暂时不能脱贫人口全部纳入农村最低生活保障范围。三是加大分类施保力度，大幅度提高特殊困难群体基本生活保障水平。四是加强农村低保与扶贫开发两项制度有效衔接，确保资源共享。第二，提高医疗救助保障水平，有效遏制因病致贫、因病返贫。一是提高住院基本医疗救助保障水平。二是拓宽门诊救助范围，提高门诊医疗救助保障水平。第三，提高特困供养水平，确保特困供养人员共享全面小康成果；逐年提高农村五保供养标准，确保五保供养对象生活水平不低于当地农村居民平均生活水平。第四，完善临时救助制度，有效防止因突发性困难致贫返贫。一是完善临时救助政策，提高临时救助标准。完善《江口县临时救助实施方案》，进一步细化救助措施，明确救助范围和救助标准，有效保障因遭遇火灾、交通事故、突发重大疾病或其他特殊困难，其他社会救助制度实施后仍有严重困难家庭的基本生活。二是健全救急难工作机制，增强兜底保障功能。第五，完善受灾人员救助制度，有效遏制因灾致贫返贫。第六，逐步建立适度普惠型儿童福利和残疾人补贴制度，确保特殊困难群体在共享发展中有更多获得感、幸福感。第七，加强社会福利设施建设和管理，为特殊困难群众打造温馨幸福家园。第八，加强慈善救助工作，充分发挥慈善拾遗补阙托底保障功能。第九，稳步推进医养结合工作，确保困难老年群体享受便捷医养一体化服务。第十，加强群众性自治组织建设，发挥村（居）委会组织战斗堡垒作用。

（三）对照“六个精准”，切实做好各项工作

1. 扶贫对象精准

确保对象精准。一是在全县范围内实行“一学、二访、三会、四评”工作法。通过对全县所有农户进行大走访，对贫困人口进行再识别，已全面完成对错退、错评、漏评、农业户籍人口底数的摸排，并对五类重点人群 100% 排查，做到“村不漏户、户不漏人”。二是开展信息大核查、大比对，对所有贫困户家庭成员信息、生产生活基本情况进行核查，并与建档立卡系统登记信息进行比对，做到错误信息及时修改，确保线上线下信息一致。三是开展民主评议工作。按照“一比对、两公示、一公告”程序，指导各乡镇（街道）逐组召开群众会、逐村召开村民代表评议会，确保贫困户评定公平、公正、公开。

通过“扶贫云”平台建设，全面建立健全贫困人口精准信息系统，建成基础数据支撑平台，对全县 7 个贫困乡镇 80 个贫困村 4.3 万贫困人口和有扶贫开发任务的地区进行动态监测，严格实行乡镇对村、县对乡镇的建档立卡、扶贫云大数据建设分级负责。各级对辖区内的贫困信息要做到精准到村到户到人，真正实现“鼠标一点、贫困信息尽显”，实现贫困户信息一站式查询。

2. 措施到户精准

江口县完善建档立卡工作，并在做好贫困村贫困户的识别基础上，认真分析致贫原因，制订到村到户帮扶规划，推进结对帮扶、产业扶持、教

育培训、农村危房改造、扶贫生态移民、基础设施“六个到村到户”。对识别出来的建档立卡贫困人口，因户施策，按照“缺什么补什么”的原则，由帮扶单位、帮扶责任人、驻村干部共同研究，分类制定脱贫帮扶措施，做到“户有帮扶措施、人有脱贫门路”。

“扶贫云”平台的建设，也实现了挂图作战，并建成以全县贫困人口建档立卡数据为基础，把各项惠农政策在信息平台中精准化、具体化，使“扶贫云”平台成为集扶贫项目申报、评估、立项、审批、资金拨付、报账、实施、监管、验收于一体的扶贫项目资金管理平台，实行全程监控。

3. 项目安排精准

江口县扶贫开发领导小组成员单位根据“十大巩固提升工程”衔接乡村振兴，认真编报项目，强调落实以下四点：一是深化对项目的认识，专门明确了目标任务和推进机制；二是理顺项目的体制机制，如将招商工作组分为旅游、农业、工业、城建四个板块，每个板块由县领导牵头，主管部门参与；三是提高项目规划建设的标准，从规划水平、成本控制、过程管理对项目全程严加把控；四是加大对项目落实的督查力度。

江口县统筹内外优势资源，精准项目建设。全县抓好生态茶、精品果、冷水鱼三大主导产业，发展了油茶、中药材、食用菌、蔬菜、生态畜牧养殖等增收项目。同时加大“千企引进”力度，加快引进一批生态、绿色、健康的产业项目落户江口，推进屈臣氏、农夫山泉、贵茶产业园等一批重点项目。

4. 资金使用精准

2017 年 6 月 5 日，江口县通过专题会议研究第一批脱贫攻坚专项基金的使用。会议议定，第一，由县脱贫攻坚指挥中心对各乡镇（街道）上报的项目清单进行认真复核，重点对项目工程量、资金匹配度进行再次审核；第二，要提高资金可用率，相关公司要加快报账进度，激活市里下达的脱贫基金；第三，要提高资金使用率，在县扶投公司设立脱贫基金专户，激活的脱贫基金全部转入专户管理，以实现资金精准使用。

江口县健全了财政扶贫项目资金监管机制，要求相关部门加强财政专项扶贫资金管理和项目监管，确保扶贫资金用得好、不出事。项目严格控制成本，要求履行报批程序；实施扶贫资金向深度贫困地区聚焦，用好用活金融扶贫政策；完善临时救助制度，及时对符合条件的贫困家庭和个人提供临时救助，逐步提高农村特困人员供养水平；落实资金保障，及时足额将兜底保障资金发放到位。

5. 因村派人精准

习近平总书记在精准扶贫工作中多次强调“因村派人要精准”。为全面打赢脱贫攻坚战，不仅要选准派强第一书记，也要配准派强驻村干部。根据每个村的不同情况，选准派强第一书记，是精准脱贫的关键；为加快精准脱贫速度，配准派强驻村干部，是精准脱贫的主体。

为确保精准扶贫工作有序进行，江口县整合党内监督、纪律监督、民主监督、群众监督、舆论监督力量，盯住重点领域、重点环节、重点问题，精准发力，增强广大贫困群众实实在在的获得感，提高广大贫困群众真真切切的满意度。确保选准派强第一书记，配准派强驻村干部。确保扶贫政策和惠民资金落到实处，不断提高群众的获得感和满意度，以脱贫攻坚的实际成效取信于民。

6. 脱贫成效精准

按照“脱贫不脱政策”的总体要求，以提高脱贫攻坚实效为导向，以扶贫领域作风问题专项治理为抓手，切实做好“三个转变”工作（由找准帮扶对象向精准帮扶稳定脱贫转变，由关注脱贫速度向保证脱贫质量转变，由开发式扶贫为主向开发式扶贫与保障性扶贫并重转变），围绕贫困户稳定增收目标，通过实施精准管理、产业扶贫、基础设施、易地搬迁、教育扶贫、健康扶贫、就业扶贫、兜底扶贫、乡风文明、基层党建“十大巩固提升工程”，确保实现“两个巩固”（巩固全县脱贫人口不返贫、巩固退出贫困村不倒退）和“三个只增不减”（政策支持只增不减、资金投入只增不减、帮扶力度只增不减）。[①]

① 《中共江口县委、江口县人民政府关于进一步巩固提升脱贫攻坚工作成效的实施意见》，2018 年 6 月 10 日。

第四章 保障条件：合力体系与参与机制

脱贫攻坚政策的落实需要政府与社会从人、财、物、制度等多方面给予充分的辅助与保障。《中共中央、国务院关于打赢脱贫攻坚战的决定》和《“十三五”脱贫攻坚规划》指出，脱贫攻坚政策落实的保障与支撑主要包括三个层面：一是领导体系与组织机构建设。建立分工明确、管理到位的组织机构与领导体系。二是政策支持与资源投入。在政策层面与资源分配层面给予脱贫攻坚相关领域以优惠措施，辅助脱贫攻坚顺利进行。三是完善监督管理制度与责任制。要求各级党委政府分工负责，层层落实责任制，建立扶贫考核督查与社会监督机制。

江口县立足县域自身的经济社会发展现状，按照《中共中央、国务院关于打赢脱贫攻坚战的决定》和《“十三五”脱贫攻坚规划》的要求，在脱贫攻坚进行过程中，为确保脱贫攻坚工作切实执行，辅助脱贫攻坚政策顺利落实，从人、财、物等多角度出发，提供了有效性强、覆盖面广、充分多样的保障条件。一是构建了以组织领导体系、城乡支部联建体系、居民自治体系为核心的脱贫攻坚合力体系。二是采取了以组织建设保障、资源投入保障为主的政策落实保障措施。三是完善了东西部协作、定点帮扶、企业等多方参与的大扶贫工作格局。江口县以“绣花功夫”紧抓脱贫攻坚，建设了与县域实情相符合的脱贫攻坚保障体系，切实解决贫困地区、贫困人口的实际问题、难点问题，保障脱贫攻坚顺利进行。

一、脱贫攻坚合力体系的构建方式

脱贫攻坚是全党、全社会的共同责任，形成“上下联动、干群同心”的脱贫攻坚合力体系是打赢脱贫攻坚战的重要支撑与坚实保障，是脱贫攻坚保障体系中最基础、最重要的组成部分。不论是脱贫攻坚政策执行，还是脱贫攻坚的保障措施，均要在脱贫攻坚合力体系的基础上得到有效落实。结合《中共中央、国务院关于打赢脱贫攻坚战的决定》《“十三五”脱贫攻坚规划》等重要文件思路，江口县在其脱贫攻坚进程中，构建了以组织领导体系、城乡支部联建体系、民众自治体系为核心的脱贫攻坚合力体系，取得了良好的工作成效。

（一）紧抓“两个建设、一个责任”，构建坚实的组织领导体系

《中共中央、国务院关于打赢脱贫攻坚战的决定》指出，要切实加强党的领导，为脱贫攻坚提供坚实的政治保障。组织领导体系包括三个层面，归纳为“加强两个建设、强化一个责任”。两个建设分别为扶贫开发队伍建设与基层党组织建设，一个责任则是指要强化脱贫攻坚领导责任制。江口县在组织领导体系建设上，紧跟中央、省市部署，同时结合县域实际情况，组建了一支机制健全、功能全面、战斗力很强的组织领导队伍。

1. 以“层次鲜明、分工细致”为要求，完善扶贫开发队伍建设

江口县的扶贫开发队伍建设充分体现了两个特点：一是层次性。从县、乡镇（街道）、村三级每级设立对应的扶贫专项机构，县级层面设立由县委书记、县长任组长，县四大班子分管或联系领导任副组长，县直相关部门负责人为成员的脱贫攻坚领导小组。成立了县脱贫攻坚指挥中心，

从县直相关部门选派33名骨干人员集中办公，组建了综合协调组、产业发展项目规划组、宣传调研组、督查考核组，全力做好全县整村推进脱贫攻坚相关工作。县直相关部门、乡镇（街道）层面，设立脱贫攻坚办公室与脱贫攻坚指挥部，由县委常委和县人大、县政协主要领导任指挥长，县人大、县政协副县级领导干部任常务副指挥长，吃住在乡镇（街道），蹲点专抓。村级层面，组建驻村工作队，由县乡两级选派干部职工与当地村干部组成，实现村村有工作队，户户有负责人。二是细致性。县级层面除脱贫攻坚工作领导小组、乡村振兴工作领导小组这一类“大战略”的领导小组外，对于不同阶段的不同具体工作，江口县还成立了对应的工作小组，落实了专项领导责任制。如易地扶贫搬迁工作领导小组、“组组通”公路项目建设工作领导小组、医疗卫生事业改革发展工作领导小组、“民心党建＋三社融合促三变＋春晖社”工作领导小组、对口帮扶领导小组等。在脱贫攻坚不同阶段的阶段性任务上，江口县也设立了专门的领导机构，落实领导责任制，如脱贫审核工作领导小组、贫困人口精准识别查漏补缺领导小组等。

江口县扶贫开发队伍的层次性与细致性是确保每项工程有人抓落实、每项措施有人抓推进、每项责任有人在承担的必要条件，是江口县脱贫攻坚工作取得实在成效的重要保障。在扶贫开发队伍建设上用“绣花功夫”，保证能够充分应对各项问题，攻克各种难关。

2. 积极探索“民心党建＋×”，加强基层党组织建设

基层党组织强大与否直接关系到脱贫攻坚战的成败。《中共中央、国务院关于打赢脱贫攻坚战的决定》和《“十三五”脱贫攻坚规划》均强调了基层党组织的重要性，提出要强化农村基层党组织的领导核心地位，充分发挥基层党组织在脱贫攻坚中的战斗堡垒作用和共产党员的先锋模范作用。江口县在组织领导体系的建设中，尤其重视基层党组织的建设，在县

委、县政府以及“民心党建＋三社融合促三变＋春晖社”工作领导小组的指导下，探索“民心党建＋×”乡村治理模式与“一核多元”社区建设基层治理方案，不断提升基层党组织的战斗力，强化基层对群众需求的回应与治理能力。

“民心党建＋×”乡村治理模式中，“民心党建”是核心，指的是基层党组织，必须坚持党的领导，不断深化“民心党建”工程，提升基层党组织凝聚力、号召力和战斗力。“×”是载体，指的是社会力量或各种平台，引导村民及社会各界力量参与农村治理，充分发挥民主协商在农村治理中的积极作用。“民心党建＋×”模式由基层党组织发挥主导作用，带动引领多种力量服务基层，参与农村治理，提升基层党组织的治理能力。江口县已探索出多种“民心党建＋×”结合形式，如“民心党建＋春晖社”“民心党建＋村规民约”“民心党建＋干群连心室”“民心党建＋理事会”“民心党建＋合作社”“民心党建＋组务会”等。

“一核多元”社区建设基层治理体系以社区党组织为核心，以居民自治组织为主体，同时社区服务站和社会组织多元参与，推动公共资源共有、多元组织共商、多元主体共建、多元平台共治、多元服务共享“五共”型社区建设，促进基层民主健康发展，不断提升人民生活质量和幸福指数。其核心主要有优化社区公共行政、安全保障、医疗保健、文化体育等服务；以大数据为载体推动智慧社区建设；进一步健全和完善社区公共基础设施建设，实现公共文化、教育、安全、环境、医疗、养老、商业设施均衡覆盖。

3. 构建“四级包保”[①]责任机制，强化脱贫攻坚领导责任制

《中共中央、国务院关于打赢脱贫攻坚战的决定》指出，我国脱贫攻

① “四级包保”：“县级干部包乡、科级干部包村、驻村干部包组、帮扶干部包户”。

坚实行中央统筹、省（自治区、直辖市）负总责、市（地）县抓落实的工作机制。县级党委和政府承担主体责任，县委书记和县长是第一责任人，做好进度安排、项目落地、资金使用、人力调配、推进实施等工作。江口县贯彻中央强化脱贫攻坚领导责任制的指令，构建“四级包保”责任机制，做到责任体系下沉，切实压紧干部责任。

在全县脱贫攻坚誓师大会上，县委、县政府分别与各乡镇（街道）党委（党工委）、政府（办事处）和县直部门签订了《脱贫攻坚责任状》，各乡镇（街道）党委（党工委）、政府（办事处）与所辖各村（社区）分别签订了《脱贫攻坚责任状》，逐级签订脱贫攻坚“军令状”，做到了责任的层层落实。

（二）落实“干群连心，同步小康”，构建城乡支部联建体系

江口县结合实际情况，根据《“十三五”脱贫攻坚规划》《铜仁市脱贫攻坚定点帮扶因户施策实施办法》制定《江口县脱贫攻坚定点帮扶因户施策实施方案》，并在近年来扎实开展“干群连心，同步小康”城乡支部联建工作，取得了良好的工作效果。城乡支部联建体系由队伍建设、帮扶内容与机制建设三部分组成。

1. 城乡支部联建体系队伍建设

江口县近年来每年扎实开展城乡支部联建与干部驻村工作，参与部门范围逐年扩大，选派干部人数逐年递增。2018 年，江口县明确 104 个县直机关事业单位与 104 个村（社区）开展城乡支部联建帮扶工作。各级各部门共选派 489 名干部驻村，其中第一书记 72 人。继续组建同步小康驻村工作队，含 10 个驻村工作分队 104 个驻村工作组。驻村工作分队由联系该乡镇（街道）的县级领导干部任队长，各乡镇（街道）党委（党工委）书记任副队长，驻村工作组由第一书记或驻村干部任组长。同时，选

派县级领导干部任乡镇（街道）脱贫攻坚指挥部常务副指挥长，江口县四大领导班子共计35位县级领导分别对71个行政村（社区）开展联系帮扶工作。

2. 城乡支部联建体系帮扶内容

中共江口县委发布《关于扎实开展“干群连心，同步小康”城乡支部联建和干部驻村（第一书记）工作的通知》指出，城乡支部联建的内容主要有两个层面：一是对村整体发展的帮扶。主要包括发展村级扶贫产业、进行人居环境项目改造即“五改一化一维”、基础设施建设（原则上要求是中央、省、市覆盖不到的“最后一公里”项目如通组路、产业路、断头路、人畜安全饮水、文化广场、路灯、垃圾池、污水处理等），另外还包括特色项目建设如乡愁馆建设项目等。二是因户施策，对贫困户实施精准帮扶。主要包括医疗救助（按照《江口县关于建立建档立卡贫困人口医疗费用托底及非医疗费用专项救助制度的实施方案》执行）、教育资助（按照《江口县建档立卡贫困户学生兜底资助实施方案》执行）以及为保障贫困户的基本生活条件开展的生活用品项目。

3. 城乡支部联建体系机制建设

江口县城乡支部联建体系机制建设主要由考核管理机制与工作保障机制两方面组成。一方面对联建单位和帮扶干部严格要求、制定相关标准；另一方面给予充分的工作保障，支持帮扶工作的顺利完成。

考核管理机制方面，县直部门单位选派的第一书记和驻村干部不再承担本单位工作，坚持脱产驻村，与群众同吃同住同劳动。驻村工作组要建立驻村工作台账，第一书记和驻村干部要坚持每天记录民情日记，及时填写工作纪实表。县委组织部定期不定期对第一书记和驻村干部工作情况进行明察暗访和民主测评，每半年进行一次述职测评。每轮驻村工作结束时，按照日常考核占20%、半年考核占30%、年终考核占50%的比例分别对联建帮扶单位、第一书记和驻村干部进行综合考核，将考核结果作为第一书记和驻村干部选拔任用和评先选优的重要依据，对综合考核分数低于70分的，按照管理权限由有关部门进行诫勉谈话，后备干部驻村考核为不合格的不予提拔任用，对综合考核分数低于70分的联建帮扶单位，扣除单位年终绩效考核中相应分值，并对单位主要负责人进行诫勉谈话。

工作保障机制方面，省财政给每个同步小康驻村工作组拨付2万元补助资金用于村级公共服务运行维护。同时，江口县要求各联建帮扶单位要为本单位所联建村的县级第一书记和驻村干部购买保额不低于50万元的人身意外伤害保险，并按每人每月不低于1000元的标准据实发放生活补助和交通补贴。县直各部门各单位要关心、支持第一书记和驻村干部开展工作，积极解决驻村工作和生活中的实际困难。各乡镇（街道）加强对第一书记和驻村工作的管理，定期召开工作推进会，积极研究解决驻村工作中存在的困难和问题。

（三）结合村民自治与民主法治，构建基层民众自治体系

脱贫攻坚的受益主体是贫困人口，要真正了解贫困人口最切实的需求，就必须让他们参与到脱贫攻坚的进程中来，充分发挥主观能动性，实现贫困群众的自我管理、自我提升、自我发展。《中共中央、国务院关于打赢脱贫攻坚战的决定》和《“十三五”脱贫攻坚规划》指出，要建立健全贫困人口利益与需求表达机制，充分尊重群众意见，切实回应群众需求。完善村民自治制度，坚持群众主体，激发内生动力，充分调动贫困地区干部群众积极性和创造性，注重扶贫先扶志，增强贫困人口自我发展能力。江口县根据中央和省、市的相关文件精神，探索村民自治机制与民主评议机制的建立，充分发挥村民的主观能动性，实现村民的自我管理、自我发展、自我提升。

村民自治机制是指村民以村民组为单位，在党支部的领导下，采取民主推荐的方式，从热心服务、公道正派、威望较高的党员、村民代表、离任村干部、离退休人员中推荐成立组务会，共同协商管理村民组各类事务。凡涉及村民切身利益的事务，由组务会组织召开组内群众会议，收集群众诉求、意见、建议。赋予村民一定程度的自治权利，调动村民自身的积极性，激发贫困群众发展的内生动力。

民主评议机制则是给予村民一定程度的决定权，做到群众的事群众说了算。对于群众关注度高的痛点难点问题，如贫困户、低保户的评定和贫困户脱贫等问题，扶贫干部采取“一学、二访、三会、四评”的方法开展工作，由户到组到村，逐步评议、逐步确认，评议过程与评议结果完全公正、公开，同时认真听取群众意见、诚恳接受群众监督。

案例　怒溪镇骆象村：民众自治促进社会管理更健全有效

江口县怒溪镇骆象村在脱贫攻坚进程中，充分发挥民众自身的主观能动性，调动民众自我管理的积极性，激发民众潜在的发展动力，取得了良好的发展成效，使社会管理更为健全有效。

一是“村规民约+”。探索“村民自治+”模式（即“村民自治+国法+家训家规”“村民自治+吴姓家训家规+春晖助学”“村民自治+杨姓家训家规+卫生自治”“村民自治+阙姓家训家规+产业带动”），把村规民约与家姓家风结合起来，让矛盾纠纷在一线化解、惠民政策在一线传递、乡村振兴在一线惠及。

二是协商民主议事会。成立了怒溪镇首个村级协商民主议事会，通过多种渠道“收”事、多方恳谈“筛”事、张榜公示“晒”事、广开言路“议”事、汇集民意“转”事五个方面为群众提供有效服务，把收集到的难点、热点问题分类处理，按照“一事一议”

和“少数服从多数”的原则，召开协商民主议事会等共同协商处理办法。

三是社会共同管理。充分动员社会各方面力量（社会管理队伍、镇村干部管理队伍、志愿者管理队伍、群众自发管理队伍），发挥村民、社会组织在社会服务、社会管理中的参与作用、协同作用、带头作用，积极参与到生态环境保护、矛盾纠纷调解等工作中来，实现政府治理和社会调节、群众自治良性互动。

二、脱贫攻坚政策落实保障措施

根据《中共中央、国务院关于打赢脱贫攻坚战的决定》《“十三五”脱贫攻坚规划》中的要求，江口县为保障脱贫攻坚顺利进行，以组织建设保障为基石、资源投入保障为支撑，采取多种措施，完善了脱贫攻坚保障体系。

（一）“严选派、狠监督、重激励”，完善组织建设保障

组织建设是脱贫攻坚工作开展的基础。组织建设工作中，组织机构是否成熟，人员配置是否合理，运行制度是否全面，后勤保障是否到位，激励机制能否有效调动干部积极性，均是脱贫攻坚工作能否顺利进行的重要影响因素。江口县从严格选派标准、抓实监督考核、激发干部积极性三个角度出发，采取一系列保障措施，在组织建设层面推动脱贫攻坚顺利进行。

1. “选精兵、派强将”，加强队伍建设

江口县在队伍保障方面，严抓干部队伍建设，以上率下，层层落实，集中全县优势力量攻克脱贫攻坚重点、难点问题。在江口县脱贫攻坚干部

队伍建设中，经过了摸底调研、标准设定和人员选择三个阶段。

摸底调研工作阶段，由县委组织部牵头，组织相关部门成立 4 个专项调研组，对全县 104 个村（社区）基本情况和村“两委”作用发挥等方面情况进行全面摸排，为精准选派奠定了基础。

标准设定工作阶段，结合摸底调研情况，先后召开 2 次县委常委会，专题研究派兵方案、选将标准，明确把“一好双强”① 和“一敢三能四有”② 作为选派标准，确保个个过硬。

人员选择工作阶段，累计选派 6430 名干部组成 104 个驻村工作队奔赴脱贫攻坚一线，由乡镇副科级干部任队长，县直部门科级干部或后备干部任副队长，脱产抓好所在村脱贫攻坚等各项工作。同时，选派 8 名副科级年轻干部到 8 个深度贫困村任支部书记，并制定《江口县深度贫困村党组织书记考核管理办法》，实行动态跟踪管理。

2.“狠监督、抓落实”，完善干部管理机制

江口县根据中央、省、市相关文件的要求，相继出台制定了《江口县脱贫攻坚驻村工作队管理办法》《江口县脱贫攻坚驻村工作队问责办法》《江口县脱贫攻坚驻村工作队军事化管理实施方案》等，健全制度、狠抓落实，从日常管理、工作调度、考核评比三个方面健全干部管理机制，确保基层干部能够有效执行脱贫攻坚相关任务，每一项脱贫攻坚具体任务都能够得到充分落实。

江口县在脱贫攻坚队伍的日常管理运行中，明确要求所有驻村工作队成员的管理、考核、工资、组织关系全面划转到乡镇，每月驻村不少于 20 天。全面推行第一书记和驻村干部双向承诺述职评议、去向公告、轮

---

① “一好双强”：思想政治素质好，带富能力强、协调能力强。

② “一敢三能四有”：敢打硬仗，能吃苦耐劳、能团结群众、能打胜仗，有发展产业能力、有改革创新能力、有依法办事能力、有化解矛盾能力。

流值班、考勤管理、工作例会、工作报告、纪律约束和督查通报等制度，按季度开展驻村工作专项督查。开展“互联网+”驻村干部管理模式，结合“第一书记信息管理系统”，创建驻村干部微信管理平台，要求第一书记和驻村干部通过文字、图片、视频等形式适时发布工作动态，实行“痕迹管理”。同时，县委成立10支脱贫攻坚驻村工作督查专班常驻乡镇（街道），跟踪督查并通报驻村工作队开展工作情况，督查结果作为年终绩效考核重要依据，有效倒逼驻村工作队成员干事作为。

在脱贫攻坚工作调度机制上，建立形成县乡村三级工作调度机制。一是根据工作推进情况，每半月或每周由县脱贫攻坚指挥部召集脱贫攻坚专班工作队队长、乡镇（街道）主要负责人、扶贫分管领导及脱贫攻坚指挥中心相关人员，召开脱贫攻坚作战形势分析会，听取各个专班工作队及乡镇（街道）任务完成情况汇报，解决工作中存在的问题和困难，确保任务期限和任务进度达到预定目标。二是各乡镇（街道）指挥部指挥长每周要主持召开一次调度会，协调解决乡镇（街道）、村在脱贫攻坚工作推进中人、财、物和干部作风等方面的困难和问题，协调各工作专班在所在乡镇（街道）的工作推进。三是各村驻村工作队每天要组织召开一次碰头会，统筹调度当前工作，及时分析解决工作中存在的困难和问题。

在脱贫攻坚阶段性评比考核机制上，对各阶段工作要按照“群众不认可要一律重来，评估不通过要一票否决，工作不到位要一概问责”的原则进行严格考核。围绕各作战阶段目标要求，实行阶段管理，并进行考核评比，在每个阶段结束后，由督查考核组牵头，对各乡镇（街道）和各部门各作战阶段目标完成情况进行量化考核。

3.“强服务、明赏罚”，激发扶贫干部工作积极性

为了激发扶贫干部工作积极性，发挥好扶贫干部的作用，江口县加强了下派干部的服务体系建设和激励奖惩制度建设。一方面对于扶贫干部给

予额外的生活补助，解决下派干部的后顾之忧；另一方面对于工作表现出色的扶贫干部给予评奖评优、提拔重用等鼓励，激发扶贫干部工作的积极性。

生活补助方面，江口县财政预算1000万元驻村工作保障经费，严格按照省、市要求保障第一书记和驻村干部工作、食宿、交通、保险、体检等方面经费开支。具体标准为按每人每月500元的标准提供经费保障，每村每月按2000元的标准补助生活费，并为每名县直部门选派人员按每天60元的标准和每名乡镇选派人员每天30元的标准发放补贴，同时，每年为驻村人员购买保额100万元的人身意外伤害保险，县卫计局（卫健局）每年组织驻村人员进行1次健康体检。江口县为第一书记和驻村干部每人配备1本《习近平的七年知青岁月》和1床电热毯，每个驻村工作队配备1张电暖桌和1个常用药箱。

工作奖惩机制方面，江口县在“微视江口”和“江口组工”微信公众号开设“脱贫攻坚群英榜”专栏，集中宣传脱贫攻坚一线干部先进事迹。在年度评先选优中，一线干部年度考核优秀比例提升至30%，2016年以来，累计推荐省、市、县脱贫攻坚表彰优秀个人994名和先进党组织194个，其中表彰“队长之星”“队员之星”“村干之星”各90名，表彰“帮扶责任人之星”104名、“督查之星”13名。增强了“参战干部”的荣誉感、自豪感，营造了比先进、学先进、争先进的浓厚氛围。江口县加大了从脱贫攻坚一线培养使用干部的力度，出台《江口县脱贫攻坚一线干部关怀激励工作实施细则》，对主动作为、成效突出的驻村干部，每年拿出一定名额予以提拔重用。2017年以来，累计提拔重用脱贫攻坚一线优秀干部291人，有7个乡镇公务员面向脱贫攻坚的一线干部进行招考，对年度考核为优秀的第一书记和驻村干部，纳入后备干部库进行重点培养。同时，江口县还创新性出台了《江口县第一书记和驻村干部召回管理办法（试行）》，针对13种驻村不为行为[①]，组织部门会同相关单位采取提醒整改、集中教育、诫勉谈话等方式进行严肃"召回问责"、回炉淬火，教育引导干部端正态度、积极作为，经考核合格后再派去驻村，不合格的及时调整撤换，两年内不得提拔重用。

（二）"足资金、育干部、引人才"，保证脱贫攻坚资源保障

资源投入保障在脱贫攻坚工作中发挥着不可替代的支撑作用。各种资源如资金、人才、科技、教育、社会力量等为脱贫攻坚战的最终胜利提供了坚实支撑与重要的推动力量。江口县在脱贫攻坚工作的开展过程中，整合多种资源、统筹协调安排，一方面争取资源，最大化获取资源；另一方面统筹资源布局，"多个龙头进水，一个龙头出水"，最大化利用资源。江口县的投入保障主要从资金投入保障、教育投入保障、人才投入保障三个方面为脱贫攻坚战保驾护航。

1."开源"与"归流"并重，确保资金保障到位

江口县资金保障的具体措施分为三个层面：一是"开源"。多渠道争取筹集资金，满足脱贫攻坚工作的需求。二是"归流"。资金的批准、使用统筹安排，提高资金利用效率。三是监管。资金的每一笔支出都要进行核算监督，确保资金规范管理，高效运行，安全使用。

多渠道筹集资金方面，江口县充分联系各方力量，深入开展政银企三方合作，为脱贫攻坚夯实了资金基础。一是大力争取中央、省级资金。积极梳理符合政策支持的项目并及早纳入中央和省项目规划，争取更多的中央和省级预算内资金支持。二是提升政府债券资金使用效率。在加快用好

---

① 如与原单位工作没有"全脱钩"，村上和单位两头跑、两不管，驻村时间少于20天，住不进"农家屋"，当地干部群众满意度较差，不熟悉农村政策，不善于处理干群关系，干事"想法多、办法少"，帮扶工作成效不明显，等等。

已获债券资金、有效化解政府债务风险的同时，认真梳理符合债券政策的新增债务，争取进入省级盘子。三是积极探索创新项目融资模式。在金融政策趋紧的情况下，根据实际，积极探索PPP项目融资、国有企业收益权抵押融资、与省市平台公司合作融资等项目融资模式。加快推进脱贫基金、产业子基金、精扶贷等项目融资，扩大有效融资规模。四是探索金融工作新模式。加大县内部门与银行机构之间的沟通力度。通过座谈会、现场调研等方式，让银行机构更全面深入地了解江口县基础设施建设、产业发展和民生保障事业的推进情况，积极探索符合江口县农村实际和发展需求的金融工作新模式。

资金整合支出方面，江口县根据中央、省、市相关文件与精神，出台了《江口县统筹整合使用财政涉农资金开展脱贫攻坚工作实施方案》，整合所有涉农资金，重点用于精准扶贫项目，推进新农村建设，配套基础设施，完善公共服务等。成立了江口县统筹整合使用财政涉农资金工作领导小组，推动资金整合使用的进程。同时，设立江口县扶贫开发投资有限责任公司，建立脱贫攻坚专项基金项目，推动专款专项制度的完善建立。

扶贫资金监管方面，坚持扶贫资金就是高压线的原则，制定《江口县财政专项扶贫资金监督检查制度》《江口县财政专项扶贫资金管理办法（试行）》《江口县财政专项扶贫资金报账制度管理实施细则（试行）》等制度，对扶贫资金实行专户管理、专账核算。全面推行扶贫资金公告公示制度，在强化日常监督的基础上，定期开展专项检查，以精准监督保证精准扶贫，确保资金规范管理、高效运行、安全使用。

2.“请进来”与“走出去”相结合，强化干部培训保障

脱贫攻坚工作在经过五六年的发展后已经具有一定的专业性、系统性，对于新的指导思想、政策、研究成果、工作方式，扶贫工作者都要进行与时俱进地学习，接受最新的工作理念与思路。江口县在脱贫攻坚工作

进程中，对扶贫队伍的教育培训与能力建设给予高度重视。

从2013年起，江口县财政每年拿出100万元，作为全县各级各类干部学习培训的工作经费。结合党的群众路线教育实践活动、“三严三实”专题教育、“两学一做”学习教育、“不忘初心、牢记使命”主题教育开展，创新教育培养方式，加大学习力度，着力提升扶贫工作队伍能力素质。引导扶贫工作者牢固树立政治意识、大局意识、核心意识、看齐意识，不断增强脱贫攻坚的本领。同时，有针对性地组织基层扶贫一线工作者到江苏华西村、山东寿光等经济发达地区考察学习。

充分发挥好党校和鱼良溪市级党员干部短期实训基地的主阵地作用，坚持“请进来”和“走出去”相结合，整合各类资源，注重运用现代化教育培训手段，分级分类加强干部教育培训。严格按照中组部要求，每年从留存党费中拿出一部分，用于贫困村党组织书记培训工作。对乡镇干部、村干部、驻村工作组组长和第一书记每年轮训不少于一次，确保全覆盖。村（居）“两委”换届后，及时对新任村（居）党组织书记和村（居）委会主任进行全员任职培训。按照“缺什么补什么”的原则，紧紧围绕农村脱贫攻坚需要、农民创业致富需求，组织开展有针对性的培训。重点加强扶贫政策、现代农业、种养殖技术、乡村旅游、农村电商、手工艺制作、集体经济发展、合作社管理以及乡村治理等方面业务知识的培训，进一步提高农村党员干部带领贫困群众脱贫致富的能力。

3. 引进“能人”，培育“土专家”，提供专业人才保障

脱贫攻坚基层工作中，人才发挥着巨大的作用。贫困户大多是教育水平较低、缺乏持续性生计能力的居民。由于知识体系的匮乏，大部分贫困户能力不足以独立发展产业和实现自主经营，此时人才的能力支撑尤为关键。江口县通过实行一系列人才引进培养计划，引进“能人”，培育“土专家”，为脱贫攻坚工作提供人才保障基础。

江口县围绕脱贫攻坚的重点工程、重大项目，将优秀的专业技术人才选派到脱贫攻坚最前沿。深入开展“万名农业专家服务‘三农’行动”，组织农业专家帮助推广新技术、新品种，领办创办一批农业产业化企业。紧紧抓住中国浦东干部学院、苏州市姑苏区对口帮扶契机，积极争取相关技术、管理等方面的人才支持。同时，加大本地实用人才培养力度，积极对种植养殖能手、农村经纪人、农业实用技术带头人、能工巧匠等各类乡土人才开展一次全面摸底，分门别类建立人才库。大力弘扬工匠精神，加强培训技能，传承工艺，积极挖掘和培养“土专家”“田秀才”，加强在政策、资金、指导等方面的支持，鼓励本地人才带头创办农民合作社、家庭农场、农业产业化龙头企业、林场等新型农业经营主体。

案例　绿源水产公司董事长杨秀萍：女强人返乡创业带领乡亲共同致富

2012 年，在“雁归工程”“春晖行动”等活动的号召下，杨秀萍毅然卖掉深圳的房产、公司，带着所得的 2000 万元回到了家乡，打算投资中华鲟养殖。亲戚朋友都劝她，老家交通不便，回来发展没什么前途。可她却说：“乡亲们都富了，才是最好的前途。”同年 3 月，杨秀萍将鲟鱼养殖场建在地处偏远、生态良好、水质优良的闵孝镇平寨村，总投资 2000 万元的江口县绿源水产发展有限公司挂牌成立。

经过几年的探索和努力，鲟鱼养殖场初具规模。如今，公司每年销往浙江、上海等地的商品鱼将近 500 万尾，年收入达 800 万元。但杨秀萍不忘初心，让家乡人脱贫致富一直是她的理想信念。于是她在养殖场成立了残疾人贫困户创业基地，为当地贫困户、残疾人、留守妇女提供就业岗位，吸纳当地的 20 户贫困户、5 名残疾人到养殖场务工就业。2016年，杨秀萍采取“公司+农户”的方式启动泥鳅养殖项目，让20户贫困户以土地或“精扶贷”入股，流转40亩农田用于泥鳅养殖，年底保底分红。当年底，入股的20户贫困户如期分红，分红股金2000元到2万元不等，当年20户村民69人全部脱贫。随后，杨秀萍又以“公司+基地+农户”模式，牵头组建了“江口梵源水产发展专业合作社”“印江泥鳅种养专业合作社”，专门从事鲟鱼和泥鳅养殖，从而带动周边村寨养殖产业发展。

“乡亲们都富了才算真的富”，这是杨秀萍投资中华鲟养殖的初衷。在脱贫攻坚的路上，杨秀萍勇于担当。2015年，杨秀萍的公司被评为铜仁市“残疾人创业就业扶贫示范基地”“巾帼创业示范基地”。杨秀萍个人荣获农业部2015年度“神内基金农技推广奖”、铜仁市优秀基层工作者、铜仁市第一届“创业之星”、铜仁市“五一劳动奖章”、“贵州省巾帼脱贫攻坚先进个人”“全国三八红旗手”等荣誉。

三、完善多方参与的大扶贫工作格局

江口县根据中央、省、市各项文件精神，完善多方参与的大扶贫工作格局，汇集多方力量，合力推进脱贫攻坚。在江口县的脱贫攻坚实践中，主要对东西部协作力量、定点帮扶力量、企业力量三方面进行广泛的动员，共同推进江口县脱贫攻坚进程。

（一）以“产业支撑+劳务交流+干部培训”为核心的东西部协作帮扶机制

习近平总书记强调，东西部扶贫协作和对口支援是推动区域协调发展、协同发展、共同发展的大战略，是加强区域合作、优化产业布局、拓展对内对外开放新空间的大布局，是实现先富帮后富、最终实现共同富裕目标的大举措。江口县东西部协作的对口帮扶单位分别为苏州市姑苏区、中国浦东干部学院。近年来，江口县与对口帮扶单位紧密联系，在产业扶贫、教育培训、劳动力交流、干部挂职等多个方面展开了深入合作，取得了良好的成效。

1. 苏州市姑苏区突出“产业帮扶 + 劳务协作”协作帮扶机制

江口县与姑苏区围绕产业合作、劳务协作等方面的帮扶协作，共同推进江口县脱贫攻坚进程。产业帮扶方面，苏、铜两地通过“江苏企业 + 贵州资源”“江苏市场 + 贵州产品”“江苏总部 + 贵州基地”“江苏研发 + 贵州制造”等模式，进一步拉长产业链，深化农业、工业、文旅等方面的全方位合作，姑苏区帮扶建立桃映镇梅花鹿养殖基地、凯德街道猕猴桃种植基地、闵孝镇猕猴桃种植基地、官和乡铁皮石斛种植基地等特色产业基地，引导推动抹茶系列产品的研发和生态茶叶东部市场销售，协同苏州文旅集团打造云舍・姑苏小院精品民宿、梵净山书香门第酒店、梵净山书香世家酒店等。劳务协作方面，江口县成立以县委书记、县长为双组长的东西部劳务协作领导小组，建立乡镇（街道）、村（社区）两级劳务协作工作机构，落实专门的工作人员。召开全县加强东西部协作促进劳务输出工作推进会，制定印发《江口县关于加强东西部劳务协作促进劳务输出助推脱贫攻坚行动方案》等指导性文件，形成部门、乡镇、村（社区）、企业及驻村工作队共同参与和“工作统一部署、任务共同落实”的良好局面。2017 年 11 月，姑苏区与江口县对口帮扶合作备忘录签约仪式在江口举行；2018 年 3 月，姑苏区、江口县扶贫协作工作座谈会在江口举行；2018 年 4 月，江口县人社局在姑苏区设立部门层面的劳务协作工作站；2018 年 9 月，江口县设在姑苏区区县层面的劳务协作工作站正式挂牌成立。同时，江口县与姑苏区共同建立企业用工岗位信息共享平台，及时共享姑苏区企业就业岗位需求信息和江口县农村劳动力尤其是贫困劳动力资源信息。2018 年以来，共举办题为“就业帮扶·东西联动·真情相助”的专场招聘会 6 次，累计提供就业岗位超 5200 个，发放用工信息宣传册超 2 万份，达成就业意向性协议 1088 人，累计帮助贫困人口赴江苏等省外就业 646 人，帮助贫困人口省内就近就业 2009 人，累计共建扶贫车间 10 个，引导贫困群众就业 509 人，对东西部劳动力流动起到了良好的促进作用。

2. 中国浦东干部学院“干部培训 + 项目联系 + 爱心公益”协作帮扶机制

中国浦东干部学院对江口县的定点帮扶主要从以下四个方面开展：一是大力支持干部培训。中国浦东干部学院通过在院内开设委托培训、线上开办网络培训、邀请知名专家上门送教等方式，全方位轮训江口县各级干部，累计培训干部和技术人员 15319 人次。为铜仁市、江口县无偿举办 11 期科级干部专题培训班，培训干部 554 人次。中国浦东干部学院原常务副院长、中央党史研究室原副主任、中央党史和文献研究院院务委员会原委员冯俊，中国浦东干部学院副院长王金定、郑金洲，上海市人民政府参事、教授吴大器，等等，这些优秀的师资被邀请到江口，开展送教上门活动 30 余次，举办“江口大讲堂”11 期，共计培训江口县党政干部 9110 人次。此外，中国浦东干部学院充分利用网络培训平台，为江口县开设 14 期网络专题班，网络培训干部 2723 人次；安排江口县 21 名县处级领导干部和 2 名县委党校骨干教师到学院主体班次插班学习。举办 9 期 464 人脱贫攻坚一线干部专题培训班；邀请华东师范大学、上海市教科院、上海市长宁区教育学院等单位的 14 位专家到江口，帮助江口县开展中小幼教师能力提升专题培训班，开展 5 期江口县骨干教师到上海跟岗培训活动，共计培训教师 2000 余人、学生 800 余人。二是积极联系产业项目和消费扶贫。全力助推江口县经济发展。中国浦东干部学院在江口县与沿海发达地区企业的联系中，充分发挥桥梁和纽带的作用，围绕现代农业、民族医药、文化旅游等方面积极争取支持，多次牵线搭桥，主动联系多批次企业到江口考察，促成多个项目落地见效。2016 年至 2019 年，中国浦东干部学院帮助江口县连续 4 年在上海成功举办“贵州·江口招商引资暨文化旅游资源推荐会”，推出以梵净山旅游资源为核心的引资项目，共引进企业 79 家，投资规模达 78 亿元。同时，大力开展消费扶贫，学院直接购买了江口县扶贫农产品 360.07 万元，帮助销售农产品 2357.2 万元。三是积极开展抓党建促扶贫工作。学院与江口县的贫困村党支部结对开展联建，先后划拨 61 万元党费、列支 56.72 万元扶贫经费用于贫困村帮扶工作，探索实施“民心党建 + 组委会”的治理模式，着力提升基层党支部建设水平。2020 年，在第五届全国基层党建创新典型案例评选中，《贵州省江口县：“民心党建 + 组委会”治理模式助推乡村善治的探索与实践》被评为最佳案例。四是引入资源举办公益活动。中国浦东干部学院牵线多家企业开展爱心助学，刘哲昕爱心团队结队资助 158 名贫困学生，上海真爱梦想公益基金、苏州智慧家长等单位捐助江口县中小学“梦想盒子”价值 200 万元、图书 8000 余册、助学基金 20 万元、书包 1400 个、衣物 1000 件等，社会捐赠累计 1012.17 万元。

（二）建立“上下联动、层层对口”的定点帮扶力量参与机制

江口县结合县域实际情况，按照中央、省、市文件要求，制定《江口县脱贫攻坚定点帮扶因户施策实施方案》围绕第一书记选派机制、县级单位对口帮扶机制、县级领导定点联系机制，建设完善定点帮扶力量参与机制。

1.“第一书记”选派机制

江口县依照《“十三五”脱贫攻坚规划》中的要求，参照中央、省、市单位做法，从各单位选派优秀中青年干部到贫困村担任第一书记。2018年，各级各部门共计选派贫困村第一书记72人。

根据铜仁市《关于进一步做好2018年第一书记和驻村干部轮战驻村决胜脱贫攻坚的通知》与江口县《关于扎实开展“干群连心·同步小康”城乡支部联建和干部驻村（第一书记）工作的通知》，被选派的第一书记和驻村干部主要具体承担的帮扶职责如下：一是宣传党的方针政策。围绕打赢脱贫攻坚战，宣传党和国家的强农惠农富农政策与省委、省政府的重大决策部署。二是落实好扶贫政策。要熟悉贫困人口情况，掌握扶贫政策，指导开展好贫困人口精准识别、精准帮扶和精准退出工作，参与制订脱贫规划，帮助落实好基础设施建设、易地扶贫搬迁、教育医疗住房三保障等扶贫政策，实施好“组组通”公路建设。三是帮助抓好劳动力就业。把劳务收入作为贫困家庭脱贫致富的重要支撑紧紧抓在手上，有针对性地组织外出务工和在家劳动力开展职业技能及实用技能培训，推动建立稳定可持续的就业、技能提升、收入增长机制。四是帮助创新基层治理。要本着有利于把群众组织起来、有利于做好群众工作、有利于激发群众活力的原则，通过在农民专业合作社、龙头企业、产业链上建立党组织等形式，不断提高党的组织和党的工作覆盖。五是帮助为民办事服务。深入走访群众、联系群众，做好贫困群众的思想发动、宣传教育和感情沟通，增进与群众的感情，激发摆脱贫困的内生动力。

2.县级单位对口帮扶机制

江口县结合自身发展情况，依据《“十三五”脱贫攻坚规划》中的要求，组织党政机关、企事业单位开展定点帮扶工作，制订各单位定点帮扶工作年度计划，以帮扶对象稳定脱贫为目标，实化帮扶举措，提升帮扶成效。明确 104 个县直机关事业单位与 104 个村（社区）开展城乡支部联建帮扶工作。

根据江口县《关于扎实开展“干群连心·同步小康”城乡支部联建和干部驻村（第一书记）工作的通知》与《江口县脱贫攻坚定点帮扶因户施策实施方案》，与贫困村或社区对口帮扶的县级单位主要承担的帮扶职责如下：一是帮助建设加强基层组织。以提升组织力为重点，突出政治功能，把农村基层党组织建设成为宣传党的主张、贯彻党的决定、领导基层治理、团结动员群众、推动改革发展的坚强战斗堡垒。二是帮助抓好产业发展。深入实施产业扶贫三年行动计划，紧紧围绕市委、市政府确定的生态茶、中药材、生态畜牧、蔬果、油茶、食用菌六大主导产业，找准帮扶地的产业发展方向。三是帮助推动经济发展。帮助驻地厘清发展思路，制定发展措施，推动项目落地，加强基础设施建设，调整农业产业结构。大力发展农村电子商务，促进农民增收致富。围绕旅游业“井喷”式增长目标，切实帮助驻地制订旅游规划，挖掘旅游资源，培养乡村旅游人才，积极培育和推介旅游产品，打造旅游特色品牌。四是帮助提升治理水平。推行“村‘两委’+乡贤”乡村治理模式和“一核多元”社区治理模式，推进基层民主制度建设。指导建立健全村务监督委员会制度，帮助村干部提高发展经济的能力、改革创新能力、依法办事能力、化解矛盾能力、带领群众致富能力。弘扬文明新风，积极引导群众开展健康向上的精神文化活动。

3. 县级领导定点联系机制

江口县近年来为进一步落实脱贫攻坚领导干部“下抓两级”制度，强化定点帮扶责任，建立了县级领导定点联系机制，由县级（副县级）领导定点帮扶贫困村（社区）。集中火力攻克难中之难、坚中之坚，为克服脱贫攻坚中的重难点区域提供坚实保障。江口县四大领导班子共计 35 位县级领导分别对 71 个行政村（社区）开展定点联系机制，助力重难点贫困村实现全面脱贫。

（三）建立“政府引导 + 企业带动 + 民众参与”的企业参与机制

企业具有资金、技术、市场、管理等方面的优势，其参与扶贫开发主要集中在农村产业开发（包括收购农产品、租赁土地、股份合作、吸纳劳动力等）、基础设施建设、农村社会事业发展和人力资源开发四大领域。但企业作为趋利性的经营主体，需要政府引导并给予一定的政策优惠、资金补助才会主动参与到脱贫攻坚中来。同时，企业经营带来的经济社会发展需要在一个完善而健全的利益联结机制下才能让发展成果惠及贫困群众，这一利益联结机制的关键就在于民众的参与。近年来，江口县通过构建“政府引导 + 企业带动 + 民众参与”的企业参与脱贫攻坚机制，充分利用了企业这一股脱贫攻坚的重要力量，取得了良好的脱贫成效，同时，参与脱贫攻坚的企业也获得了预期的收益，实现了多方可持续的良性发展。

1. 梵净山旅游企业“景区带村”助推脱贫攻坚

江口县依托梵净山优质旅游资源，坚持以全域旅游为抓手，按照“建一个景区、引一批企业、活一带经济、富一方群众”的思路，通过抓好景区建设、发展乡村旅游带动周边村寨脱贫致富奔小康，走出了一条“景区带村”旅游扶贫新路。在梵净山旅游扶贫发展过程中，政府发挥其引导作用，企业发挥其脱贫攻坚带动作用，共同促进梵净山旅游扶贫项目顺利实施。

政府引导方面。紧扣景区建设规划，按政府资助 70%、群众自主投入 30% 的“帮 7 出 3”模式，加快景区周边农村房屋立面改造，破解了群众不想改造、不敢改造、没钱改造的难题。创新推出政府、旅游部门、银行、担保公司、项目业主“五位一体”项目融资模式，破解了金融机构不放贷、贫困群众不敢贷的难题。

企业带动方面。主要推行两种带动帮扶模式：一是“以企带户”模式。实行企业“带贫帮困”扶贫责任机制，企业在用工和收购农产品的过程中，优先考虑和保障贫困户，带动景区沿线贫困群众稳定增收致富。如金奥旅游公司开发亚木沟景区，为寨抱村当地群众提供就业岗位60个，带动20户群众从事乡村旅游脱贫致富。二是“景区带村”模式。一方面，引导企业从收入中拿出一定比例的资金用于周边村寨旅游基础设施建设；另一方面，引导贫困群众创办餐饮住宿、文化展演、乡旅体验等旅游项目服务，带动周边整村发展。如三特公司在经营梵净山景区过程中，优先吸纳周边村寨失地农民、经济困难户就业，每年从景区门票收入中拿出5%作为旅游发展专项资金，用于周边村寨基础建设、产业发展等，带动景区沿线10余个村的群众吃上了旅游饭、发上了旅游财。梵净山景区成功入选2016年全国“景区带村”旅游扶贫示范项目。

2.“从无到有、从小到大”，江口县特色茶产业助推脱贫攻坚

江口县按照“政府引导、群众参与、企业带动、市场运作”的原则，围绕“以点连线、以线扩面、整合资源、集中连片、示范带动、打造亮点”的发展思路，通过引进省内外有实力的茶叶企业带动基地建设、解决茶叶加工和销售的发展模式问题，全力推进生态茶产业发展。自2007年秋从零起步以来，紧紧围绕建设20万亩生态茶园的奋斗目标，开始大规模发展生态茶产业。截至2018年底，已新建生态茶叶基地14.8万亩，组建茶叶专业合作社68个，引进和发展茶叶企业52家，建设茶叶加工厂32个、生产线61条；培育省级产业化龙头企业3家，省级扶贫龙头企业6家。茶叶产业的发展一方面带动区域经济发展，另一方面由于群众的广泛参与，发挥了良好的扶贫效果，在脱贫攻坚进程中起到了重要的推动作用。

政府引导方面，2007年秋以来，江口县委、县政府高度重视生态茶产业发展，先后成立了以县委副书记、县长杨云任组长的江口县生态茶产业发展协调领导小组；组建了县茶叶局（为正科级单位），各乡镇成立了茶叶站，负责茶产业的生产发展物资协调采购、技术指导等各项工作。成立了县生态茶产业发展督查领导小组，组建了江口县茶叶行业协会，加强了对企业行业的自我管理，强势推进茶叶品牌建设、统一生产标准等。

企业带动方面，通过近年来的招商引资与产业建设，已从浙江、江苏、上海、福建等地引进了新三农农业发展有限公司、上海梵神茶叶发展有限公司等省外茶叶龙头企业21家，为江口县脱贫攻坚提供了产业保障与一定程度的资金保障。2017年，贵州茶叶旗舰企业贵州贵茶有限公司落户江口。通过外商企业的引进和企业主体的培育，有效解决了江口县茶叶加工销售困难。为江口县茶产业的快速稳定发展打下了坚实的基础，近年来，江口县共组织参加省部级以上茶叶评比80余次，先后在国际名茶评比活动中获"金奖"1个，在"中茶杯""国饮杯"全国茶叶评比中获"特等奖"5个，其他省部级以上名茶评比中获"金奖"40余个，成为全市茶青下树率最高、销售最好的县。

第五章　攻坚克难：难点破解及主要经验

长期以来，受制于区位、资源、文化等内外部因素的影响，江口县的脱贫攻坚工作面临许多特殊的问题与难点。针对这些特殊难点，江口县采取了特殊的举措。本章进一步总结江口县破解难点的做法与经验，以深化对江口县脱贫攻坚实践和经验的理解。江口县脱贫攻坚面临的特殊难点主要有三个方面：一是水利、交通等基础设施建设方面历史欠账多，新时期又面临资金、技术、管理等方面的不足，“补课”及追赶压力大；二是三次产业结构比例尚有调整优化空间，产业发展特色优势不明显，品牌建设意识与管理能力不强，加之贫困户整体参与积极性不高，产业竞争力弱，产业扶贫效应不明显；三是移民搬迁工作任务重、时间紧、资金缺、协调难、后续管理问题多。“十三五”以来，江口县以习近平总书记提出的“绿水青山就是金山银山”发展理念为指导，以“大扶贫战胜贫困”为主线，以将“生态环境优势转化为生态农业、生态工业、生态旅游等生态经济的优势”为抓手，逐步探索出一条切实可行的难点破解路径：一是从强化组织领导、加大资金投入、明晰职责权限、加强能力建设、重视考核奖惩等方面不断补齐基础设施建设短板；二是从优化产业结构、促进三次产业融合发展、凸显资源特色、做好品牌建设与管理、调动贫困户参与的动力等方面，不断提升产业竞争力和扶贫效益；三是从强化组织领导、营造舆论氛围、规范资金管理、建立长效机制等方面不断化解移民搬迁工作难题，脱贫攻坚工作不断取得新的成效。在此过程中，江口县还总结出一套突出党员及党组织核心堡垒作用的难点破解经验：一是从整合干部资源、夯实基层组织、提升发展后劲等方面不断强化基层党建工作；二是从开展专项监察、运用四种形态、完善监督机制、严格问责措施等方面不断强化组织纪律保障；三是以"四下沉、四结合、四覆盖"为基础不断创新群众工作方法。

一、江口县县域脱贫攻坚主要难点

江口县位于武陵山集中连片特困地区，是典型的少数民族聚居县及深度贫困县。受生态环境承载力弱、经济发展水平低、公共事业发展落后等因素影响，江口县脱贫攻坚工作面临许多关键性的瓶颈与难点。

（一）基础设施完善程度低

长期以来，受资金、技术、人力、制度等的影响，江口县水利、交通、电力等基础设施的建设与管理难以满足脱贫攻坚工作需求，成为制约其脱贫攻坚实效的关键性短板之一。

1. 水利设施建设滞后，水利改革进展缓慢

江口县水资源总量为21.54亿立方米，人均水资源占有量高于全国人均占有量4倍多，但受各方面主客观因素的影响，丰富的水资源尚未能够发挥其应有的价值。

第一，水利设施不够，水利工程老化失修严重，相关产业点多面广，工程投入不足。长期以来，由于缺乏足够的引水及蓄水工程设施，表面上水资源丰富的江口县实际经常面对的却是"天上水"蓄不了、"地表水"留不住、"地下水"用不上的尴尬，不仅水资源的再分配不均匀，水资源的利用率也不高，严重的工程性、生产性及生活性缺水时有发生。加之现

有引水、蓄水及灌溉工程设施大多因年代久远不同程度存在标准低、不配套、质量差、设备及技术落后等问题，这更加剧了上述问题。与此同时，近年来随着土地流转、外资企业入驻、个体农业种植结构调整，农经类产业发展迅速，且点多面广。而相应的水利工程建设和管理补助资金却极为有限，使原本就不足的水利设施更显得捉襟见肘。

第二，农业综合水价改革、水务一体化改革、小型水利工程产权制度改革和水利投融资体制改革等水利改革工作虽已展开，但进展缓慢，尚未取得实质性效果。以农业水利改革为例，一些小型农田水利工程实行租赁、承包、拍卖后，由于合同规定事项不周全、缺乏对经营业主必要的限制性措施，导致水利设施没有良好的运行维护管理办法和明确的专职管理人员，设施毁损后无人修复。加之江口县农业水价综合改革启动滞后，农业水价改革方案刚推行不久，大部分农业水利设施计量设备不完善，水费增收办法不齐全，水费征收困难，久而久之，农业水利基础设施运行严重失常。

第三，基层水利管理单位人力匮乏、自身能力建设薄弱。由于乡镇水务站采取“县乡共管，以乡镇管理为主”模式，在人手不够的情况下，又要抓业务工作，又要被当地政府抽派去搞其他工作，业务工作不固定，很难管理面广量大的农田水利工程。加之农业产业结构调整，种植农经作物多样化，作物需水量偏差较大，基层水利管理人员未接受专业培训，水量核算困难，许多农业用水管理组织收取的水费不足以支付管理人员工资和设施运行维护，导致工程效益逐年下降。

2. 道路交通建设不足，与周边县区差距大

近年来，江口县交通基础设施建设工作取得一定成效，但距离脱贫攻坚需求仍显不足，与周边区县差距仍然较大。

第一，交通基础设施建设历史欠账多，追赶压力大。江口县地处武陵

山集中连片贫困地区，一直以来，因其特殊的地理位置及环境，交通基础设施明显滞后于其他地区，遗留了许多历史欠账。近几年来，江口县虽然加大了道路交通建设的投资力度，但受制于自身经济总量小、财政收入少的弱势（见表 5–1），道路交通建设的投入资金依旧十分有限，远低于铜仁市平均水平（见表 5–2），公路里程的增长速度也相对缓慢，与周边区县比较起来仍存有不小差距（见表 5–3）。

第二，农村公路“建管养运”改革经验不足，与人民日益增长的美好生活需求仍有差距。农村“组组通”公路建设过程中，许多工程因地质复杂、条件恶劣，施工难度大，施工成本高。加之按照技术标准，要求路基铺大渣、碎石，边沟、安防等附属设施也需同步完成，造成农村“组组通”建设平均造价高达 65 万 ~ 70 万元 / 千米，远超省里每千米补助资金 40 万元的标准，资金缺口大。此外，江口县农村通组公路涉及 1500 多个村民组。按照谁受益谁管护的原则，通组公路以村委会、村民组为主体进行管理养护。但是，部分村组群众对护路工作的重要性认识不够，认为公路养护工作是政府部门的事情，和自己关系不大，导致农村道路损毁严重，养护率不高，与人民群众日益增长的美好生活需求存在较大的差距。

表 5–1　江口县 2012—2020 年财政总收入及在铜仁市 10 区县位次表

	2012 年	2013 年	2014 年	2015 年	2016 年	2017 年	2018 年	2019 年	2020 年
财政总收入（万元）	24639	24213	29044	35510	37434	40077	43723	43686	43182
位次	9	10	10	10	10	10	3	2	5

表 5-2 江口县和铜仁市 2014—2017 年公路投资情况

		2014 年	2015 年	2016 年	2017 年
江口县	公路投资额（亿元）	8.43	7.95	2.14	2.62
	增长率（%）	—	-5.7	-73.1	22.4
铜仁市	公路投资额（亿元）	94.54	105.70	99.26	272.15
	增长率（%）	—	11.8	-1.5	174.2

表 5-3 江口县 2012—2017 年公路通车里程及在铜仁市 10 区县位次表

年份	总计（千米）	位次	高速（千米）	位次	国道（千米）	位次	省道（千米）	位次	县道（千米）	位次	乡道（千米）	位次	村道（千米）	位次
2012	1230	7	—	—	—	—	90	6	137	6	143	7	860	7
2013	1289	7	63	3	—	—	90	6	137	6	143	7	856	7
2014	1280	7	54	4	0	—	90	7	137	6	143	7	856	7
2015	1366	7	76	2	75	6	177	5	232	8	266	7	540	7
2016	1366	7	76	2	75	6	177	5	232	8	266	7	540	7
2017	1437	7	62	1	75	6	206	7	233	8	302	7	560	7

（二）产业发展制约因素多

近年来，江口县产业发展取得长足进步，但受自然条件、资金投入、基础设施、民众素质等因素的影响，与其他地区相比仍较落后欠开发，产业扶贫的效应尚未有效发挥。

1. 产业结构不尽合理

“十三五”以来，江口县以绿色发展理念为指导，以脱贫攻坚为主线，依托江口生态资源禀赋，不断推动三类产业结构的调整优化，但三类产业结构在发展中仍存在不协调的一面。由表 5-4 可以看出，与铜仁市整体的情况不同，近年来江口县第一产业和第二产业的排位互有交替，且第二产业 2013—2017 年的比例呈逐年下降趋势。纵观一个地区经济社会的发展，工业化是推动其由不发达到发达的关键动力，江口县产业结构所经常呈现出的这种“三、一、二”情形，表明其第二产业的发展还亟须加强。与此同时，第三产业虽然已经成为江口县经济发展的主要动力，但其在 2013—2017 年所占比例均低于铜仁市平均水平，这说明江口县以旅游业为代表的第三产业的发展还有很大潜力。

表 5-4　江口县 2013—2020 年产业结构

		2013 年	2014 年	2015 年	2016 年	2017 年	2018 年	2019 年	2020 年
江口县	第一产业占比（%）	27.5	25.1	31.6	28.5	26.6	28.3	25.9	27.3
	第二产业占比（%）	29.6	29.4	27.1	25.3	25.1	25.5	19.5	19.5
	第三产业占比（%）	42.9	45.5	41.3	46.2	48.3	46.2	54.6	53.2

资料来源：根据相关年份江口县统计年鉴整理而来。

2. 扶贫产业竞争力不强

“十三五”以来，江口县依托梵净山山地特色旅游资源，以旅游业为龙头，坚持“以旅带农、以农促旅”发展理念，大力发展精品果蔬、生态茶叶、特色养殖、地道中药材等特色扶贫产业，产业发展与产业扶贫取得一定成效，但相关产业的竞争力亟待提升。

一是不少扶贫产业的起步晚、规模小，不仅面临土地、产权、技术等开发困境，而且存在与周边地区同质化的问题，特色优势不明显，例如当地主推的猕猴桃等水果产业，周边区县乃至邻近省市都有广泛种植。

二是品牌意识不强，品牌建设滞后。例如，江口县茶叶品质较好，在各种名茶评选中均取得了可喜成绩，并得到了茶叶界专业人士和茶商的认可，但由于茶产业起步较晚，没有品牌、没有良好人力资源和市场信息，茶叶品牌建设经验相对不足，导致茶叶品牌知名度不高、茶叶产品市场占有率低、市场开拓难等一系列问题，生产的茶叶产品没有实现应有的经济价值和增收效应。

三是存在盲目跟风现象和短期化行为。例如，一些旅游资源欠缺的村寨为了获取相关旅游开发补贴，将旅游业作为本村主导产业来打造，带来了许多无效建设与投资，结果适得其反。

3. 贫困户参与积极性不高

贫困户参与积极性不高是制约江口县扶贫产业发展的另一重要影响因素，究其原因主要有以下几方面。

一是思想及价值观念问题。部分贫困群众的小农意识根深蒂固，市场意识、竞争创新意识不强，“等、靠、要”思想严重。此外，江口县作为少数民族聚集的县，少数民族人口占全县总人口的68%。长期以来相对封闭的环境形成了重农抑商的价值取向，虽然这种观念在一些乡镇有所改变，但仍然广泛存在。

二是贫困户素质能力问题。江口县农村人口比例大，农村人口尤其是贫困户存在一定比例的文盲和半文盲，学习运用新知识、新技术有一定困难，难以参与到相关产业发展中去。

三是激励与报酬问题。虽然许多农户包括贫困户拥有参与产业发展的能力和条件，但由于相关扶贫产业发展过程中缺乏现代经营管理理念和有效的激励机制，因而对广大农户的吸引力不足。

（三）移民搬迁工作难度大

移民搬迁作为一项系统性工程，任务艰巨，投资较大，一直以来都是江口县脱贫攻坚工作的重点和难点。近年来，江口县移民搬迁工作取得了不俗成绩，但在实际工作中仍然存在诸多问题与难点。

1. 搬迁工作资金缺口大

一方面，江口县地处武陵山连片贫困地区，属新阶段国家扶贫开发工作重点县，地方财政较为拮据，主要依靠中央转移支付保运转和融资贷款促发展，但移民安置工程前期征地拆迁、规划设计和程序管理等方面需较大的地方财政投入，移民项目主要靠施工方垫资建设，完工后工程款支付压力较大。另一方面，移民群众大多深居边远山区、石山区和高山区，其经济本来就较为困难，而建房所需资金数额较大。

2. 移民工作机制有待完善

移民扶贫工程牵涉的部门众多，省、市、县相继成立了移民扶贫工作领导小组，将相关部门纳入了成员单位，但各成员单位分工不清、职责不明、沟通机制不畅，大量部门间的协调工作需要由江口县移民办去完成。而县移民办人手较少，截至 2018 年底仅专职 5 人、兼职 2 人，且没有懂规划建设管理方面的专业技术人员，往往在协调管理和推进项目上力量薄弱，移民工作队伍有待进一步加强，移民工作机制有待进一步完善。

3. 搬迁户就近就业困难

一是搬迁群众迁来后，受环境和生活习惯的影响，思想顾虑较多，同时由于移民家庭大多数都是老弱病残的贫困群体，缺乏一定的劳动技能，不能满足县内相关企业的用工需求，导致部分移民就业较难。

二是部分移民入住后对政府和企业提供的就业岗位工资待遇期望值过高，无法满足要求，导致移民搬迁后外出务工较多，就近就业难度较大。

三是县内工厂企业数量不多，就近就业岗位较少，难以满足搬迁对象的需求。

四是部分项目实施乡镇对搬迁对象的后续扶持就业措施不精准，计划不具体，缺乏有效的办法来保障搬迁对象迁来后的就业问题。

4. 搬迁户其他相关社会管理问题复杂

一是搬迁群众的户籍、低保、医保等转接存在困难。由于许多搬迁群众不愿把户口进行迁移，受户籍条件限制，搬迁贫困群众的城市医保、低保、养老保险等待遇无法转接落实，“稳得住”面临严峻考验。

二是搬迁对象的土地流转经营推进缓慢。虽然江口县搬迁群众的土地已确权颁证，但因其土地大多零星分散，没有连成片或形成规模，致使土地流转经营存在困难。

三是安置区后续管理存有隐患。搬迁户大多来自不同地方，相互间不熟悉、不了解，加之部分搬迁户的户口并未随之迁移到安置区，这给安置区村（居）民自治和后续管理方面带来困难和挑战。

二、江口县县域脱贫攻坚难点破解思路

围绕脱贫攻坚中的关键性问题及难点，江口县在充分调研论证的基础上，积极探索问题难点的破解思路，制定出台系列政策措施，形成“组合拳”，有效破解短板难题。

（一）紧盯目标，多措并举，加快基础设施建设

立足脱贫攻坚需要，围绕水利、交通基础设施建设方面的历史欠账和现实短板，江口县委、县政府统筹协调有关部门、机构的力量与智慧，逐步探索出一条符合自身实际的基础设施完善之路。

1. 加大水利改革力度，提升水利扶贫成效

（1）制定长远发展规划，有序推进水利建设

针对全县工程性缺水严重、饮水安全未全覆盖、农田灌溉能力较低、防汛抗旱能力薄弱和产业发展配水设施不完善等脱贫攻坚制约性问题，江口县以“大兴水利建设、助推脱贫攻坚”为工作理念，以“长短结合、分步实施、通盘布局、重点突破”为工作思路，先后编制《江口县县级农田水利建设规划》《江口县2014—2020年“四在农家·美丽乡村”基础设施建设小康水实施方案》《江口县水利发展改革“十三五”规划》《江口县水利扶贫实施方案》《江口县农村饮水安全“十三五”规划》等多项水利事业发展规划与方案，确保各项水利建设工作的有序展开。

（2）深化农村水利改革，优化水利资源配置

针对农村水利基础设施建设与管理中存在的问题，江口县制定出台了《江口县农村小型水利工程产权制度和管理体制改革实施方案》，按照“谁投资、谁所有，谁受益、谁负担”的原则，通过承包、租赁、股份合作、拍卖、用水合作组织管理或委托管理等管理方式，有效盘活了水利资产，增加了工程所在地村级集体经济收入，为扶贫产业发展提供了便利条件。此外，江口县还充分发挥水利基础设施服务功能和水资源市场配置作用，大力发展矿泉水和水产养殖，带动了经济社会发展和群众增收。

（3）多渠道筹集资金，加快水利设施建设

江口县严格把握融资、涉农资金整合和脱贫攻坚等政策，按照“渠道不乱、用途不变、优势互补、各记其功、形成合力”的原则，通过融资、贷款、吸纳社会闲散资金及整合水利、农业综合开发、国土、扶贫开发等涉农项目资金的途径多渠道筹集资金，集中安排用于水利基础设施建设。自2014年以来，累计投入资金3.99亿元，全面深化水利基础设施建设，有效巩固了脱贫攻坚工作成效。

（4）切实加强组织领导，严格考核奖惩制度

为加快水利工程建设，推进水利扶贫成效，江口县水务局成立了以党组书记、局长任指挥长，党组成员、副局长任副指挥长，局属各单位负责人和各乡镇（街道）水务站站长为成员的水利扶贫指挥部，统筹调度脱贫攻坚各项工作。与此同时，始终坚持“月调度、季检查、年考核”的工作机制，严格落实“局领导包片、技术干部包干”的工作措施，定期召开调度会议或碰头会议，及时研判解决工作推进中存在的困难问题，切实保证脱贫攻坚各项措施落地生根。此外，还制定出台了《江口县水务局机关事业单位内部绩效管理考核办法》，将脱贫攻坚工作纳入全局年度目标绩效考核，严格奖惩，并把考核结果作为干部选拔任用的重要依据。

（5）重视自身能力建设，强化农田水利工程管理

农田水利工程管理单位自身能力建设是农业产业发展工作的重要内容。一方面，江口县通过改变过去农村水利建设只注重工程建设而忽视自身建设的做法，逐步形成了工程建设与水管单位自身能力建设同时审批、同时建设、同时验收的工作机制。另一方面，江口县还通过调整农村水利资金支出结构，允许部分资金用于包括管理手段、信息网络、办公条件等在内的管理单位自身能力建设，逐步提高了基层水管单位服务经济社会发展的能力和水平。

2. 加快交通基础设施建设，克服脱贫攻坚交通瓶颈

（1）强化组织领导，落实相关职责

为克服脱贫攻坚交通瓶颈，江口县专门成立了以县长为组长，联系各乡镇（街道办事处）的县级领导为副组长，分管交通的副县长为执行副组长，县交通、发改、财政、民政、国土、环保、公安、林业、安监、扶贫、农业、水利、供电、移动、联通、电信、交投公司、江城公司、扶投公司等部门主要负责人、各乡镇（街道办事处）乡镇长（主任）为成员的

交通基础设施建设领导小组，全面督促、协调、指导和考核农村“组组通”等重点交通建设项目的实施情况。与此同时，项目推进过程中，各乡镇党委、政府、施工企业、相关部门还需向县委、县政府立下军令状，以确保各机构、部门的职责落实到位。

（2）建立奖惩机制，确保项目进度及质量

以农村“组组通”项目为例，为保证交通基础设施建设进度及质量，江口县从三个层面构建起了相应的奖惩机制。

乡镇人民政府（街道办事处）层面。安排了220万元按照“以奖代补”的方式，对农村“组组通”项目推进快、协调服务好、资金落实到位、矛盾纠纷调解及时的乡镇（街道办事处），给予工作经费奖励，一等奖（一名）奖励50万元，二等奖（二名）奖励40万元，三等奖（三名）奖励20万元。对于矛盾多、群众上访率高、工程进度慢、没有按时完成建设任务的乡镇，对乡镇主要负责人予以批评、警告、扣发年终奖金直至做出撤职处理。

施工企业（班组）层面。安排了500万元按照“先建后补”的方式，对“组组通”公路建设进度快、质量好，提前完成建设任务的施工企业（班组）进行1万元/千米的资金奖励。对于没有按时完成建设任务，且质量不合格、技术质量不达标的，除要求整改以外，未完成的公路里程按2万元/千米进行处罚。同时将该工程队明确为不合格施工队，拉入黑名单，今后不得在本县内承包交通基础设施建设工程。

相关单位及个人层面。对保障服务工作不到位、工作推进不力、影响全县脱贫攻坚工作的单位和个人，按照《中国共产党问责条例》《贵州省脱贫攻坚问责暂行办法》及《铜仁市干部执行力问责办法（试行）》的有关条款严肃追究责任。

（3）创新管理养护模式，释放农村公路效能

为做好农村公路的管理养护工作，江口县制定了县、乡公路由县养护中心负责、通村公路由乡镇（街道）人民政府（办事处）负责、通组公路由村委会和村民组负责的管护模式，明确了各级政府及组织的工作内容及重点。其中，县、乡、村道的管理养护资金由县交通运输局统一管理分配。通组公路的管理养护资金以村民组自筹和奖励补助相结合，不足部分由村委会按照村规民约，采取“一事一议”的方式，由受益农户自筹，自筹资金交由村委会管理。此外，针对部分群众对护路工作重要性认识不够的问题，江口县分阶段、有重点地持续开展形式多样的农村公路管理和养护政策法规宣传和宣讲活动，不断引导广大群众以主人翁精神参与农村公路管理养护工作，逐步营造出了全社会共同关心、支持农村公路建管养运的良好氛围，提升了农村公路的养护率，释放了农村公路应有的效能。

（二）找准差距，依托特色，突破产业发展瓶颈

习近平总书记指出，发展产业是实现脱贫的根本之策，培育产业是推动脱贫的根本出路。“十三五”以来，江口县依托生态资源条件和产业发展实际，坚持生态产业化、产业生态化，加快推进全域旅游、新型工业和高效农业的发展，产业发展瓶颈不断突破，产业扶贫效益日益凸显。

1. 围绕绿色发展理念，促进三次产业融合发展

“十三五”以来，江口县坚持绿色发展理念不动摇，以文化旅游产业为龙头，全力推进新型工业和高效农业快速发展，三次产业结构不断调整优化，由“十二五”末的31.6：27.1：41.3调整为2017年底的26.6：25.1：48.3，一二三产业日益融合发展。

（1）加快全域旅游发展

按照“旅游统筹、全域推进”思路，立足江口旅游资源优势，将大旅游发展与大生态建设结合起来，深化旅游综合改革，推进全域旅游发展，切实把旅游业打造成全县经济社会发展的战略性支柱产业。

一是围绕“一带双核”加快旅游经济集聚区建设。加快推进“梵净谷”大健康产业园、鱼粮溪大峡谷景区、云舍景区提升工程、太平河景观步道和自行车道等旅游项目建设。启动梵净山景区形象大门外移至云舍的综合配套服务设施建设，逐步实现大景区管理。加快推进“一带”沿线广场、景观等配套设施和驿站、酒店等商旅业态项目建设，形成以县城为核心的旅游经济集聚区，带动全域旅游快速发展。

二是优化旅游发展机制。深化旅游综合改革，完成江口县旅游局“局改委”工作，建立旅游资源一体化管理机制、旅游产业发展扶持机制，全面优化全域旅游发展环境。着力推动旅游与农林、文体、教育、医养等行业深度融合。创新旅游扶贫模式，结合美丽乡村建设，大力实施乡村旅游富民工程，推进乡村旅游从节点到面上的扩展。

三是完善旅游服务体系。建立旅游大数据中心，开展智慧旅游建设工作，以梵净山景区为试点，提升旅游景区信息化建设水平。完善旅游交通功能，加强公共服务配套体系建设，构建以游客集散中心为龙头，旅游度假村、汽车营地、精品酒店、农家宾馆为支撑的旅游服务体系。

四是加强旅游宣传推介。积极参加各类旅游推介会、旅游博览会，办好“美丽梵净山·铜仁过大年”、梵净山导游大赛、梵净山户外旅游节等活动，提升江口旅游的知名度和影响力。加强区域合作交流，打造旅游精品线路，形成旅游推广联盟，开拓客源市场，实现线上线下一体化营销。

（2）推进农业全产业链发展

江口县委、县政府以习近平新时代中国特色社会主义思想为指导，聚焦“八要素”，落实“五步工作法”，深入推进“六个转变”，持续推进“3+2”产业做大规模、做长链条、做优品质、做响品牌，有效促进全县农业产业不断的向全产业链发展，有力地促进了脱贫攻坚成果巩固提升。

聚焦主导产业，全产业链基本形成。一是以贵茶联盟发展为引领，促进抹茶全产业链发展。全县建成生态茶园15.97万亩（投产茶园11.93万亩），发展茶产业经营主体101家，其中加工厂43个，茶叶种植专业合作社91个，茶叶种植家庭农场47个，全县茶叶年产量达到1.2万吨。带动全县61个村、4410户1.52万建档立卡户增收脱贫，实现户均增收4300元以上。二是以东亿农业为龙头，推动冷水鱼全产业链发展。新建冷水鱼基地560亩，全县规模突破7000亩，建成年产50吨鱼子酱加工厂，4500尾鱼苗乳化基地。全县冷水鱼产量达到7400吨，占全省产量的30%左右。带动建档立卡户1556户4721人增收脱贫。三是以梵之语实业为依托，实现猕猴桃全产业链发展。培育猕猴桃产销企业6个（省级龙头企业3个）、农民专业合作社11个、种植大户91户，建成1.38万亩优质猕猴桃基地，50吨猕猴桃酒加工厂建成投产，构建线上线下猕猴桃系列产品销售平台。产业化经营带动从业农户600余户2500余人。通过建立产业扶贫利益联结机制，猕猴桃产业直接带动建档立卡户310户1100余人增收致富。

聚焦设施配套，坝区结构调优调强。一是精准配套基础设施，坝区生产条件极大提升。全面摸排坝区基础设施现状，根据产业布局需求，对坝区基础设施建设进行统一规划设计，整合涉农部门资金，采取“相互配合、渠道不变、资金不乱、各记其功”的原则，对坝区道路、沟渠、高位水池、提灌设施、防护堤等基础设施进行完善提升。2014年以来，共投入2.18亿元完善了18个坝区的基础设施，覆盖2.19万亩耕地，极大改善了坝区生产条件，提高了生产效率。二是精准配套生产设施，坝区生产效益极大提升。推动标准化基地规划建设，规划建设了 1 个高标准抹茶示范基地、1 个避雨设施蔬菜基地、1 个大湾区直供蔬菜基地、1 个营养餐配送蔬菜基地、1 个淫羊藿源种和种苗扩繁基地、5 个标准化猕猴桃基地、3 个粮油标准化基地，根据各产业基地的生产需求，通过财政扶贫资金和整合涉农资金投入 1.534 亿元，配套建设了 1.85 万亩避雨设施、1.5 万亩节水灌溉设施、1.48 万亩绿色防控设施、12 万立方米产地冷库设施等。

聚焦主体培育，经营主体逐步壮大。一是着力招优招强。瞄准"3+2"产业，引进中国中药控股有限公司、贵州贵茶集团等一大批农业龙头企业，采取"龙头企业 + 合作社 + 农户"的方式带动主导产业做强、特色产业做优。二是着力扶优扶强。建立"县级领导 + 部门领导"全程跟踪服务企业制度，出台上规入库奖励制度、品牌创建奖励制度等一系列扶持政策，加大对成长性好、带动能力强的农业龙头企业的扶持力度，成功培育 1 个国家级龙头企业、12 个省级龙头企业、24 个市级龙头企业。贵茶集团、中国中药控股有限公司、成都大农公司、武汉联合药业、贵州省蔬菜集团、廖大侠生态科技等省内外企业入驻江口，为江口县产业发展注入了强劲动力和活力。

聚焦市场导向，"校企""院企""企企"合作更加深入。一是抢抓苏黔两省主要领导互访交流和东西部扶贫协作"4+"机遇，与江南大学合作建立梵净山珍食品研究院、抹茶联合研究中心、江南大学国家技术转移中心江口分中心。二是依托贵州省农科院专家团队力量，开展生态茶、冷水鱼、猕猴桃、中药材产业规划、基地建设、品种推广、标准制定深度合作。三是以贵茶为龙头，推动以抹茶产品为主导的梵净山生态茶产品与星巴克、贵州茅台集团、南京金陵饭店等知名企业达成深度合作，带动 2020 年全县茶产品销售额增长 25%。

（3）加快特色新型工业发展

围绕“一园两翼”工业空间布局，加快构建具有江口特色的新型绿色工业发展体系，推动江口工业经济发展实现质的转变。

一是夯实工业发展平台。立足全县工业“一园两翼”发展规划，进一步优化工业体系建设，夯实工业发展平台。在“一园”内重点发展农产品加工、旅游工艺品加工、商贸物流、新医药等，在“两翼”重点发展石材、饮用水及关联产业，打造新的增长极。加快完善园区配套设施，突出抓好污水管网、环保设施、市政路网等建设，全面优化园区配套功能布局，千方百计降低要素供应成本，着力改善企业、项目入住条件，努力提升园区承载能力。

二是优化工业发展服务。继续深入开展工业“百千万”工程和“服务企业、服务项目”双服务活动，落实县级领导、县直部门负责人联系服务企业制度，帮扶重点企业、重点项目解决实际问题。着力推进屈臣氏、大地矿业二期等重点项目建设，扶持农副产品、旅游商品、新型能源等项目发展壮大。

三是加快电商产业发展。积极推进农村电商扶贫综合服务站点建设，大力培育农村网商及网货供应商，努力打造特色网商。开展农产品“六进”行动[①]和“农商联动”计划，提升农产品直销、直购率，推动网络经济提质增效。完善孵化中心、培育中心、运营中心，推进仓储、物流、快递等服务行业集聚发展，确保快递物流企业顺利入驻电商产业园。

2. 立足本地资源特色，增强产业竞争能力

（1）优化产业选择机制，突出自身资源特色

针对以往工作中存在的结合本地实际不够、特色不鲜明等问题，江口

① 农产品“六进”行动：进基地、进企业、进校园、进社区、进机关、进市场。

县紧密围绕脱贫攻坚工作目标，积极创新特色产业选择机制。

一是调整特色产业选择思路。改变以往在进行特色产业项目选择时，仅局限于县域范围内比较的做法，将产业的选择置于铜仁市、湘西州乃至武陵山片区等更大的区域中进行考虑，形成真正意义上的特色产业。

二是成立特色产业评选组织。构建由扶贫工作队、村干部、农村精英、农村党员以及贫困户共同组成的特色产业评选机构，制定切合本村实际的评选程序与办法，为特色产业的后续发展奠定广泛的群众基础。

三是建立特色产业跟踪评价机制。特色产业确立之后，针对其实际效益，建立长效、连续的监测评估体系，广泛听取各方面尤其是贫困户的意见，及时发现产业发展过程中出现的问题并做出调整，对于经检验不适合本地区的产业，坚决予以替换。

（2）提升经营管理能力，形成品牌发展意识

针对过去产业发展过程中普遍存在的品牌意识不强、经营管理能力不够等问题，江口县从多方面制定了相应的对策措施。

一是加强基层干部队伍的教育培训。选派基层干部参与多种形式的培训学习活动，提升其现代经营管理意识，提高其运用创新经营管理思想推动所在地区经济社会发展的素质能力。

二是提升产业大户和农村精英的品牌意识。由政府牵头或联系，选派产业大户和农村精英到高等院校进行学习，或者聘请高校专家对他们进行相应的品牌意识培训，增强其品牌发展能力。

三是构建完善的品牌传播推广体系。对于那些做得好、有特色的品牌，由县委、县政府牵头，集合县域内各部门、各机构的力量与渠道，进行持续广泛的宣传与推介，不断提升其品牌知名度和影响力。例如，“梵净山珍·健康养生”“梵山净水·泡茶好水”“梵净山茶·香溢天下”、江口冷水鱼等品牌，都在政府和相关企业的持续推介下，形成了一定的品牌影响力。

（3）创新产业扶贫机制，增强产业扶贫效力

针对产业经营模式陈旧、产业扶贫效力不明显等问题，江口县积极探索新的产业扶贫机制与模式，不断提升产业扶贫实效。

一是创新产业扶贫工作机制。采取“企业＋农户”运作模式，将全县农业龙头企业、专业合作社、家庭农场、种养大户等有机联结起来，动员贫困户以土地、林地、扶贫资金、贷款资金等有效资产入股参与经营，获得土地流转、劳务服务、产业经营、政府贴息等收入。

二是创新扶贫产业发展模式。在发展扶贫产业的过程中，江口县探索推行了“两种模式”。一种是产业联盟发展模式。以贵茶集团为龙头，全县16家茶叶生产企业加入贵茶产业联盟；以兴乔果蔬合作社为龙头，引导农村合作社加入兴乔蔬菜联盟；以铁骑力士公司为龙头，组织代养大户加入养殖联盟。通过联盟发展，实现企业从单打独斗到抱团发展、产业从分散发展到集中发展，实现做大产业、做强企业、共助脱贫。另一种是景区带村发展模式。以梵净山景区为龙头，按照“旅游企业＋村‘两委’＋农户”模式，引导贫困群众创办餐饮住宿、文化展演、乡旅体验等旅游服务项目，带动当地整村发展。自2014年以来，全县引进三特、金奥旅游等龙头企业13家，累计带动65个村走上旅游路、吃上旅游饭、发上旅游财。2016年，梵净山景区成功入选全国“景区带村”旅游扶贫示范项目。

三是深化对口帮扶合作。积极谋划与松桃、印江在梵净山生态养生、文化旅游产业发展跨区域产业合作，共同做大生态养生、生态农产品等市场和区域品牌，形成合作共赢局面。深化与省内贵阳、遵义及省外长株潭、长三角、珠三角等区域在茶产业、大健康产业、现代服务业等领域的合作，借助外部力量和经验拓展发展新空间，形成发展新动能。

案例　心中时刻装着群众，一切工作为了群众

“感谢党、感谢政府，现在的政策就是好啊，不光为我们改造了房屋，今天还领到了产业发展1500元分红。”扫了十多年地的陈继恩激动地说道。

为了帮助贫困户实现脱贫致富，双江街道磨湾驻村工作队通过与贫困户交流谈心，倾听他们的脱贫意愿、探讨制订产业发展规划，常常夜深了，工作队成员与村干部还在商讨脱贫方案。为了完善、规范脱贫攻坚档案资料，常常加班到深夜。

通过多方探讨，进一步加快村级集体经济发展，实现贫困户利益联结全覆盖，磨湾社区充分利用芹菜坡闲置土地资源，以扶贫量化资金198万元为基础，通过“专业合作社+大户+贫困户”模式，成立了磨湾芹菜坡生态肉牛养殖基地，投资800余万元，建成年出栏400头的肉牛养殖场，不光解决了磨湾社区56户贫困户的利益联结，同时也解决了城郊社区60户贫困户的利益联结。

3. 紧抓思想教育培训，提升产业参与动力与能力

（1）打破传统观念，营造产业发展良好社会氛围

一段时期以来，“等、靠、要”思想和重农抑商等传统文化观念在江口县这样的民族贫困地区依然存在，给当地产业发展及产业扶贫工作带来不小阻碍。为此，江口县从多方面制定了突破这一文化观念束缚的对策措施。

一是充分利用广播、电视、网络等媒体，同时借助村民大会、节庆活动等各种时间节点和场合，积极宣传致富代表和典型，营造致富光荣、“等、靠、要”可耻的社会氛围和环境。

二是经常性选派相关人员深入农村宣讲党的最新扶贫政策，并由村干部牵头组织定期或不定期的学习讨论活动，从而让大家对这些新政策和新思想有更为深刻的认识和体会。

三是充分发挥农村中年轻人尤其是在外求学大学生的作用，动员和鼓励他们将自己所学习了解到的新知识和新理念在广大村民中进行广泛传播。

（2）做好教育培训，提升产业发展所需素质能力

针对产业发展中因自身素质能力不高而难以参与产业发展，或者虽然参与但收效不大的贫困群体，江口县从内外两方面着力做好其教育培训工作。

内部方面，江口县根据这部分贫困户的贫困特点，选派专门人员展开“一对一”针对性帮扶，帮助其找到未来发展方向并提升相应的发展能力。此外，江口县还动员和鼓励有关机构和部门从本单位实际出发，开展多种形式的贫困农户教育培训活动。例如，江口县民宗局结合单位自身特点，针对建档立卡贫困户开展民族传统手工艺培训班。

外部方面，江口县积极利用国家东西部劳务协作和对口帮扶的政策优势，邀请对口帮扶单位展开内容丰富、形式多样的贫困户教育培训活动。例如，在江口县人社局的协调下，姑苏区人社局与江口县就业局就贫困户的技能培训工作达成专门意向。通过培训，为江口县定向、订单式培养了一批贫困劳动力，使其专业技能水平和就业能力得到提升。

（三）周密组织，精心实施，化解移民搬迁难题

针对移民搬迁工作中的问题与难点，江口县大胆创新，努力探索，全方位多层面立体构建移民搬迁工作对策体系，移民搬迁难题得到有效化解。

1. 强化组织领导，狠抓责任落实

一是成立了以县委书记、县长任双组长，县发改、财政、住建、扶贫、国土、水务等相关部门及乡镇（街道）为成员单位的易地扶贫搬迁工作领导小组，负责全县易地扶贫搬迁各项工作的统筹协调和调度。

二是把易地扶贫搬迁工作列入县重大民生工程来抓，认真落实“一月一督查、一季度一考评、半年一小结、一年一总结”的工作机制。县委县政府督查室、县效能办和县移民办进行专项督查，并在全县范围内进行通报。各安置点拟定了问责制度，按照工作职责分工，责任落实到人，对工作执行不力、相互推诿，导致不能按时完成目标任务要求的，严格追究相关人员的责任。

2. 加强政策宣传，营造舆论氛围

江口县充分利用广播、电视、网络等媒体资源及板（墙）报、宣传车、发放宣传资料、召开群众座谈会等形式，多渠道宣传移民搬迁相关政策，使广大群众理解实施扶贫移民工程的重大意义，以正确的舆论引导移民、用广泛的社会力量带动移民，积极配合、支持移民搬迁工作，不仅营造了良好的社会舆论氛围，而且有效促动了移民群众由“要我搬迁”向“我要搬迁”的转变。

3. 规范资金管理，强化县级资金整合统筹，确保群众不因搬迁而负债

一是狠抓资金监管。按照省、市项目资金管理有关规定，制定了《江口县易地扶贫搬迁项目资金管理方案》，对易地扶贫搬迁项目的资金实行“物理隔离、封闭运行、专账管理、专款专用”的管理机制，同时强化县级自筹资金统筹整合力度，切实化解易地扶贫搬迁项目的资金缺口难题，确保项目建设按时完成。

二是狠抓工程质量。严格落实工程建设各方质量安全主体责任，把加

强质量安全监管贯穿于规划、建设、管理全过程。建立了易地扶贫搬迁工程质量终生责任制度和易地扶贫搬迁工程标志标牌制度。由县住建部门派技术人员驻点，强化施工质量监管。与此同时，加强资料收集和建档工作，做到情况清、底数明、资料完善、档案齐全、规范有序。

三是严格执行政策，确保群众不因搬迁而负债。严格执行易地扶贫搬迁政策。结合搬迁家庭人口，合理设计安置住房，严守搬迁群众安置房人均不超过 20 平方米、建档立卡贫困人口人均自筹资金不超过 2000 元、同步搬迁非建档立卡贫困人口人均自筹资金不超过 1 万元、简装标准每平方米不超过 300 元标准的政策“红线”，及时兑现发放搬迁群众人均补助 3000 元复垦复绿资金，确保搬迁群众不因搬迁而负债。

4. 注重三个长远，建立长效机制

一是注重基础设施改善。在积极争取国家和省支持的同时，按照“渠道不乱、用途不变、各负其责、各记其功”的原则，整合资金和项目对安置地“水电路信”等基础设施进行完善，加强生产设施的综合治理，集中解决移民户的生产发展、道路、用水、用电、通信等一系列问题。

二是注重产业培育。整合现代农业发展、扶贫产业发展等涉农项目，围绕市场需求和各搬迁安置点的资源优势，大力发展种植业、养殖业、乡村旅游业、农副产品加工业等，为搬迁户培植后续产业。比如周屯安置点，通过组织搬迁户成立户均一亩地的猕猴桃种植专业合作社，达到了产业增收目的。

三是注重生态环境保护。注重把搬迁安置与生态治理有机结合，充分利用退耕还林、生态公益林、宅基地复垦等项目有效促进迁出区生态的恢复、建设和保护，实现扶贫搬迁与生态建设的良性发展。

三、江口县县域脱贫攻坚难点破解经验

除了前面章节总结的做法与经验，江口县在针对难点实施突破方面，还形成了一条重要的经验，即始终把共产党员作为难点问题破解的核心力量，始终以基层党组织作为难点问题破解的基本依托，以党员先锋模范作用和党组织战斗堡垒作用的发挥为根本的脱贫攻坚难点破解经验。

（一）以“难点”为核心，狠抓基层党建工作

近年来，江口县以脱贫攻坚中的主要难点为核心，以“民心党建”工程为统领，抓住党建扶贫示范县建设机遇，坚持脱贫攻坚难点在哪里，党建工作就落实在哪里；脱贫攻坚推进到哪一步，党建工作就跟进到哪一步，较好地实现了基层党建与脱贫攻坚难点之间的无缝对接。

1. 整合资源聚合力，精兵强将集结在“难点”

抓党建促脱贫，干部是关键。江口县围绕脱贫攻坚中的重点和难点问题，坚持抓班子、强队伍，着力选优配强党建扶贫主力军。

一是配强班子。针对基础设施建设、产业发展及移民搬迁工作中矛盾多人心散等问题，江口县以乡（镇）村两级换届为契机，选优配强乡（镇）村两级班子队伍，为脱贫攻坚难点工作的开展营造良好的干部队伍保障。以 2016 年为例，乡镇集中换届涉及 104 人，其中：正科级 40 人、副科级 64 人，留任 27 人、提拔（重用）64 人、交流任职 13 人，30 岁左右党政正职 3 人、非党员干部 4 人、女干部 11 人、三类人员 18 人（乡镇事业编制 15 人、优秀村干部 1 人、大学生村官 2 人）。104 个村（社区）“两委”班子 696 人中，高中（中专）学历 193 人，占 27.73%，大专以上学历 111 人，占 15.95%，45 周岁以下 429 人，占 61.64%。

二是选好人才。江口县紧扣脱贫攻坚中产业发展特色不明、销路不畅等问题“调兵遣将”“排兵布阵”，激励广大党员干部在脱贫攻坚一线立志新作为、建功新时代，汇聚起脱贫攻坚的强大合力。一方面，通过采取个人自荐、单位推荐、组织选派等多种方式，遴选政治素质高、综合能力强、具有产业帮扶潜力的驻村干部（第一书记）。另一方面，在驻村干部日常管理上，实行军事化管理，出台了《江口县驻村干部（第一书记）管理办法》，并探索实施了“互联网 +”驻村干部管理模式。由此，为江口县产业扶贫等脱贫攻坚难点问题的解决构建起行之有效的人才队伍选拔及管理模式。

三是树优导向。自 2017 年以来，江口县从脱贫攻坚一线提拔干部 291 名，其中从驻村干部（第一书记）中提拔 10 名，从优秀村干部中选拔 1 名直接担任乡镇班子成员，拿出 9 个事业单位名额面向村干部进行招考。同时，各乡镇（街道）根据编制空缺情况，每年拿出 1 个以上事业岗位，面向任期满一届且在岗的村支书（副支书）、主任（副主任）实行定向招聘，年龄放宽到 43 周岁（含）以下。对特别优秀的村“两委”负责人，可直接提拔进入乡镇（街道）党政班子任职。通过上述举措，江口县构建起了一套较为系统的干部人才激励体系，有效调动和激发了一线干部攻坚克难的工作热情及工作积极性。

2. 夯实基础激活力，组织优势彰显在“难点”

基础不牢，地动山摇。江口县立足脱贫攻坚重点与难点，抓基层、打基础，创造性打牢党建扶贫主阵地。

一是夯实党建扶贫根基。江口县按照“一类创品牌、二类抓提升、三类促转化”的思路，对全县 104 个村（社区）党组织进行分类定级，并完成多个后进村党组织的集中整顿转化。探索脱贫攻坚难点村村干部报酬增长机制，实行“基本工资 + 任期补贴 + 绩效奖金 + 养老保险”报酬标准，不断提升脱贫攻坚难点村村（社区）党组织书记等主要村干部的经济待遇。与此同时，创新实施以“组织亮等次、党员亮身份、服务亮标准、承诺亮内容、考评亮实绩、工作亮廉洁”为主要内容的基层党建“六亮”工程，有效激发了基层党组织活力，夯实了党建扶贫根基，为全县脱贫攻坚重难点问题的解决提供了坚强的组织保障。

二是构建党建扶贫格局。江口县以“干群连心·同步小康”干部驻村和城乡支部联建工作为抓手，探索建立了“机关 + 农村”“企业 + 农村”“强村 + 弱村”“合作社 + 农村”的“党建扶贫 +”模式，通过组织共建、信息共通、资源共享、发展共谋、互利共赢，帮助加强脱贫攻坚难点村的基层组织建设、厘清发展思路、解决发展难题，构建了全社会参与的党建扶贫大格局。与此同时，为压紧、压实党建扶贫责任，制定出台了《江口县抓党建促脱贫攻坚事项行动计划责任分解方案》，明确了抓党建促脱贫攻坚的责任部门、目标任务、完成时限，并组建了县级党建扶贫指挥部，协调督导全县党建扶贫，还将脱贫攻坚纳入各级党组织书记抓党建工作述职评议内容。

三是完善党建扶贫机制。一方面，完善了资源整合机制，要求帮扶单位在资金、项目、人才上加大力度，促进了人财物向脱贫攻坚重点和难点的整合与倾斜，做到责任、资金、项目三个捆绑，形成了上下齐心的帮扶格局。另一方面，完善了监督机制，全面推行“四议两公开”、村务联系、村务公开、党务公开、村规民约等民主监督制度，切实加强对村务决策、村务公开、村级“三资”管理、工程项目建设、惠农政策措施落实的监督和管理。此外，江口县还创新实施了脱贫攻坚“调度例会、转段动员、观摩互学、授旗奖惩”等机制，逐步构建形成了党政统筹、部门联动、干部帮扶和全员会战的攻坚克难机制格局。

3. 深化改革添动力，发展后劲提升在“难点”

江口县坚持改革驱动、创新带动，不断提升脱贫攻坚中重点和难点领域的发展后劲。

一是在改革乡村治理上求突破。印发了《江口县深入推进“民心党建+三社融合促进三变+春晖社”改革实施意见》，通过强化组织领导、协调部门互动、优化配置资源、动用各方力量，建立起了针对江口县基础设施、产业发展及移民搬迁等脱贫攻坚重难点问题的多部门协同联动应对机制。

二是在发展村级集体经济上出实招。印发了《江口县扶持村级集体经济发展试点实施方案》，整合中央、省级、市级和县级财政资金打造了30个集体经济发展试点村。同时，协调县直相关部门为试点村提供项目、资金和贷款贴息等各种支持，通过主体领办、非主体参股、直接投资等模式，采取土地入股、资金入股、项目入股等方式大力发展集体经济。与此同时，建立村级集体经济发展项目集中评审制度，由县委组织部筹集资金，用于经过专家评审论证的村级集体经济发展项目贷款贴息，为村级集体经济发展保驾护航并提供金融支持，有效增强了农村尤其是贫困村的可持续发展能力及发展后劲。

三是在提升干部素质上下功夫。以干部培训为抓手，深入推进强基固本攻坚行动，制订了《江口县干部教育培训计划》，明确了培训目标、培训内容、培训重点。以2017年为例，江口县采取“走出去”和“请进来”相结合的方式，开展“三支队伍”培训2期360人次，党务干部培训1期120人次，驻村干部（第一书记）培训7期1200余人次。外派222人分别赴上海、浙江、山东、湖南、江西等地，就金融、非公企业和社会组织党组织建设、产业发展、美丽乡村建设、社区治理、革命传统教育等方面展开针对性培训。通过培训，有效提升了脱贫攻坚一线干部的素质能力，为脱贫攻坚中产业发展、基础设施建设及移民搬迁等重难点问题的解决提供了坚实的智力保障。

案例　龙阳村党支部书记吴进益：挺直脊梁撑起脱贫梦

龙阳村位于江口县坝盘镇南部，是距坝盘镇最为偏远的一个村。前几年，村里基础设施落后，村级发展缓慢，人心不齐，民风不济，531 户 2575 名群众竟有 1/4 的贫困户和贫困人口，在群众看来，脱贫致富是遥不可及的梦。

2010 年，当时在村里小有成就的吴进益毅然决然放弃了自家的生意，转让了自己名下的木材加工厂和砖厂，回村当起了村主任。2016 年，吴进益当选为村党支部书记。上任伊始，吴进益就一头扎进村里，一心扑在工作中，撑起了群众摆脱贫困的脊梁，带领群众一路致富奔小康。

俗话说，农村富不富，关键看支部；支部强不强，关键看班长。作为“班长”，吴进益对村党支部组织生活流于形式、党员服务意识和先锋意识不强、干群关系不和谐等问题很担忧，特别是进入脱贫攻坚“秋季攻势”啃“硬骨头”阶段，吴进益把增强村党组织的战斗力作为坚强后盾。

“大智兴邦，不过集众思。”为向村党组织战斗堡垒作用不强“开刀”，吴进益采取了盯紧靠上的“土办法”。“最近在忙什么，对支部有什么不满意的地方，有什么好的建议没有……”两年来，他带领班子成员进组入户走访老党员、原村“两委”班子成员、群众代表、致富能手、贫困户，与 120 多人谈心谈话，终于有了“治疗”的思路。

针对党员学习意识不强的问题，吴进益以全县“两学一做”学习教育常态化制度化为契机，倡导在全村开展“夜学充电、夜访察情、夜谈交心”活动，规范“三会一课”，严格执行“党员活动日”制度，坚持每个月的第一个星期五开展党员活动，破解农忙时节党员的参学难问题。

组织的战斗堡垒作用归根结底在于党员的作用发挥。为让全村党员都动起来，吴进益还把基层党建“六亮”工程作为抓实工作的有效载体，结合村情实际，制作了“六亮”工作的展示牌，接受群众监督、带动群众参与，让群众心里得明白，干部得清白。吴进益说：“我们就是要亮出凝聚力战斗力，亮出我们党员队伍的先进性，发挥先锋模范作用，这样一来，我的心里也开始亮堂了。”

（二）以“难点”为重心，强化组织纪律保障

加强扶贫领域监督执纪问责，是各级党委（党组）和纪检监察机关的政治责任，是推进全面从严治党向基层延伸的有力举措，是实现同步全面小康的重要保证。在脱贫攻坚工作中，江口县通过整合党内监督、纪律监督、民主监督、群众监督、舆论监督力量，盯住重点领域、重点环节、重点问题，精准发力，逐步建立起一套脱贫攻坚工作铁的纪律保障体系。

1. 深入开展专项监察

按照省、市纪委监委的统一部署，以“护民生、促脱贫”为主题，在纪检监察系统深入开展扶贫领域监督执纪问责专项行动，重点检查脱贫攻坚决策部署贯彻执行情况，纠正扶贫领域不正之风，查处扶贫领域违纪违规行为。由县纪委监察局牵头，建立包含督查、扶贫、财政、发改、交通、国土、教育、卫健等扶贫工作重点部门在内的沟通协调机制，畅通信

访举报渠道，围绕“五个一批”项目资金开展专项监察，重点查处不严不实、弄虚作假、强迫命令、层层加码的问题，从严从重查处搞变通、打折扣、做选择的行为。与此同时，对扶贫干部违反中央八项规定精神，不作为、慢作为、乱作为，尤其是对在基础设施、产业发展、移民搬迁等项目实施中滥用职权、违规操作、权钱交易、谋取私利、虚报冒领、贪污私分、截留克扣、优亲厚友、吃拿卡要等行为进行重点关注，让一切胆敢向扶贫资金财物伸手的党员干部付出代价。

2. 准确运用四种形态

用好纪律的尺子，对脱贫攻坚重点及难点领域的违纪违规问题准确运用四种形态正确处理，坚持做到“三个区分开来”：把干部在推进改革中因缺乏经验、先行先试出现的失误和错误，同明知故犯的违纪违规行为区分开来；把上级尚无明确限制的探索性试验中的失误和错误，同上级明令禁止后依然我行我素的违纪违规行为区分开来；把为推进发展的无意过失，同为谋取私利的违纪违规行为区分开来。对扶贫领域的苗头性倾向性问题，及时通过约谈、诫勉谈话等方式处理，对构成违纪的，统筹考虑“时间节点、问题性质、个人态度、群众口碑”四个因素，恰当给予纪律处分。旗帜鲜明地为实干者鼓劲、为改革者撑腰、为担当者担当、为负责者负责。

3. 完善监督体制机制

针对基础设施建设、产业发展及移民搬迁等脱贫攻坚难点领域，江口县坚持监督关口前移，深入查找违纪违规案件暴露出来的廉政风险点和体制机制漏洞，向职能部门提出工作建议，督促完善机制，堵塞漏洞，把权力关进制度的“铁笼”。坚持推进“三公开”，以农村基层党风廉政建设“三定、三查、三公开”为切入点，督促村级把相关扶贫政策、项目、资金及时公开，通过村务监督委员会日常监督、民生监督组专项监察、县纪委监察局定期督查，确保相关扶贫项目资金阳光运行，提高广大群众的知晓率、参与率和满意度。坚持完善项目廉政档案，各乡镇（街道）和各村（居）监督委员会分别对相关扶贫项目建立档案，实行项目立项、发包、建设、监理、验收全程纪实制度。

4. 坚持用好问责利器

严格执行问责条例和实施办法，对脱贫攻坚难点领域发生的窝案、串案，或者违纪问题频发且整改不力的单位，坚决“一案双查”，划清责任界限，既要严肃追究领导班子的全面领导责任、主要负责人的主要领导责任、分管领导的重要领导责任，还要严肃追究纪检监察机关的监督责任，对扶贫领域的问责案件坚决公开曝光，通过高频率的曝光警示，形成尽职免责、失职追责的责任氛围，通过用好问责利器，唤醒广大党员干部，特别是党员领导干部的责任意识。此外，县纪委监察局通过切实履行监督的再监督，检查的再检查，对乡镇（街道）、扶贫主管部门该检查未检查、该问责未问责的问题，严肃追究主体责任，同时，全面把握容错纠错暂行办法，宽容失误、惩处错误，对明知故犯者重处，决不允许任何人拿容错纠错机制做挡箭牌、护身符，为自己的违纪违规行为开脱。

案例　当好“四员”，助推脱贫攻坚

脱贫攻坚期间，江口县督查工作以脱贫攻坚工作为引领，按照“立说立行、立行立办”的工作思路和“通报不过夜，过夜不通报”的工作原则，敢担当、善亮剑，真督实查、严查严办，“攻重点、啃难点、查疑点”，切实发挥督查抓落实、促发展的“利器”作用，探索当好县委、县政府的“四员”。

压实督查责任，当好“监督员”。压实工作责任，是推进工作落实的“牛鼻子”。脱贫攻坚期间，江口县由县纪委牵头，县督查督办局配合，从县直各部门抽调40余人，组成全县脱贫攻坚督查

专班、产业和基础设施督查专班、易地扶贫搬迁督查专班，分别负责10个乡镇（街道）脱贫攻坚工作、产业和基础设施建设、易地扶贫搬迁工作开展情况的督查，各督查专班吃住在村，全程跟进脱贫攻坚工作安排部署情况的落实，当好县委、县政府的“监督员”。

突出问题导向，当好“分析员”。问题导向是开展督查工作的关键。在开展督查前，做好充分准备，列出问题清单，分析研判存在的问题，让问题前移，明确督查的方向和目标，切实做到什么有问题就督查什么问题，有什么问题就着力解决什么问题。以周为节点，每周一召开督查专班调度会，由督查专班汇报各自督查区域的“难点、痛点”问题，集众智、汇众力，研判调度，各个击破，增强问题破解能力，不让问题堆积，不让难题留守，当好县委、县政府的“分析员”。

发布“罪己诏”，当好“反省员”。适时自我批评，有利于优化工作方式，提高工作效率。脱贫攻坚期间，为优化督查专班力量，发挥督查专班效力，督查专班通过“罪己诏”方式，定期开展“洗洗澡、治治病”活动，剖析各专班在督查方式、结果运用、问责处罚等方面存在的难题，不断优化改进督查工作，当好队伍建设“反省员”。

强化督查结果运用，当好“裁判员”。问责处理是督查推动工作的最终落脚点。督查工作以“查出一批、通报一批、问责一批”的思路，强化督查结果的运用，加大问责处罚力度，助推工作落实。脱贫攻坚期间，下发督查督办通知单93份，发现问题124个，整改124个，整改率100%，通报表扬干部203人次，全力当好县委、县政府的“裁判员”。

（三）以“难点”为中心，创新群众工作方法

脱贫攻坚，群众动力是基础。必须坚持依靠人民群众，充分调动贫困群众的积极性、主动性、创造性，组织、领导、支持贫困群众用自己的辛勤劳动实现脱贫致富，用人民群众的内生动力支撑脱贫攻坚。为做好群众工作，充分调动群众参与脱贫攻坚的内生动力，江口县以脱贫攻坚中的难点为中心，创造性地提出了“三个四”即“四个下沉、四个结合、四个覆盖”的脱贫攻坚群众工作方法。

1.“四个下沉”，实现政策落实公平公正

一是责任体系下沉。江口县建立了“县级干部包乡、科级干部包村、驻村干部包组、帮扶干部包户”的“四级包保”责任机制，将责任体系下沉到村到组到户到人。通过责任体系下沉，不仅推动了全县在基础设施建设、产业扶贫及移民搬迁等方面群众工作的循序渐进、不断深入，而且使广大群众的思想和行动不断转变，化解了许多脱贫攻坚中的重难点问题。

二是村民自治下沉。充分尊重农村群众以村民组（自然组）为基本单元的生活方式，充分激发农村群众参与村民自治的积极主动性，引导群众在村民组（自然寨）内采取民主推荐的方式成立组务会，由组务会牵头组织群众制定《组（寨）规民约》，积极引导群众参与本村基础设施建设、产业发展及移民搬迁等问题的集中商议与民主决策，真正实现群众的事群众“自己说了算、自己组织干、自己监督看”。

三是民主评议下沉。针对产业发展中产业选择、基础设施建设及移民搬迁中的征地补偿等难点、痛点问题，江口县采取“一学、二访、三会、四评”的方法，要求所有驻村干部先学习政策、方法，再逐户走访群众，在此基础上逐组逐项召开群众会，最后由村民代表会议进行集中评议，并将评议结果向全村群众公告公开，认真听取群众意见，诚恳接受群众的监

督，切实做到有错必纠、有误必改。

四是项目实施下沉。为充分调动基层群众参与民主管理、乡村治理、项目建设、产业发展的积极性，江口县将“五改一化一维”、联户路建设、通组路建设、安全饮水工程、环境卫生整治、公益事业等以组为单位进行统筹，并由组务会召集群众自治商议决定，激发群众参与建设、参与发展的内生动力。

2.“四个结合”，实现发展红利共建共享

一是村民自治与民主法治相结合。江口县通过把组务会成员、德高望重的族长等“说话管火、做事管用”的人充实到矛盾纠纷调解委员会中，逐步健全完善以村为主的矛盾纠纷调解委员会，增强其矛盾调解力量，切实有效解决了农村长期遗留的各类问题，解了民怨、顺了民气、舒了民心，促进了农村治理提升，减少了“两争两瞒”现象，实现了农村和谐稳定，推动了基层设施建设、产业发展及移民搬迁等脱贫攻坚难点工作的顺利开展。

二是合作组织与村级组织相结合。为充分发挥基层组织在产业发展中的“领头人”作用，江口县通过推进“民心党建 + 三社融合促三变 + 春晖社”农村综合改革，推行资源变资产、资金变股金、农民变股东的“三变”模式，建立贫困户利益联结机制，实现了所有建档立卡贫困户利益联结全覆盖，有效提升了产业扶贫的精准性及有效性。

三是基础设施与美丽乡村相结合。为切实解决农村过去“交通闭塞、路面泥泞，种田靠天、吃水靠抬，信号不强、供电不稳”等基础设施建设问题，江口县整合各类资源，结合美丽乡村建设，集中力量抓好路、水、电、信等基础设施建设，全县农村逐步呈现出路通水洁、电通信畅、村美寨靓的美丽乡村新画卷的同时，脱贫攻坚根基也得到了全面的提升与改善。

四是公共服务与社会保障相结合。为有效解决农户尤其是移民搬迁户的公共服务及社会保障等问题，江口县在相关村委会驻地或集中连片的中心村寨设立一站式便民服务点，将与农户及移民搬迁户生活密切的合作医疗、社保、涉农补贴、社会救助等服务事项下沉或通过驻村干部上门服务的方式，让农户及搬迁户在新家门口就可快捷办理，切实方便农村群众特别是新搬迁户办事。同时，整合利用农村闲置国有房产资源，创建农村互助幸福院，开展农村特殊困难群体集中供养，让困难群众零距离共享公共服务。

3.“四个覆盖”，实现群众认可全面提升

一是干部培训全覆盖。为解决干部不懂政策、不会做宣传工作的问题，江口县按照“先学政策，再干工作；边学政策，边干工作”的工作思路，通过举办脱贫政策知识培训、开展问卷调查、组织模拟考试、编发《江口县脱贫攻坚政策汇编》手册等多种形式，大力开展各级干部职工脱贫政策学习培训活动，有效提升了各级干部职工在脱贫攻坚工作中的工作能力与水平。

二是入户走访全覆盖。紧扣“一达标、两不愁、三保障”和“七不脱”的标准要求，采取包片、示范、点评、特殊走访“四访”相结合的方式，入户开展“六必访”活动。蹲点干部、驻村干部、帮扶干部逐村逐组逐户走访群众，对全县所有农户开展大走访大回访，对所有农户家庭成员信息、生产生活情况等进行大核查，建立家庭档案，使贫困户家庭实际与建档立卡系统登记信息线上线下信息一致。对达到国家贫困退出标准、拟退出的贫困户，进行逐户核查评估，确保贫困户信息客观有的、系统录的、袋里装的、墙上挂的、嘴上说的“五个一致”，让群众“清清楚楚算账、明明白白脱贫”。

三是思想动员全覆盖。为把干部参与脱贫攻坚的压力变为动力，把责任变为信任，江口县开展“历史不会忘记、人民不会忘记、组织不会忘记”“三个不会忘记”干部动员活动，极大激发了广大扶贫干部的荣誉感和成就感。同时，按照“找管火的人、说管火的话、做管火的事”工作思路，以组组开群众会、村村开代表会、乡乡开动员会“三会”为载体，充分利用新时代农民讲习所平台，通过召开群众大会、小组会、院坝会及入户遍访等方式，开展群众思想教育工作，实现了群众从“要我脱贫”到“我要脱贫”的转变，为脱贫攻坚中基础设施建设、产业发展及移民搬迁等难点工作的顺利推进扫清了思想障碍。

四是长效机制全覆盖。基础设施建设方面，江口县围绕农民需求进行谋划，切实征求和听取农民群众意见，充分调动和发挥农民群众在农村基础设施建设中的主动性和主体作用，积极探索农村基础设施建设新路子，创新管理机制，明确各部门职能职责，形成政府主导、驻村干部协调、群众参与的融合机制，确保基础设施建设项目按时保质完成。产业发展方面，江口县紧扣农村产业发展“八要素”，以生态茶品牌和冷水鱼品牌为抓手，以产业联盟、村社合一及组务自治等模式为主导，探索构建了江口县农村产业革命长效机制。移民搬迁方面，为让搬迁群众“搬得出、稳得住、可发展、能致富”，江口县专门成立了易地扶贫搬迁移民生计和后续扶持发展工作领导小组，定期研究、解决移民后续发展相关工作，并制定了《江口县易地扶贫搬迁移民生计和后续扶持发展实施方案》，出台了一系列后续帮扶措施，明确由县人社局牵头，组织移民就业技能培训，通过推荐就业、公益性岗位解决就业等方式，确保搬迁贫困家庭至少有一人以上实现稳定就业。与此同时，江口县还建立了搬迁贫困群众家庭最低生活保障和临时困难救助机制，加强对搬迁户就学、就医、低保和户籍的转接等相关工作。

第六章 多重成效：减贫、发展与治理优化

党的十八大以来，按照中央全面建成小康社会的部署和要求，紧扣贵州省委、省政府“大扶贫、大数据、大生态”三大战略行动和铜仁市委、市政府“一区五地”奋斗目标，江口县始终将脱贫攻坚作为全县第一大事、第一民生工程，深入贯彻落实脱贫攻坚“春风行动令”，坚持精准扶贫精准脱贫方略，强力实施大扶贫战略行动，真抓实干，经过六年多的艰辛奋战，累计投入财政扶贫资金 6.53 亿元，减少贫困人口 4.3 万人，易地搬迁 1.49 万人，80 个贫困村全部出列，贫困发生率从 2013 年底的 19.85% 下降到零，脱贫攻坚取得了历史性的胜利。2018 年 7 月，江口县脱贫攻坚整县退出顺利接受国务院第三方评估检查，并以“零漏评、零错退、群众认可度 99.05%”的成绩实现了江口县的脱贫摘帽，圆满打赢了脱贫攻坚战。

一、县域减贫成效显著

四年多来，江口县委、县政府在贵州省委、省政府的统一部署下，铜仁市委、市政府的正确领导下，认真贯彻落实省、市扶贫开发工作会议精神，紧紧围绕扶贫开发的总体思路和工作目标任务，坚持以精准扶贫为抓手，以改革创新为动力，采取有效措施扎实推进县域的扶贫开发工作，取得了令人满意的成效，圆满完成了江口县脱贫攻坚的各项工作目标。

（一）农村贫困人口大幅度减少

2013年底，江口县共识别建档立卡贫困人口4.3万人，贫困发生率为19.85%，截至2019年底，全县贫困人口全部脱贫，贫困发生率下降到零。其中2014年，全县减少农村贫困人口5547人，贫困发生率降为17.26%，比上一年下降了2.59个百分点，农村居民人均可支配收入达到6162元。2015年，全县减少农村贫困人口8503人，贫困发生率降为13.27%，比上一年下降了3.99个百分点，农民人均可支配收入达到6787元。2016年，全县减少农村贫困人口8937人，贫困发生率降为9.09%，比上一年下降了4.18个百分点，农民人均可支配收入达到7497元，实现15个贫困村按国定标准退出。2017年，减少农村贫困人口16129人，贫困发生率降为1.54%，比上一年下降了7.55个百分点，40个贫困村出列，农村居民人均可支配收入达到8285元。2018年，减少农村贫困人口1352人，贫困发生率降为0.9%，比上一年下降了0.64个百分点，25个贫困村出列，实现了所有贫困村按时按质按量出列任务，农村居民人均可支配收入达到9105元。2019年，减少农村贫困人口1929人，实现贫困人口全部脱贫，贫困发生率下降到零，农村居民人均可支配收入达到10061元。

可见，江口县贫困人口的递减速度比贵州省及铜仁市都要快，2016年、2017年两年贫困发生率减少11.73个百分点，江口县的减贫效果非常显著。

（二）扶贫产业不断发展壮大

发展产业是实现脱贫的根本之策，培育产业是推动脱贫的根本出路。江口县对照产业革命“八要素”要求，守好发展和生态两条底线，切实推动生态产业化、产业生态化，让绿水青山源源不断地带来金山银山。自2014年以来，累计投入农业产业发展资金20.11亿元，其中发放“精扶贷”1.59亿元，政府贴息1775.67万元，惠及3011户贫困户。

1. 农业产业扶贫

立足全县生态资源优势，打响“梵净山珍·健康养生”品牌，以生态茶、冷水鱼、猕猴桃3个主导产业和中药材、蔬菜等增收项目为主，发展现代山地高效特色农业。

2014年以来，江口县农业产业发展情况如表6-1所示。

表6-1 2014—2020年江口县农业产业扶贫发展情况

年份	项目数（个）	投入扶贫资金（万元）	主要种植内容	辐射贫困人口（万人）
2014	99	7639	新增茶叶基地0.62万亩，新增精品水果0.8万亩，管护茶药、精品水果1.2万亩；发展特种养殖0.34万尾，家禽养殖11.4万羽；新建圈舍0.6万平方米；发展牛羊养殖0.3万头。	3.6
2015	81	6191	新增茶叶基地1万亩，新增精品水果基地0.43万亩，种植中药材0.58万亩，管护茶药、精品水果1.5万亩；发展蔬菜基地0.5万亩。	4.37
2016	116	6186	新增生态茶园1.5万亩，新增精品水果基地0.6万亩，种植中药材1.05万亩；发展水产养殖24万尾，养殖冷水鱼20万尾；建成生猪集中代养养殖场30个、养殖生猪3.6万头；发展家禽养殖20余万羽；启动实施乡村旅游扶贫示范点建设3个。	2.5
2017	133	13370	新增茶叶基地2万亩，种植中药材0.3万亩，发展蔬菜种植3.5万亩，新增精品水果基地0.5万亩，种植油茶0.6万亩，发展食用菌500万棒；新增冷水鱼1000亩；管护茶药、精品水果等3.5万亩；发展肉牛养殖0.3万头，生猪养殖1.9万头，家禽养殖39万羽，水产养殖1600万尾，蜂蜜0.3万桶。	2.5

续表

年份	项目数（个）	投入扶贫资金（万元）	主要种植内容	辐射贫困人口（万人）
2018	82	9060	新增茶叶基地 0.62 万亩，种植精品水果 0.2 万亩，种植油茶 1.5 万亩；发展肉牛养殖 0.1 万头；新建生猪养殖场 0.3 万平方米，新增生猪 0.2 万头；发展冷水鱼养殖 28 万尾，建成小龙虾基地 90 亩；发展食用菌 212 万棒；管护茶药、精品水果 1.5 万亩。	3.3
2019	31	10940	新增茶叶基地 0.5 万亩，种植精品水果 0.5 万亩，种植油茶 1 万亩，种植中药材 0.6 万亩，发展蔬菜种植 5 万亩；新增生猪养殖 1 万头，发展梅花鹿养殖 200 只，家禽养殖 10 万羽，水产养殖 0.1 万亩。管护茶药、精品水果、油茶 3 万亩，改造产业道路 4.3 万千米。	1.9
2020	52	11915	新增茶叶基地 0.5 万亩，建成茶叶加工厂 2 个；新增生猪养殖场 3 万平方米；建成蔬菜基地 4 个，发展蔬菜种植 2.1 万亩；种植精品水果 0.1 万亩；新增冷水鱼养殖 200 万尾，建成小龙虾养殖基地 0.1 万亩；新增中药材种植 0.5 万亩；建成产业基地避雨设施 600 亩；建成加工厂 2 个。	1.4

资料来源：根据江口县调研资料整理所得。

2. 旅游产业扶贫

依托梵净山独特资源，大力发展全域旅游、乡村旅游和旅游扶贫，建成多个旅游景区和乡村旅游示范点，带动贫困群众投身到农家乐、乡村旅馆等旅游行业，吃上旅游饭。围绕 9 个国家级乡村旅游扶贫重点村建设，把乡村旅游扶贫与集团帮扶、扶贫生态移民、革命老区建设等项目结合起来，实施了梵净山村、云舍村、坝梅村、河口村 4 个国家级乡村旅游扶贫重点村旅游基础设施建设。同时，充分发挥梵净山、寨沙侗寨等精品景区的辐射作用，大力扶持发展农家旅社、农家餐馆、农特产品加工、民族文化和民间艺术表演，通过旅游创业脱贫致富。

大力发展乡村旅游，旅游产业减贫效应明显。自 2014 年以来，建成了寨沙侗寨、云舍等全国金融扶贫示范点和乡村旅游扶贫示范点，国家 5A 级旅游景区 1 个，4A 级旅游景区 2 个，3A 级景区 1 个，打造乡村旅游示范点 6 个。先后建成了亚木沟景区、寨沙侗寨、云舍、提溪土司城、鱼粮农业公园等景区，打造了快场村、寨抱村、河口村等乡村旅游示范点。同时，深入推进闵孝河、锦江河沿线旅游产业带的发展，推动鱼粮溪大峡谷、牛洞岩、黄牯山、龙阳仙人桥等景区景点的开发建设。2014—2020 年，江口县旅游年接待人数从 435 万人次增加到 1366.47 万人次，宾馆、农家乐从 278 家增加到 585 家。旅游总收入从 36.14 亿元增加到 115.38 亿元。2020 年乡村旅游 898.62 万人次，是 2014 年的 4.6 倍；综合收入 34.95 亿元，是 2014 年的 7.5 倍；乡村旅游总收入占全县旅游总收入的 30% 以上，旅游产业扶贫覆盖 7200 余户 2.5 万余人贫困人口，旅游扶贫带动 5649 人实现脱贫，通过发展旅游业农民人均增收 4380 元，占农民人均年收入的 52.8%。乡村旅游成为农民增收的重要增长点。

（三）易地扶贫搬迁与住房保障

1. 易地扶贫搬迁成效显著

脱贫攻坚行动以来，江口县认真贯彻落实中央精准扶贫精准脱贫方略，根据省、市易地扶贫搬迁决策部署，严格按照省委、省政府关于易地扶贫搬迁“六个坚持”的要求和县委、县政府脱贫攻坚“三大战役”工作安排，紧扣目标任务，对标对表，举全县之力攻坚克难，深入实施新一轮易地扶贫搬迁项目工程，对全县居住在“一方水土养不起一方人”地方的建档立卡贫困人口和确需搬迁的非贫困人口实施易地搬迁，啃下脱贫攻坚战役中最难啃的“骨头”，打赢了易地扶贫搬迁这场硬仗，有力助推了江口县的脱贫摘帽。

自2016年以来，江口县易地扶贫搬迁工程共建成9个集中安置点，搬迁入住3537户14873人，搬迁涉及全县10个乡镇（街道）108个行政村762个自然村寨（组）。2016年，新建7个集中安置点（城镇安置点6个、中心村安置点1个），搬迁入住1174户4688人，其中建档立卡贫困人口1057户4251人；2017年，新建1个县城区域集中安置点，搬迁入住1895户8036人，其中建档立卡贫困人口1552户6745人；2018年，新建1个县城区域集中安置点，搬迁入住468户2149人，其中建档立卡贫困人口199户739人。同时按照便于和利于管理的原则，江口县按照上级要求，将2017年安置点和2018年安置点合并成一个安置点进行管理，成立凯德街道梵瑞社区，纳入凯德街道办事处进行统一管理。具体情况见表6-2。

表6-2　江口县2016—2018年易地扶贫搬迁安置情况

	安置点数量（个）	易地搬迁户数（户）	易地搬迁人口（人）
2016年	7	1174	4688
2017年	1	1895	8036
2018年	1	468	2149
合计	9	3537	14873

资料来源：根据江口县调研资料整理所得。

在搬迁安置点，建成了中小学校3所，正在建设2所，增设卫生室10个，修建了县民族中医院；为搬迁群众开展劳动技能培训，搭建就业平台，推荐县内就业1258人，外出务工就业2427人，做到搬迁群众就学、就医、就业有保障，实现搬迁贫困户“搬得出、稳得住、能致富”。

2. 危房改造"应改尽改"

为确保农村困难群众危房能全面得到安全改造，实现百姓"住有所居、住有所安"目标，按照结构安全、功能齐全的标准，实施危房改造及"五改一化一维"工程。自2014年以来，补助危改资金1.7亿元，实施农村危房改造1.9万余户；投入资金5亿余元，全面实施改水、改电、改厨、改厕、改圈、庭院硬化和房屋维修"五改一化一维"工程，惠及3.2万余户，极大改善了农村人居环境。

其中，2014年实施农村危房改造5452户，各级危改补助资金4488.8万元；2015年实施危房改造5215户，各级危改补助资金3166.71万元；2016年实施危房改造6083户，各级危改补助资金7550.23万元；2017年实施危房改造2315户，各级危改补助资金1735.63万元（含提前完成的2018年计划：危房改造1035户）。

（四）生态扶贫成效显著

近年来，江口县紧紧围绕习近平总书记提出的"绿水青山就是金山银山"的发展理念，坚守保护和发展两条底线，按照"生态建设脱贫一批"的要求，扎实开展脱贫攻坚工作，通过抢抓国家重点生态功能区、实施新一轮退耕还林和森林植被恢复建设等机遇，认真落实生态扶贫各项政策，生态扶贫取得了显著成效。

1. 生态补偿脱贫

生态补偿是以保护和可持续利用生态系统服务为目的，以经济手段为主，调节相关者利益关系，促进补偿活动，调动生态保护积极性的一种制度安排。江口县拥有得天独厚的生态资源，全县森林覆盖率达77%，拥有78.54万亩公益林。自2014年以来（2014年按国家公益林10.00元/亩、地方公益林8.00元/亩的补偿标准；2015年按国家公益林10.00元/亩、地方公益林 8.00 元 / 亩的补偿标准；2016 年按国家公益林 8.00/ 亩、地方公益林 8.00 元 / 亩的补偿标准；2017 年按国家公益林 10.00 元 / 亩、地方公益林 8.00 元 / 亩的补偿标准；2018 年按国家公益林 10.00 元 / 亩、地方公益林 10 元 / 亩的补偿标准；2019 年按国家公益林 12.00 元 / 亩、地方公益林 12 元 / 亩的补偿标准；2020 年按国家公益林 15.75 元 / 亩、地方公益林 15 元 / 亩的补偿标准)，全县累计发放公益林生态效益补偿资金 7126.66 万元。涉及农户 4.3 万户 15.05 万人，其中建档立卡贫困户 4717 户 16509 人

2. 退耕还林脱贫

国家退耕还林工程为江口县的生态林业建设和脱贫攻坚起到了巨大的推动作用，也给江口县经济社会发展和贫困群众增收带来了新的机遇。自 2014 年以来，全县共积极向上争取新一轮退耕还林任务 7.01 万亩，已完成退耕还林建设 7.01 万亩。已兑现退耕还林资金 7960.39 万元，涉及农户 1.66 万余户 4.98 万人，带动贫困户 3129 户共 9387 人实现增收，人均增收约 1500 余元。

3. 森林管护脱贫

积极落实生态管护脱贫政策，通过把森林资源管护和生态脱贫攻坚有机结合，在保护好森林资源的同时，解决了部分贫困群众的就业脱贫问题。2016—2017 年，通过选聘 60 周岁以下具有劳动能力的建档立卡贫困群众 730 名充实护林员队伍，将贫困群众转变为生态护林员开展森林管护工作，实现建档立卡贫困户的脱贫。其中 2016 年选聘建档立卡生态护林员 250 人，2017 年选聘建档立卡第一批生态护林员 100 人、第二批生态护林员 380 人，每人每年人均发放工资 1 万元，实现了 730 户建档立卡贫困户脱贫。

4. 林产发展脱贫

按照省、市、县脱贫攻坚产业发展工作的要求，结合新一轮退耕还林、造林补贴、植被恢复费等林业项目，因地制宜大力发展林业特色产业。2014 年以来，累计建成油茶基地 28000 亩，盛产油茶面积 10000 亩，涉及农户 0.1 万户 0.35 万人，其中档立卡贫困户 230 户 750 人，户均增收 1500 元；建成林下铁皮石斛种植基地 1600 亩，涉及农户 600 户 2124 人，其中建档立卡贫困户 160 户 622 人，户均增收 2000 元；建成林下养殖基地 3 个，年出栏家禽 20 万羽，年产值达到 1000 万元。

（五）教育扶贫成绩斐然

为坚决不让学生因家庭贫困而失学，不使家庭因学生就学而贫困，阻断贫困代际传递，致力“发展教育脱贫一批”，江口县稳步扎实地实施和推进教育精准扶贫精准脱贫工作。

1. 教育保障应享尽享

着力构建教育扶贫资助政策体系，继续严格按照“应助尽助、精准资助”的原则，用准用足用活教育扶贫政策，认真落实各级各类资助项目，积极争取社会力量捐资助学，切实解决贫困学生“上学难”问题，全力实现“杜绝因贫失学、因学致贫”工作目标。2014—2020 年，共计引进各类社会资助 202 项，争取资助资金 5674 万元；发放资助资金 5.1 亿元，惠及学生 81.68 万人次。

2014 年，引进各类社会资助 12 项，争取资助资金 125 万元；发放国家资助资金 5743 万元，惠及学生 12.12 万人次。2015 年，引进各类社会资助 38 项，争取资助资金 315 万元；发放国家资助资金 6572 万元，惠及学生 12.17 万人次。其中发放 2015—2016 学年省级教育精准扶贫学生资助金 767 人次 220.056 万元。2016 年，引进社会资助 37 项，争取资助资金3863万元；发放国家资助资金6928万元，惠及学生12.38万人次。其中发放或免除2016—2017学年普高国家免学费补助金1977人次125.022万元；948人次贫困生资助金219.79万元。2017年，引进社会资助17项，争取资助资金300万元；发放国家资助资金9144万元，惠及学生13.96万人次。2018年，引进社会资助23项，争取资助资金133万元；发放国家资助资金8583万元，惠及学生13.28万人次。其中发放或免除省级教育精准扶贫学生资助金及普高国家免学费补助金2026人次306.246万元、“建档立卡贫困生”兜底资助金10005人次1386.27万元。2019年，引进社会资助48项，争取资助资金621万元；发放国家资助资金4639万元，惠及学生10万人次。2020年，引进社会资助27项，争取资助资金317万元；发放国家资助资金3432万元，惠及学生7.8万人次。

2. 营养午餐全面惠及

各学校严格实施“营养改善计划”，推行“贵州模式”营养午餐。学校食堂按需配备编外工勤人员，所有食堂工勤人员工资全部纳入财政预算。所有实施营养改善计划的学校食堂实行自办自管，坚持公益性零利润运行。2014—2020年，上级下达营养改善计划专项资金11774.1265万元，县级下达到校营养改善计划专项资金614.681万元（包括县级财政匹配营养改善计划提标资金313.925万元），惠及学生295427人次。具体情况见表6-3。

表6-3　江口县2014—2020年营养改善计划实施情况

	上级财政专项资金（万元）	县级财政专项资金（万元）	惠及学生数（人次）
2014年	1428	0	42097
2015年	1552.1135	0	38842
2016年	1642.788	61.356	40444
2017年	2109.02	255.16	43928

续表

	上级财政专项资金（万元）	县级财政专项资金（万元）	惠及学生数（人次）
2018 年	1735.935	172.255	43869
2019 年	1611.58	76.14	43218
2020 年	1694.69	49.77	43029
合计	11774.1265	614.681	295427

资料来源：根据江口县调研资料整理所得。

2014 年，上级下达营养改善计划专项资金 1428 万元，惠及学生 42097 人次；2015 年，上级下达营养改善计划专项资金 1552.1135 万元（包括动用结余资金 230.8035 万元），惠及学生 38842 人次；2016 年，上级下达营养改善计划专项计划 1642.788 万元，县级下达到校营养改善计划 61.356 万元（包括县级财政匹配营养改善计划提标资金 45.66 万元），惠及学生 40444 人次；2017 年上级下达营养改善计划专项资金 2109.02 万元，县级下达到校营养改善计划资金 255.16 万元（包括县级财政匹配营养改善计划提标资金 180.19 万元），惠及学生 43928 人次；2018 年上级下达营养改善计划专项资金 1735.935 万元，县级下达到校营养改善计划资金 172.255 万元，惠及学生 43869 人次；2019 年上级下达营养改善计划专项资金 1611.58 万元，县级下达到校营养改善计划资金 76.14 万元，惠及学生 43218 人次；2020 年上级下达营养改善计划专项资金 1694.69 万元，县级下达到校营养改善计划资金 49.77 万元，惠及学生 43029 人次。

3. 因贫失学基本杜绝

为保障每个孩子平等接受义务教育的权利，加强对留守少年儿童的帮扶、关爱和心理辅导，切实保障他们接受教育的权益，出台了《江口县2015 年加强留守儿童困境儿童关爱救助保护工作实施方案》《江口县创建农村规范化留守儿童之家工作方案》《江口县未入学适龄残疾儿童少年特殊教育安置方案》《江口县适龄残疾儿童少年“送教上门”实施方案》等一系列文件，确保了各类适龄儿童少年的受教育权益。具体情况见表6–4。

表6–4　江口县2014—2020年适龄入学情况

年度	义务教育巩固率（%）	残疾儿童入学率（%）
2014年	85.13	88.57
2015年	90.70	89.00
2016年	85.86	87.69
2017年	95.03	91.30
2018年	95.05	92.50
2019年	95.08	94.95
2020年	99.86	95.50

资料来源：根据江口县调研资料整理所得。

同时，建立了政府主导、部门协作的留守（困境）儿童关爱体系，组建了关心下一代工作委员会，共建成“阳光少年之家”18个，中小学心理疏导室32个，基层关心下一代工作组织机构27个。进一步发挥职业教育脱贫优势，加大职业教育招生宣传力度，办好职校精准脱贫班，积极动员建档立卡贫困户子女就读职业院校。2020年，166名建档立卡贫困学生就读职业院校。

4. 技能培训促进就业

围绕“培训一人、就业一个、脱贫一户”的目标，以促进就业增收为导向，以因缺技术致贫的贫困户为重点，结合产业发展现状、企业用工需求和贫困劳动力特点，江口县开展了多轮次农村劳动力职业技能培训和农村贫困劳动力全员培训。自2014年以来，全县以落实贵州省农村贫困劳动力全员培训政策为主，累计开展各类农村劳动力职业技能培训 7685 人次，其中累计培训贫困劳动力 5630 人次、易地扶贫搬迁劳动力 1701 人次。

（六）社保兜底与医疗保障

1. 农村社会保障水平进一步提高

为充分发挥民政兜底脱贫重要作用，攻克深度贫困堡垒，确保打赢脱贫攻坚战，江口县民政局相继出台了《江口县民政局农村低保标准与扶贫标准“双线合一”工作实施方案》等一系列文件，通过农村低保标准与扶贫标准“双线合一”，精准实施了民政医疗救助、农村特困救助等重点性工作，保证了社会救助兜底保障与扶贫开发政策的有效衔接，确保现行扶贫标准下建档立卡贫困人口全部达到脱贫要求。

低保补助标准逐年提高，从 2014 年的 2080 元补助标准提高到 2017 年的 3528 元。不断扩大低保覆盖面，对家庭没有劳动能力且符合农村低保的农村生活困难户，坚持公平、公开、公正，给予农村最低生活保障扶持，并实行“动态管理”“分类施保”，切实做到“应保尽保”。2014—2017 年，全县发放农村低保金 26842.27 万元、医疗救助金 2834.65 万元、临时救助金 1831.82 万元、特困供养金 3153.52 万元，8855 人农村低保对象享受季节性救助粮 50.097 万斤。开展农村特殊困难群体集中供养，全县建成敬老院 10 所、规范化农村互助幸福院 34 所，集中供养特殊困难群众 693 名。

2. 农村医疗保障体系进一步完善

制定完善贫困群众大病医疗救助方案，对全县建档立卡贫困家庭实行“三重医疗保障”，推行一站式结算服务。自 2014 年以来，全县新农合参合率稳定在 98% 以上，建档立卡贫困人口参合率达到 100%，兑现各类医疗补偿资金 5.8 亿元，其中 2016 年、2017 年共兑现贫困患者各类医疗补偿资金 5163.84 万元。2016 年贫困患者住院政策范围内医疗费用补偿比例达 90.05%，2017 年建档立卡贫困患者住院医疗费用补偿比例达 95.22%。2018 年底，组建家庭医生服务团队 94 个，签约常住人口达 78640 人，签约覆盖率 40% 以上，建档立卡人群签约率达 100%。2019 年底，组建家庭医生服务团队 94 个，签约常住人口达 88675 人，签约覆盖率 50.6% 以上，建档立卡人群签约率达 100%。2020 年底，组建家庭医生服务团队 104 个，签约常住人口达 104163 人，签约覆盖率为 55.6% 以上，建档立卡人群签约率达 100%。实现 8 个深度贫困村和 11 个易地扶贫搬迁卫生室、农村中小学校医务室标准化建设全覆盖；完成 96 个村级卫生室提质改造并全部投入使用。慢性病“五 + 五”药品免费发放服务工作代表贵州省在全国第一期药品培训班上作经验交流发言。人民网、多彩贵州网、《贵州改革》、铜仁当代先锋网等媒体期刊多次对慢性病“五 + 五”药品免费发放服务工作进行刊载。代表全市在全省医共体建设现场推进会上作经验交流发言。江口县医改工作国家复评取得全省县级公立医院改革五个并列第一区县中的第五、连续两年全市第一的好成绩。

二、县域经济社会发展成效显著

（一）县域经济稳步健康发展

1. 县域经济稳步增长

自 2014 年以来，江口县坚持以脱贫攻坚统揽经济社会发展全局，县域经济发展稳步发展。全县地区生产总值从 2014 年的 33.42 亿元增加到 2020 年的 70.1 亿元，年均增长 8.8%，财政总收入从 2014 年的 2.9 亿元到 2020 年的 4.32 亿元，年均增长 6.83%，规模以上工业增加值从 2014 年的 4.34

亿元增加到 2020 年的 6.3 亿元，年均增长 0.9%，金融机构存款、贷款余额从 2014 年的 42.8 亿元、27.6 亿元分别增加到 2020 年的 73.5 亿元、86.8 亿元，分别增长 9.3%、20.5%。

江口县经济体量很小，仅占铜仁市经济总量的 6% 左右，但从地区经济增速来看，2014—2017 年江口县地区生产总值以年均 12.53% 的增速递增，略落后铜仁市年均 12.88% 的增速，但远高于贵州省年均 10.55% 的增速，具体见图 6–1。

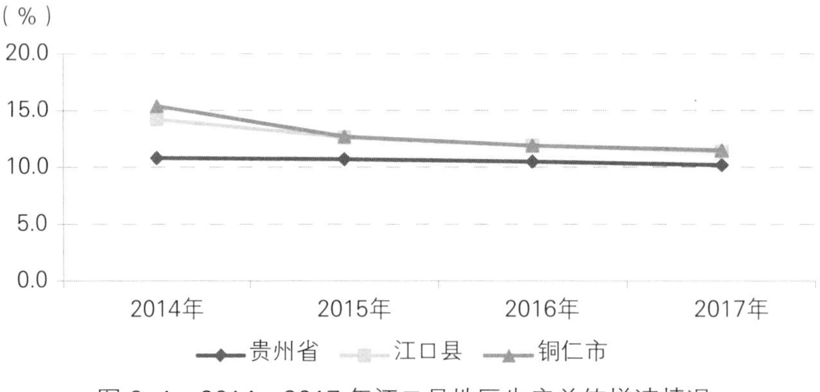

图 6–1　2014—2017 年江口县地区生产总值增速情况

从人均地区生产总值的增速来看，江口县的人均地区生产总值从 2014 年的 19283 元上升到 2017 年的 32077 元，年均增速达到 13.58%，高于同期铜仁市年均 12.45% 的增速，远高于同期贵州省年均 9.97% 的增速，从图 6–2 可以看出，2016 年后江口县的人均地区生产总值已超过铜仁市的人均地区生产总值。脱贫攻坚以来江口县经济得到了稳步健康发展。

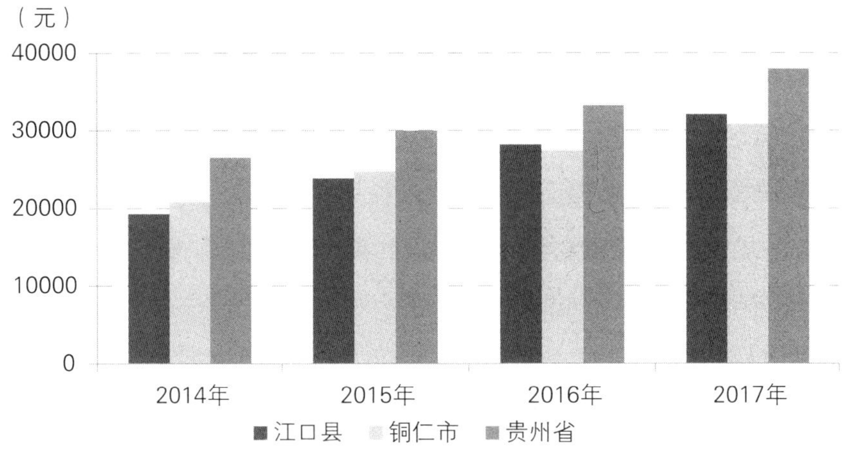

图 6-2　江口县人均地区生产总值增长情况

2. 农村家庭收入持续增长

全县农村常住居民人均可支配收入从 2014 年的 6162 元增加到 2020 年的 10902 元，年均增长 10.5%。2014—2020 年，江口县农村常住居民人均可支配收入情况见表 6-5。

表 6-5　江门县 2014—2017 年农村常住居民人均可支配收入变化情况

年份	贵州省		铜仁市		江口县	
	农村人均可支配收入（元）	增速（%）	农村人均可支配收入（元）	增速（%）	农村人均可支配收入（元）	增速（%）
2014	6671	13.1	6233	14.2	6162	13.7
2015	7387	10.7	6931	11.2	6787	10.2
2016	8090	9.5	7631	10.1	7497	10.5
2017	8869	9.6	8425	10.4	8285	10.5
2018	9716	9.6	9267	10.0	9105	9.9
2019	10756	10.7	10259	10.7	10061	10.5
2020	11642	8.2	11100	8.2	10902	8.4

资料来源：根据江口县调研资料整理所得。

（二）农村基础设施不断完善

在农村公路建设方面。截至2017年底，江口县共建成农村公路2440.5千米。其中，县道244.2千米、乡道273.8千米、旅游公路127千米、村道582.5千米、农村通村通组硬化路1213千米。实现了全县20户以上的自然寨、自然组全部通硬化路的目标，彻底改变了农村面貌，群众获得感、满意度显著增强。

在水利基础设施建设方面。自2014年以来，累计投人资金3.99亿元，全面深化水利基础设施建设，巩固了脱贫攻坚工作成效。先后实施了农田水利设施建设、高效节水灌溉、烟水配套及冬修水利等灌溉项目，新增、改善和恢复灌溉面积10.14万亩，新增高效节水面积1.66万亩。完成了病险库整治15座，综合治理水土流失面积63.8平方千米，新建和修复防洪堤59.79千米，搭建县级山洪灾害预警系统1套、乡级群测群防体系10套，有效地保护了群众的生命财产安全。

在农村饮水安全方面。自2014年以来，累计投人资金12823.71万元，实施饮水安全工程9977处，解决了105个行政村（社区）22.9228万人（含4.28万贫困人口）的饮水安全问题，实现100%的村民组通自来水，水质达标率100%。基本实现饮水安全全覆盖，为顺利退出贫困县提供了饮水保障。

在电网及通信方面。自2014年以来，累计投入4.67亿元，大力实施城乡电网改造升级，新建和改造路线91条1336千米，装配变压器628台，农村户均配电量达到2千瓦，全县供电可靠性达到99.68%。推进“三网融合”工程，实现光纤宽带乡村全覆盖，移动通信网络村村通，4G网络交叉覆盖率达96%。

在村寨环境治理方面。以“四在农家·美丽乡村”建设为抓手，结合文明村寨创建，以组为单位成立组委会，扎实推进村庄环境大整治行动，建成村级文体广场 260 个、村级综合文化站 106 个、文化墙 680 个，实现“村容整洁、乡风文明、社会和谐”。

（三）民生事业和社会保障全面发展

1. 教育基础设施明显改善

教育是扶贫的治本之计，自 2014 年以来，江口县坚持“小县办大教育，穷县办美教育”理念，不断加大教育投入，大力改善各级各类学校的办学条件，增加办学资源，扩大办学规模，提高普及程度，全县的教育基础设施得到全面提升。教育经费从 2014 年的 2.8 亿元增加到 2020 年的 5.17 亿元，累计投入教育基础设施资金 11 亿元（含设施设备采购 1.89 亿元），新建成江口中学、县第四中学、县第二小学、县第三小学、县第五中学、县第三幼儿园、民和镇第二幼儿园、闵孝镇第二小学，重建县第一小学，改建江口中学综合大楼，新增和改扩建面积 50.4 万平方米，新增学位 8000 余个，新增教师 525 人。实现农村学前教育全覆盖，实现 50% 左右的小学生、80% 左右的初中生、100% 的高中生集中在县城上学。探索推行“三破三立”教育体制改革，实施教学质量“3223”教育赶超战略工程。

2014—2020 年，江口县新建教育工程项目情况见表 6–6。其中 2014 年江口县实施的教育建设项目有校舍维修改造项目 2 个、农村寄宿制学校项目 5 个、教师公租房建设项目 12 个、城镇义务教育学校项目 2 个（2013 年、2014 年各 1 个）、安全围墙工程 4 个和优美教室工程 3 个，以上共有 28 个项目，完成建筑面积 51773 平方米，累计完成投资 10748.6 万元；2015 年实施“全面改薄”①、学前教育、城镇义务教育项目共 31 个，完

① “全面改薄”：义务教育全面改薄工程，以全面改善贫困地区义务教育薄弱学校基本办学条件，是党中央、国务院聚焦贫困地区义务教育发展、保障教育公平而做出的决策。

成建筑面积98716平方米，完成投资10159万元；2016年实施“全面改薄”、学前教育、校园文化建设项目共86个，完成建筑面积66134平方米，完成投资11363万元；2017年实施“全面改薄”、城镇义务教育、学前教育、普通高中、教师周转宿舍项目共20个，完成建筑面积56814平方米，完成投资9655万元。2018年江口县共实施“全面改薄”、学前教育、普通高中项目、厕所革命等教育项目建设共46个，完成建筑面积120962平方米，完成总投资23606万元；2019年江口县共实施“全面改薄”、学前教育、彩票基金幼儿园、普通高中、厕所革命等教育项目建设共26个单体项目，完成建筑面积73198平方米，完成投资15494万元。2020年江口县共实施“改薄与能力提升”、学前教育、普通高中、厕所革命等教育项目建设共47个单体项目，完成建筑面积36219平方米，完成投资10113万元。

表6-6 江口县教育新建项目投入

年度	实施项目数	完成建筑面积（平方米）	资金投入（万元）
2014	28	51773	10748.6
2015	31	98716	10159
2016	86	66134	11363
2017	20	56814	9655
2018	46	120962	23606
2019	26	73198	15494
2020	47	36219	10113
合计	284	503816	91138.6

资料来源：根据江口县调研资料整理所得。

2. 医疗服务能力大幅度提升

稳步提升医疗服务能力，让农村贫困人口看得好病。近年来，江口县紧紧抓住提升县域内医疗服务能力这条主线，从加大基础设施建设、加大特殊技能人才引进、加大对口帮扶力度、加大人力资源培训、加大医疗设施配备投入等方面入手，医疗服务水平和能力较以往有了质的提升，对解决广大人民群众常见病、中重度疾病救治、推行分级诊疗发挥了重要的作用。全县现有卫生机构183个，其中医院8个、乡镇卫生院10个、社区卫生服务站3个、村卫生室148个、妇幼保健院（所、站）1个、疾病预防控制中心1个、卫生监督检验机构1个。卫生技术人员1384人，其中执业医师311人、注册护士384人。卫生机构床位934张。

一是医疗水平稳步提升。全县共建有村级卫生室（点）148个，每个村室（点）至少有一名医务工作人员，配备有基本医疗设备、基本药品，能够满足群众常见病的诊治需求。所有乡镇（街道）卫生院中医馆全覆盖，新增中医馆面积2272平方米。县人民医院、县中医院、县妇幼保健院的一批重点专科正在规划建设中。大力引进专业人才，仅2017年新增医疗卫生人才203人，引进县直卫生专业技术急需紧缺人才65名，公开招聘卫生计生专业技术人才39人。召开各类医学培训、学术交流、在职教育等共6期，共计培训136人次。

二是完成了“五个全面建成”。全面建成乡镇卫生院远程医疗网络体系；全面建成乡镇卫生院规范化数字预防接种门诊；全面建成全省县级以上公立医院统一预约挂号平台，两家县级公立医院（县人民医院、县中医院）均已完成与省、市的平台接入；全面建成医药监管平台，全县除双江街道卫生院外，其他乡镇（街道）卫生院均已与电信公司签订了专网建设协议；全面建成人口健康信息基础平台。

三是医疗服务质量整体提升。县人民医院、县中医院分别与5家乡镇（街道）卫生院组建医疗服务共同体，实行“结余留用、超支分担”的医保总额打包付费，发挥医保的调节及杠杆作用，实现医共体成为服务共同体、责任共同体、利益共同体、管理共同体。建立以人才共享、技术支持、检查互认、处方流动、服务衔接等为纽带的业务合作机制，逐步提升基层医疗卫生机构服务内涵。结对苏州市中医院实施对口帮扶，邀请30余位专家到江口县开展帮扶工作，提高基层医疗卫生技术人员诊疗水平，医疗服务质量整体提升。

四是建成家庭医生签约服务长效机制。以居民健康档案电子平台为基础，以65岁以上老年人、0—6岁儿童、孕产妇、高血压患者、糖尿病患者、结核病患者、严重精神障碍患者、残疾人等为重点服务对象，建立居民健康档案，开展高血压、糖尿病、严重精神障碍患者的筛查和随访工作，为行动不便的签约对象提供电话咨询、上门访视和家庭康复指导服务。截至2017年底，全县已组建家庭医生服务团队94个，签约常住人口达81585人，签约覆盖率40%以上。

3. 社会保障制度体系不断完善

江口县先后出台了《江口县农村最低生活保障制度与扶贫开发政策有效衔接实施方案》《江口县特殊困难群体集中供养（养老）实施方案》《江口县困难群众临时救助实施细则》《江口县医疗救助实施细则》《江口县临时救助实施细则》《江口县“救急难”工作实施方案》《江口县农村敬老院规范化管理实施细则》《敬老院年度目标管理办法》《江口县社会保障兜底脱贫攻坚行动实施方案》《江口县城乡低保工作问责办法》等一系列文件，不断健全和完善党和政府领导、民政部门牵头、其他部门配合、社会参与的社会救助工作制度保障与协调机制。

到2020年，全县参加城乡居民养老保险人数105567人，参加城镇企业养老保险8801人，参加机关事业单位养老保险人数7371人，参加失业保险人数 9666 人，参加工伤保险 10279 人，参加城镇职工基本医疗保险 11276 人，参加城乡居民基本医疗保险 211020 人，全县享受最低生活保障救济人数 34776 人，全县共有各类社会福利院、敬老院 10 个，床位 810 张，收养 688 人。具体情况见表 6–7。

表 6–7　江口县 2020 年社会保障情况

指标名称	绝对数	比上年增长（%）
参加城乡居民养老保险人数（人）	105567	0.8
参加城镇企业养老保险人数（人）	8801	5.3
参加机关事业单位养老保险人数（人）	7371	–0.4
参加失业保险人数（人）	9666	2.4
参加工伤保险人数（人）	10279	5.6
参加基本医疗保险人数（人）	11276	7
参加农村合作医疗人数（人）	211020	99.74
全县得到最低生活保障救济累计人数（人）	34776	–12.2

资料来源：根据江口县调研资料整理所得。

（四）生态人文居住环境全面改善

生态环境方面。江口县紧紧围绕贵州省委省政府、铜仁市委市政府大力推进生态文明先行示范区建设目标，坚定不移推进绿色发展，厚植生态保护的基础、脱贫致富的“摇钱树”和生态经济的优势，推动自然资本大量增值。深入实施林业产业倍增计划，累计完成荒山造林 9.2 万亩，森林覆盖率从 2014 年的 67.73% 提高到 2017 年的 73.56%，成功创建“国家卫生县城”和全国第三个“碳汇城市”，增强了人民群众在共建共享发展中的获得感。

城乡面貌方面。深入实施“四在农家·美丽乡村”基础设施建设六项行动计划，全力补齐农村基础设施短板，加快打通基础设施建设“最后一公里”，全县农村面貌全面改善，实现了“走路不湿鞋、喝水不用抬”。坚持将易地扶贫搬迁安置点选择在产业发展基础好、交通便利、就业有保障的城区、集镇、园区附近，实现脱贫攻坚与城镇化互动双赢。

社会和谐方面。认真开展农村信访积案清理、矛盾纠纷排查化解工作，教育引导子女依法履行赡养义务。通过干部大走访、大排查、大化解，各级干部在一线收集解决矛盾问题 5900 余个，切实解决了农村长期遗留的各类问题，促进了农村治理提升，实现农村和谐稳定。自 2014 年以来，在重大节庆、重要活动期间，人民群众安全感连续三年排全市前 3 位。

三、基层治理体系不断优化

近年来，江口县以脱贫攻坚战略为契机，构建了以社区党组织为核心，以村民自治组织为主体，乡村服务站和社会组织多元参与的“一核多元”乡村治理体系，在充分发挥党组织在脱贫攻坚工作中的领导核心作用、党员干部的先锋模范作用的基础上，不断加强农村基层基础工作，引导社会各方力量有序参与农村治理，创新和完善了乡村综合治理机制，构建了公共资源共有、多元组织共商、多元主体共建、多元平台共治、多元服务共享的乡村治理新格局，基层党组织对群众需求的回应能力和乡村治理能力不断提升。

（一）“一核多元”乡村治理结构

根据《关于印发〈江口县推进一核多元创新基层治理实施方案〉的通知》，按照“共有、共商、共建、共治、共享”原则，以提升组织力为着力点，构建了以村党组织为核心，以监委、组务会、驻村工作队、民事调解队、志愿服务队、专业合作社为“多元”治理主体的“一核为主·多元共治”治理体系。

1. 基层党组为核心

深入实施“领头雁”工程，以村“两委”换届为契机，对全县 104 个基层党组织进行提质改造，加强班子建设。把政治素质好、带富能力强、协调能力强的“一好双强”型党员选拔到村党组织书记岗位上来，切实夯实党在农村的执政基础，推动农村各项事业有序发展。

加强基层党组织的领导和服务水平，充分发挥基层党组织在乡村治理中的政治核心地位和政治引领作用、农村党员的模范带头作用，通过对村级班子和村干部进行考核、狠抓后进村党组织整顿转化、推进基层党支部标准化建设、凸显农村党员的先进性作用等举措，不断提升基层党组织的凝聚力战斗力。

2. 村民自治为基础

着力健全村民自治的“四个民主”协调发展机制，将选举、决策、执行、监督流程落实到位，责任分工落实到位。积极培育村民自治素养，增强村级组织的服务功能以及优化村级组织结构。认真落实村级重大事项“四议两公开”决策程序，充分调动广大村民参与村级事务的积极性，拓宽民主协商的渠道，全面实施党务、村务公开；建立健全不合格村民委员会成员、村民代表退出机制。

坚持以解决问题为导向，根据管理公共事务的实际需要及本村民俗风情、传统美德等具体实际，制定村规民约，把社会治安、建房审批、环境卫生、赡养老人、产业发展、社会保障、公益事业、新农村建设等纳入乡规民约内容。充分发挥村级监事会监督执行作用，依法建立和完善奖惩机制，推动形成“遵守村规民约光荣、违反村规民约可耻”的舆论导向，有效促进村民自我管理、自我教育、自我服务、自我监督的自觉性。

3. 城乡联建为辅助

由县直党政机关和企事业单位与行政村联建党支部，形成城乡互助联建工作机制，各联建单位要深入开展城乡互助联建和“四帮四促”活动，并整合综治帮扶、计生帮扶、“减贫摘帽”项目、“一事一议”项目等，由联建单位帮扶组织实施，切实为联建村办实事、解决实际问题，切实提高农村的基层治理能力。

联建帮扶单位主要领导为第一责任人，切实加强沟通协调，为开展活动创造良好条件。党员领导干部率先垂范，发挥了表率作用。同时，明确一名党员领导干部挂任联建支部副书记，具体负责联建帮扶工作。并要求联建帮扶支部副书记每月到联建村开展工作的时间不少于 5 天，单位党政主要领导每月到联建村现场办公 1 天，各联建帮扶单位每年为联建村解决实际问题不少于 3 件。同时，将联建帮扶工作情况纳入县年度目标考核内容进行考核评估。

4. 社会力量为补充

培育发展乡贤参事会，凝聚乡贤力量。乡贤是指户籍或原籍在当地（指本村民）或有姻亲关系在当地，以及在当地投资创业的品行好、有威望、有能力、热心公益事业的贤达人士。乡贤会在乡镇（街道）党（工）委、村党组织的领导下培育发展和开展工作，并接受乡镇（街道）人民政府（办事处）的监督管理和村民委员会的业务指导。合理区分乡贤会与村党组织、村民委员会的定位，发挥其补位和辅助作用，弥补村“两委”在公共决策、公共服务、公共管理方面存在的不足，形成有益补充。

同时，积极引导和孵化涉及志愿者、义工、社区建设、文化、教育、体育、养老等诸多领域的社会组织，规范简化登记流程，建立有效的激励机制，积极引导并鼓励他们参与乡村建设和管理。

（二）“一核多元”的乡村治理模式

为进一步落实江口县的扶贫开发工作，充分发挥党组织在脱贫攻坚工作中的领导核心作用和党员干部的先锋模范作用，不断加强农村基层基础工作，健全自治、法治、德治相结合的乡村治理体系。近年来，江口县结合脱贫攻坚实践，就“一核多元”的乡村治理模式进行了有益探索和实践，并取得了一定成效，基层治理取得了显著成效。

1. 强化基层党组的核心领导作用

农村基层党组织作为我国党组织体系的基层单元，是团结带领群众建设美好生活的领导核心。在积极探索实施“一核多元”乡村治理过程中，始终坚持把党的核心领导放在首位，紧紧抓住“民心党建”工程这个重点，通过狠抓后进村党组织整顿转化、推进基层党支部标准化建设，把基层党组织打造成为政治上引领、经济上带动、社会上服务的先进组织，把农村基层党员干部打造成为讲政治、讲责任，善于服务、善谋发展的基层干部队伍，充分发挥基层组织在乡村治理中的政治核心地位和政治引领作用，营造党组织和党员干部带头、群众积极参与的乡村治理氛围。

2. 多元化主体共同参与乡村治理

一是城乡支部联建力量。按照“党群部门帮弱村、政法部门帮乱村、经济部门帮穷村”的工作思路，安排县直部门和企事业单位与村（社区）结成联建帮扶对子，通过组织共建、资源共享、发展共谋，帮助村级组织厘清发展思路、解决发展难题。二是选派的驻村干部。通过设置干群连心室为广大群众提供便捷优质服务，打通群众办事的“最后一公里”，增进了党群干群关系，推动了基层发展。三是非公企业和社会组织。充分发挥市场力量的生产、技术、人才、资金等优势，带动农村发展致富产业，推动农村综合发展。四是聚合乡贤资源。搭建春晖平台，以亲情、乡情、友情为纽带，聘请有一定影响力、关注家乡发展、热衷公益事业的在外求学大学生、离退休老干部、企业家、成功人士等加入“春晖社”，广泛汇聚智慧和力量，引领春晖使者积极参与乡村治理，推动农村发展。

3. “一核多元”贫困治理的具体实践

在“一核多元”的贫困治理中，江口县坚持以“一核”的“民心党建”工程为抓手，健全党建扶贫工作机制，积极探索党建扶贫新模式，不断夯实党建扶贫工作基础，最大限度凝聚“多元”扶贫力量，在江口县扶贫开发工作中取得了良好的成效。

“民心党建＋村‘两委’＋扶贫”模式。把政治素质好、带富能力强、协调能力强的党员选拔到村党组织书记岗位上来，切实夯实党在农村的执政基础，有力推动农村各项事业有序发展。建立健全村干部报酬财政保障机制，有效地保障村干部的干事热情和村干部职位的吸引力，有利于更多的政治素质好、带富能力强、协调能力强的党员参与到党支部书记的选拔队伍中来。

“民心党建＋驻村＋扶贫”模式。发挥第一书记和驻村干部站位高、视野宽、思路清的优势，引导他们帮助农村制定规划、培育产业、带强组织。实现一人驻村、全单位帮扶的有利局面，切实将联建帮扶单位和帮扶村联系起来，严格落实“联一扶二帮三”的帮扶机制，与精准扶贫户结对子，壮大党建扶贫的群体。

“民心党建＋党员骨干＋扶贫”模式。加强对党员骨干和干部的教育培训，将脱贫攻坚作为培训的重要内容，对乡镇（街道）、村党政正职、第一书记和驻村干部进行全员轮训，确保每人每年至少参加一次集中培训。同时，结合“两学一做”加大对党员的理想信念教育，充分利用现代远程教育、互联网等资源，加大对农村党员的业务能力培训。

“民心党建＋‘非公’＋扶贫”模式。按照“有利于党组织开展活动、有利于加强党员管理、有利于服务经济社会发展”的要求，采取单独建、联合建、挂靠建等灵活方式，在非公企业和社会组织中单独建立党组织81个，联合建立党组织7个，挂靠建立党组织15个，扩大了党组织覆盖面。以“企业＋农村”带动模式，村企联建以工促农。

第七章 成果巩固：稳定脱贫“六持续”

2014 年底，江口县贫困建制村有 80 个，建档立卡贫困人口 4.3 万人，当年全县人均农村居民收入为 6162 元，整体贫困率高达 19.85%，是铜仁市基础设施较差、人居环境较为恶劣的贫困县之一，贫困人口总数位居贵州省同类贫困县前列。江口县委坚决贯彻落实习近平总书记指示精神，以时不我待的干事创业激情大力推进精准扶贫工作，取得了良好成效。2014—2018 年，每年农村贫困人口数减少约 8100 人，累计脱贫约 42000 人；贫困发生率从 2014 年底的 19.85% 下降到 2018 年底的 0.96%，下降约 19 个百分点；贫困地区农村居民收入增幅高于全国平均水平，贫困群众生活水平明显提高，贫困地区面貌明显改善。

2018 年 9 月，江口县顺利通过国务院扶贫办委托的第三方评估检查。作为贵州省同批次 14 个区县中唯一的国家级贫困县，江口县得到了国务院第三方专项评估检查组的一致认可，并获得评估最高分“0099”——零错退、零漏评、群众认可度 99.05%。成绩固然可喜，但躺在功劳簿上沾沾自喜就会丧失前进动力。就现状而言，全县整体基础设施还相对落后、经济基础相对薄弱，需要不断鼓足干劲，巩固现有脱贫成效，防止返贫和新的贫困出现。为此，江口县委、县政府开始主动作为，大力开展稳定脱贫工作，在实际行动中形成了具有一定推广价值的“稳定脱贫六持续法”——以持续压紧压实各级党委主体责任为核心，精准管理稳定脱贫工作；以持续发力农村基础设施建设为支点，优化农村人居生活环境；以持续强化产业扶贫为突破，推进绿色生态经济发展；以持续推进易地搬迁为抓手，健全完善民生管理事业；以持续开展乡风文明建设为基础，增强农村内生发展动力；以持续巩固提升基层党建为依托，筑牢基层战斗堡垒。

一、江口县巩固脱贫成果的主要做法

夯实脱贫基础、巩固脱贫成果是一项综合性的系统工程，需要政府、市场和社会多方协作和共同努力。行百里者半九十。巩固脱贫攻坚工作就是要以时不我待的责任感和紧迫感来履行中国共产党人的时代责任和历史使命。政府一方面要留出脱贫巩固期，严格执行现行扶贫标准，充分保证脱贫政策的一致性和稳定性；另一方面要补齐短板，建立防止返贫的预警监测机制。市场主体应以高度的社会责任感主动对接贫困乡村，参与到稳定脱贫和乡村产业发展中来。社区群众需要积极行动起来，营造勤劳致富的良好氛围，从而引导贫困群众增强主体意识，摆脱对扶贫政策的单纯依赖，用自己的辛勤劳动实现真正意义的脱贫致富。归纳起来，巩固脱贫成果的核心目标就是有效对接乡村振兴，让脱贫群众具备可持续发展的能力，保证脱贫质量，防止返贫。

江口县已顺利实现脱贫摘帽，不过整体竞争力还是偏弱，属于贵州省典型的底子薄弱县，存在基础设施建设相对滞后、民生事业历史欠账多、乡村治理水平相对落后等问题。地处武陵山集中连片贫困地区，山川连绵、河谷深切、交通相对闭塞、产业相对薄弱，资源利用效率相对较低，经济发展不够平衡，存在一定返贫风险。为此，江口县委按照“脱贫不脱政策”的总体要求，以提高脱贫攻坚实效为导向，以扶贫领域作风问题专项治理为抓手，切实做好“三个转变”[①]工作，围绕贫困户稳定增收目标，通过实施“十大巩固提升工程”[②]，确保实现“两个巩固”（巩固全县脱贫人口不返贫、巩固退出贫困村不倒退）和“三个只增不减”[③]。2020年，所有贫困村全部出列，未脱贫建档立卡贫困人口稳步脱贫，全县农民人均可支配收入达到1万元以上，人民群众获得感和满意度全面提升，如期实现全面小康。

（一）持续压紧党委主体责任，精准管理巩固脱贫工作

自脱贫摘帽以来，江口县委、县政府始终坚持以服务人民为中心，以高度的政治自觉深入贯彻党中央决策部署，全面贯彻落实省委全会和市委全会精神，始终坚持以巩固脱贫作为全县最大的政治工程、“一把手”工程、民心工程。按照“脱贫攻坚只能加强，不能削弱”的总体要求，坚持把巩固脱贫攻坚成果作为县委的重大政治责任，继续加强领导、持续用力。

1. 优化驻村干部管理，配强村支“两委”班子

江口县按照每村“一个帮扶单位、一支帮扶队伍、一名第一书记”要求，继续深入开展驻村帮扶，保证帮扶队伍不散，积极推动贫困村巩固提升工作。全县帮扶干部每月至少要对帮扶户走访1次以上，做到脱贫不脱责任、脱贫不脱关系、脱贫不脱感情，确保巩固脱贫成果工作干在实处、取得实效。

习近平总书记曾说：“党对农村的坚强领导，是使贫困的乡村走向富

① 三个转变：由找准帮扶对象向精准帮扶稳定脱贫转变，由关注脱贫速度向保证脱贫质量转变，由开发式扶贫为主向开发式扶贫与保障性扶贫并重转变。

② 十大巩固提升工程：精准管理、产业扶贫、基础设施、易地搬迁、教育扶贫、健康扶贫、就业扶贫、兜底扶贫、乡风文明、基层党建。

③ 三个只增不减：政策支持只增不减、资金投入只增不减、帮扶力度只增不减。

裕道路的最重要的保证。”基层党组织是活跃在广大农民群众中的先锋，是巩固脱贫攻坚成果的排头兵。通过换届选举，引导群众把想干事、能干事、会干事的人推选出来，持续将有担当、有能力和有资源的农村优秀党员以及回村定居、精力旺盛、热衷于公益事业的退休党员干部选配为村党组织书记，选好配强村党组织班子，充分发挥基层党委的带动能力，从而深入贯彻落实江口县稳定脱贫各项方针政策，扎实推进巩固脱贫攻坚的各项民生工程。

表 7-1　江口县自 2018 年以来巩固脱贫攻坚的文件汇总表

序号	发布日期	政策文件	发文单位
1	2018 年 5 月 13 日	《江口县同步小康创建达标验收工作要点》	江口县委小康办
2	2018 年 6 月 10 日	《中共江口县委江口县人民政府关于进一步巩固提升脱贫攻坚工作成效的实施意见》	江口县委办公室
3	2018 年 6 月 26 日	《江口县脱贫攻坚饮水安全后续巩固提升工作计划》	江口县水务局办公室
4	2018 年 8 月 21 日	《关于巩固脱贫攻坚成果、实施乡村振兴战略，奋力开启江口社会主义基本现代化建设新征程的决定》	江口县委
5	2018 年 10 月 31 日	《关于印发江口县完善社会保障机制巩固脱贫成果实施方案的通知》	江口县委办公室
6	2019 年 3 月 1 日	《关于坚持农业农村优先发展做好“三农”工作促进乡村振兴提升工作实施意见》	江口县委

资料来源：根据江口县委办提供材料汇总。

2. 实施动态管理制度，健全完善进退机制

江口县认真贯彻落实习近平总书记关于“要打牢精准扶贫基础，通过建档立卡，摸清贫困人口底数，做实做细，实现动态调整”的指示精神，通过实地走访复查，加强舆论监督等，进一步完善贫困人口数据库，稳步推进巩固脱贫攻坚工作。

一是落实动态管理。紧紧围绕贫困人口实现长期稳定脱贫目标，对已脱贫的建档立卡贫困人口，因灾因病或因其他不可抗力因素返贫的以及非贫困人口中因灾因病或其他原因致贫的，严格落实精准识别动态管理机制，按照程序在建档立卡系统中将返贫人员标注为返贫户并注明返贫原因，对非贫困人口发生贫困的要及时按程序纳入建档立卡贫困对象管理，确保实现应纳尽纳。二是制定脱贫措施。对返贫对象和新识别对象，按照“一户一策”的原则，结合贫困户意愿，根据其致贫原因，量身定制脱贫措施，确保返贫对象和新识别对象能够如期脱贫，实现小康。三是落实帮扶责任。严格按照“脱贫不脱政策、脱贫不脱责任”的要求，进一步深入开展干部结对帮扶，确保每一个建档立卡户都有一名帮扶责任人。同时，紧盯致贫原因，继续深入开展政策宣传、思想引导、技术指导、就业帮助、生产扶持等帮扶工作。

（二）持续发力基础设施建设，优化农村人居环境

1. 抓好交通设施建设，提升道路通畅能力

要致富，先修路。农村基础设施是民生工程的重中之重，也是稳定脱贫的基本保障措施。江口县主动作为，集中力量，加快推进交通基础设施提升工程。一方面通过抢抓乡村振兴战略机遇，开工建设江口至闵孝旅游快速干道，凯德至韭菜、盐井河至张屯、努溪至太平等国省县乡道，加快江大高速、江口至碧江快速干道建设，构建半小时通机场、半小时通高铁、半小时进铜仁主城区“3 个半小时”便捷交通圈。另一方面加强农村公路管理养护，将全县农村公路全部纳入养护范围，提高县、乡、村、组道路通行能力，保障行车安全，巩固提升群众出行条件。2021 年，改善提升县乡公路 127 千米以上，管理养护农村公路 2410 千米以上。在创建省级“四好农村路”示范县的基础上创建国家级“四好农村”公路示范县。

2. 巩固农村饮水安全，提升电网通信能力

一是持续巩固农村居民安全饮水，实现乡乡有骨干水源工程，确保群众长期用上安全水。加大骨干水源工程建设，开工建设 1 座大型、1 座中型、1 座小型水库，彻底解决工程性缺水问题。采取新建、扩建、配套、改造、联网等措施，巩固提升农村居民安全饮水，实现乡乡有骨干水源工程。全面推行“建管养用”一体化的“以水养水”模式，确保村民长期用上安全水。二是抓好电网改造和通信保障提升。全面实施新一轮农村电网改造升级、农村用电公共服务均等化、理顺电网管理体制、农村电网电压质量提升“四大工程”，重点解决好脱贫村供电设施配套不全、供电能力不足等问题，全面实现城乡居民生活用电“同网同价”和农村人饮工程用电与生活用电同价。2020 年，全县所有村实现动力电“村村通”。另外，深入推进农村通信基础设施建设，大力推进“宽带中国”和“宽带乡村”工程，重点解决好偏远山区无信号、信号质量差等问题。2020 年，全县行政村有线电视网络、固定宽带、无线通信网络覆盖率达 100%。

3. 深化农村公共文化建设，提升农村人居环境

一是深化农村公共文化建设。全面完成广播电视数字化和无线数字化覆盖工程建设。集中力量建设一批重点文化服务基础设施项目，扎实推进村级农民体育健身工程、社区多功能运动场等基层综合性文化服务中心建设，实施 105 个村级农体工程，建设文化广场 28 个，配置音响 150 台；增至有线电视用户 2.2 万余户，城乡居民公共文化服务差距持续缩小，农村公共文化基础设施建设深入推进，农村人居生活环境明显改善，农村公共文化资源配套更加均衡，城乡公共文化基础设施建设互联互通水平进一步提高，农村文化队伍初具规模。

二是提升乡村人居环境。一方面下大力气抓好乡村环境综合整治工作，让农民群众短时期内看到身边变化、享受到良好人居环境，激发投身

美丽乡村建设的内在动力。积极探索村级环卫工人职业化，深入开展农村“治五乱”工程，整治脏乱差，建干净整洁、安居乐业的美好家园。到2020年，实现城乡污水处理率和垃圾无害化处理率均达到95%以上、集中式饮用水水源地水质达标率保持在100%、危险固体废弃物安全处置率达到100%；每个行政村建成公厕1个以上，农村卫生厕所普及率达75%以上。另一方面以实施美丽乡村振兴行动为契机，围绕生态宜居要求，结合“四在农家·美丽乡村”建设，全面提升农村人居环境。从2019年开始，每年选择1个乡镇（街道）、2~3个村（社区）作为建设试点，建立分类推进机制，实行统一部署、统一规划、统一标准、统一实施、统一验收，着力推动整村实施美化、亮化、绿化、硬化，以点带面实现全县所有乡村人居环境明显提升。

（三）持续强化产业脱贫力度，大力发展绿色生态经济

江口县靠近铜仁主城区，本地生态旅游资源优势明显，产业扶贫的综合效用较为显著。一方面，全力推进县域劳动密集型产业和特色农产品加工业协同发展，有效链接旅游生态产业，特色产业真正成了当地群众的“摇钱树”“定心丸”。另一方面，坚持脱贫攻坚与后续产业巩固提升统筹兼顾，不断完善产业扶贫的利益联结机制，做到“乡乡有主导产业，村村有集体经济，户户有增收项目，人人有脱贫门路”。

1. 以梵净山为龙头支撑，重点抓好全域旅游

坚持把文化旅游作为加快经济发展、巩固提升脱贫成效的有效抓手，围绕铜仁市委、市政府“一带双核”旅游精品线路规划，扎实推进全域旅游发展。一是加快景区景点建设。着力加快旅游景区景点开发建设和A级景区创建，确保每年新增1个3A级以上景区，2020年已经成功创建5A级景区1个、4A级景区3个、3A级景区6个，切实把旅游业发展成为富

民增收、脱贫攻坚的重要产业。二是加快旅游服务提升。积极创新旅游产品业态，加快建设一批旅游星级酒店，加快改造提升一批农家乐，切实完善服务要素配套。加强旅游从业人员培训，强化旅游市场执法监管，扎实推进“旅游+”融合发展，不断提升旅游服务质量。大力抓好“梵净山茶”等江口特色旅游商品开发，丰富特色旅游商品，打造乡村旅游升级版。三是加快乡村旅游发展。每个乡镇（街道）每年建成1个以上乡村旅游示范点、发展农家乐和乡村旅馆30家以上，带动2000户以上脱贫群众参与到旅游经营、管理等各个环节，分享旅游发展红利。

2. 以农业产业化经营为目标，巩固提升农业产业

立足江口生态资源优势，突出抓好生态茶、冷水鱼、猕猴桃三大主导产业，鼓励发展油茶、中药材、食用菌、蔬菜、生态畜牧养殖等增收项目，巩固提升扶贫产业。2020年，生态茶园达到15.97万亩，提质改造抹茶基地3万亩、中药材达到3.44万亩、精品水果达到5.15万亩、冷水鱼养殖面积突破7000亩、家禽存栏达到85.22万羽、生猪存栏12.33万头、肉牛存栏3.56万头，培育国家级农业龙头企业1家、省级农业龙头企业12家、市级农业龙头企业27家、县级农业龙头企业28家。

3. 以培育产业扶贫品牌为抓手，持续推进绿色工业

围绕“一园两翼”工业空间布局，加快推进具有江口特色的新型绿色工业发展，不断拓宽群众就业创业渠道。做强凯德特色产业园区，着力发展新型材料、旅游商品、健康医药、绿色加工、生产服务、电子商务等绿色生态产业，大力提升中药材、茶叶等特色产业品质，实现由初级加工向精深加工转变，推动园区提档升级。围绕渝怀铁路、境内高速、铜江城市快速干道等交通动脉，做足县内物流产业文章，建成“东西相连、南北互通”的现代化物流产业基地，实现农副产品、工业产品等大宗商品的“快进快出”。通过新型绿色工业发展，带动贫困人口实现稳定就业5000人以上。

4. 以农业产业示范园区建设为契机，大力发展生态产业

充分利用山、水、林、气等生态资源，因地制宜打造医、养、健、管、游、食等大健康全产业链条，把大健康生态产业培育成带动群众增收致富的新兴支柱产业。加快发展健康养老产业，鼓励社会力量合办或兴办养老机构，培育居家老人老年护理、家政服务、签约医疗等业态。加快发展健康旅游产业，推动生态文化体验、避暑度假、休闲观光等业态快速发展，形成具有江口特色的养生旅游产品。加快发展健康药食材产业，以藤茶、道地中药材、传统中草药为突破口，推进全产业链开发，支持民间资本投入开发药膳、药酒、药茶、保健品等系列大健康产品。加快推进贵州梵净山大健康医药产业示范区建设，大力构建生态疗养、度假休闲、健康饮食、健康服务、保健养生、山地户外运动等大健康产业集群，着力推动生态养生示范园区和产业基地发展，把江口建成大健康产业示范县。2020年，全县生态健康产业从业人员达 8000 人以上。

（四）持续推进易地搬迁工程，健全完善民生管理机制

1. 全力推进易地搬迁工程，强化后续生计保障

为认真抓好全县易地扶贫搬迁“后半篇”文章，积极巩固提升易地扶贫搬迁脱贫成果，江口县精准聚焦“搬出来后怎么办”的问题，按照省、市易地扶贫搬迁工作部署，一是成立以县长任组长，分管移民、教育、就业、卫生、民政、国土等部门的副县长任副组长，相关职能部门、乡镇（街道）为成员的县易地扶贫搬迁后续扶持工作领导小组，完善建立后续扶持工作调度推进机制，定期召开专题会议研究，切实解决后续扶持工作中存在的难题。二是强化后续扶持措施，制定了《江口县易地扶贫搬迁后续扶持工作实施方案》《江口县关于高质量推进易地扶贫搬迁后续扶持工作实施意见》。三是着力构建各安置点“五个体系”建设，高质量推

进易地扶贫搬迁的后续各项工作。结合全县易地扶贫搬迁工作的实际，出台了“培训资源优先满足易地搬迁群众、新增公益性岗位优先安排易地搬迁群众、新增城镇就业岗位优先推荐易地搬迁群众、搬迁安置门面优先让利搬迁群众、城市服务产业优先扶持搬迁群众、创业政策优先支持搬迁群众”的“六个优先”创业就业举措，狠抓稳岗就业质量，实现了有劳动力的搬迁家庭1户1人以上稳定创业就业的目标。同时，依托全县教育、医疗方面的现有资源，多渠道筹集资金，及时补齐安置地教育、医疗、农贸市场、安置点综合服务中心站、老年少年活动中心、四点半“课堂”等公共服务设施和配套设施短板，有力的保障搬迁群众子女就近就学、就近就医的基本需求，不断提升搬迁群众的幸福感、安全感和满意度。按照“五进社区”模式建设社区党组织和公共服务机构，切实解决搬迁群众就业、就学、就医、养老、殡葬、社会治理等方面的问题，着力打造和谐社区、活力社区。在移民生计保障方面，完善建立搬迁贫困对象临时生活困难救助机制，对符合条件的搬迁困难群众应做到应保尽保，应兜尽兜，不断夯实社会保障。根据搬迁人口规模，对安置点乡镇（街道）在临时救助资金、低保资金分配方面进行重点倾斜，确保与扶贫政策有效衔接。在社区管理方面，以共创共建居安、业安、身安、心安“四安家园”为目标，以开展“新市民·追梦桥”工程为载体，强化党建引领，加强党对易地扶贫搬迁后续扶持各项工作的领导，选优配强安置点党组织和社区班子，强化队伍建设，明确梵瑞社区安置点党委书记必须由街道办事处副科级干部担任，其他安置点的党支部书记可由乡镇（街道）副科级班子成员兼任，或选派熟悉农村工作、工作能力强、政治素质高的党员干部担任，进一步夯实党的基层组织和安置点党组织的战斗力、凝聚力。根据安置点搬迁人口规模，合理设置社区专职干部，切实提高社区专职干部工资报酬，按时足额为专职社区干部缴纳“五险一金”，落实安置点社区干部参加事业单位招考同等享受贫困村干部相关倾斜政策，完善建立相关管理考核和招聘解聘制度，不断增强安置点社区干部的社区管理、治理能力。同时，以共建共创居安、业安、身安、心安“四安家园”目标，进一步完善“党支部＋楼长”和“居委会—网格—楼栋”的网格化管理机制，依托“一中心一张网十联户”、“9+×”信息系统和网格化管理，加强安置地社区治安管控和矛盾纠纷协调处理。深入实施“新市民·追梦桥”工程，建立健全“1+3+×”工作运行机制，确保工、青、妇群团组织覆盖全部安置点，充分发挥群团组织和县直相关部门服务安置点的枢纽作用，积极提升各安置点社区精细化、规范化管理水平，确保搬迁群众实现“稳得住、有就业、逐步能致富”的目标。

2. 实施教育扶贫巩固提升工程，阻断贫困代际传递

坚持以立德树人为根本，以优质均衡为目标，以提高质量为中心，以改革创新为动力，持续着力教育脱贫，让所有贫困家庭子女都能接受公平、高质的教育，有效阻断贫困代际传递，从而充分发挥教育在巩固脱贫攻坚当中的纽带作用。一是落实教育扶贫政策。进一步摸底调查全县建档立卡贫困家庭子女入学、升学情况，健全完善教育帮扶台账，确保学前教育、义务教育、高中教育、高等教育等四个阶段教育资助政策全覆盖，坚决杜绝贫困家庭因贫失学和因学返贫现象。持续开展“控辍保学”工作，详细排查义务教育阶段学生辍学情况，做好辍学劝返及残疾学生“送教上门”工作。二是深化教育体制改革。扎实推进“3223”教育赶超战略工程，升级实施“681”工程，切实推进教育综合改革“三破三立”，加快改造完善各级各类学校信息化基础设施和教育网络体系建设，配齐配强乡村各类教育所需师资，从职称评定、学习深造等方面建立完善教师激励机制，营造尊师重教的良好氛围，提升教师尊荣感。加大资源投入整合力度，化解“大班额”问题，全面提高教育教学质量。三是推动教育均衡发

展。加快推“全面改薄”工作，新建第五幼儿园（麒龙国际江口幼儿园）、百度幼儿园；提质升级改造坝盘镇中心幼儿园、闵孝镇中心幼儿园，改扩建县第三中学、县民族中学、官和乡中心幼儿园，迁建江口县中等职业学校；规划新建第四小学、桃映镇第二小学、新建第六幼儿园、第七幼儿园、双江街道中心幼儿园；加快农村寄宿制学校建设；实施山村幼儿园提升工程，采取小村联建、大村自建的方式推进乡村幼儿园基础设施标准化建设。2020 年，全县实现学前三年毛入园率达 95% 以上，义务教育巩固率达 95% 以上，高中阶段教育毛入学率稳定在 90% 以上。

3. 健全“四重”医疗补偿机制，完善健康扶贫机制

以深化医药卫生体制改革为抓手，全面推动城乡医疗卫生资源均衡分布，建成基层首诊、双向转诊、急慢分治的医疗服务格局，为广大群众提供优质医疗卫生服务。

（1）落实健康扶贫政策

深化“普惠 + 特惠 + 精惠 + 兜底”医疗扶贫改革，继续全面落实健康扶贫基本医疗保险、大病保险、医疗救助、医疗费用兜底和非医疗费用补助“四重医疗保障”制度，及时足额报销相关医疗费用；完善基本医疗保险制度与大病保险制度的有效衔接，全面实施参保居民罹患儿童两病（白血病和先天性心脏病）、终末期肾病、食道癌、胃癌、直肠癌、结肠癌等 7 类 13 种重大疾病实施集中专项救治。2020 年，城乡居民各类保险参保率达 100%，大病患者“应治尽治”和保障水平达 100%。对全县因重病和大病自付医疗费用过高、垫付医疗费用过高，导致家庭刚性支出过大，收入和财产无法承担的农村家庭实施医疗救助保障（相关报销政策见表 7–2），以避免群众因病返贫现象发生。

表 7-2　自付医疗费用报销政策

自付医疗费用金额（单位：元）	报销标准（%）	报销资金来源	备注
8001 ~ 30000	60	县统筹专项资金	自付医疗费用 8000 元以内的不报销
30001 ~ 50000	70	县统筹专项资金	
50001 元以上	80	县统筹专项资金	

资料来源：根据江口县扶贫办资料整理。

（2）健全卫生服务体系，提升医疗服务水平

一是健全公共卫生服务体系。探索建立城镇居民医保和新农合制度整合，加快推进城乡居民基本医疗保险机构人员整合、业务经办统一，实现全县城乡居民基本医疗保险覆盖范围、筹资标准、保障待遇、医保目录、定点管理、基金管理“六统一”；建立城乡居民医保全国异地就医联网直接结算机制，切实简化报销程序和减轻城乡居民医药费用负担；加快推进智慧医疗医共体项目平台系统建设，完成 HIS、PACS、心电、公共卫生等系统互联互通，实现农村家庭医生签约服务全覆盖。二是提高基层医疗机构运营水平。以深化医共体建设为抓手，加快推进医疗卫生项目建设，加大基层医疗卫生人才引进和培养力度，推动县乡村三级医疗卫生资源合理配置，巩固提升整体化运营管理水平。全面建成县中医院、妇幼保健院、疾控中心（卫监所、康复中心）并投入使用；乡镇卫生院实现远程医疗网络体系、规范化数字预防接种门诊和中医馆建设全覆盖；村卫生室、农村中小学校医务室标准化建设和易地扶贫搬迁安置点卫生室建设全覆盖，切实提升县级医院“治大病”水平，增强乡镇卫生院“看小病”和村级卫生室“防未病”能力。

4. 实施就业扶贫巩固提升工程，拓宽群众致富门路

依托农业园区、工业园区、旅游景区、城市服务业等发展平台，招引

一批实力强、后劲足的企业入驻，为群众创造更多的就业机会、提供更多的就业岗位，满足群众就业需求，引导群众就业创业，促进稳定增收。一是加大就业援助力度。对全县贫困家庭劳动力的就业现状、就业需求进行动态更新，深入开展职业介绍、就业政策咨询、就业扶贫招聘会等就业援助活动，积极搭建各类企业用工和贫困劳动力求职供需对接平台，促进转移就业和稳定就业。大力开展各类招聘会等公共就业服务专项活动，为扶贫对象与用人单位搭建对接平台。合理开发公益性岗位，妥善安置就业困难人员。2020年，实现城镇新增就业人数达8000人以上，城镇登记失业率控制在4.2%以内，转移农村劳动力8000人以上。二是深入开展技能培训。整合各类培训资源，积极与相关单位衔接，做好贫困劳动力的培训工作，实现有培训需求的贫困劳动力能享受至少1次职业技能培训和农村实用技术培训，至少掌握1门致富技能。2020年，开展农村劳动力技能培训（含全员培训）5000人以上。三是拓宽群众创业渠道。鼓励农民工返乡创业、当地农民就地创业、贫困劳动力自主创业，支持发展农村电商、乡村旅游等创业项目。为符合条件的贫困户发放创业担保贷款，并给予贴息。加大扶贫小额信贷工作力度，精准对接贫困人口创业和产业扶贫项目需求。

5. 实施兜底扶贫巩固提升工程，增强社会保障能力

统筹社会救助体系建设，促进扶贫开发与社会保障有效衔接，充分发挥农村低保等社会救助制度在稳定脱贫中的保障作用。一是加强兜底保障。建立农村低保与扶贫开发的信息共享平台，实现动态监测管理有效衔接。参照国家、省、市、县明确的低保指导标准，不断提高农村低保保障标准和低保对象救助水平，实现农村低保标准与扶贫线“两线融合”。落实资金保障，及时足额将兜底保障资金发放到位。完善临时救助制度，及时对符合条件的贫困家庭和个人提供临时救助。逐步提高农村特困人员供养水平，改善供养条件。二是加强政策衔接。按照农村低保和建档立卡贫

困人口各自识别认定的标准、程序等，分别把符合条件的对象纳入救助或帮扶范围，实现动态管理、双向衔接，确保“应扶尽扶、应保尽保”。注重激发农村低保对象等困难群众脱贫增收的内生动力，引导有劳动能力的低保对象依靠自身努力脱贫致富。三是加强关爱服务。组织开展农村留守儿童、留守妇女、留守老人关爱活动，加强对“三留守”人员的生产扶持、生活救助、心理疏导。加大农村互助幸福院建设力度，完善基础设施，吸纳更多农村特殊困难群体入住互助幸福院，让农村特殊困难群体老有所养。健全困难残疾人生活补贴和重度残疾人护理补贴制度，将残疾人普遍纳入社会保障体系予以保障和扶持。

（五）持续开展乡风文明建设，激发群众内生动力

习近平总书记指出：“精神文明建设是实施脱贫致富战略的重大内容之一。”“一方面要让人民过上比较富足的生活，另一方面要提高人民的思想道德水平和科学文化水平，这才是真正意义上的脱贫致富。”[①] 在巩固脱贫攻坚的过程中，江口县坚持物质文明建设和精神文明建设并重，始终将人民群众思想道德水平和科学文化素质作为一项重要目标，加强农村思想政治工作，净化了乡村社会风气，激发了群众内生动力。

1. 加强乡村思想道德建设，践行社会主义核心价值观

江口县各级党组织通过兴办新时代农民讲习所、春晖社和党员群众联席会等方式，广泛宣讲党的十九大精神，大力弘扬和践行社会主义核心价值观，大力开展对党和国家有忠心、对父母长辈有孝心、对社会有爱心、对伙伴有诚心、对发展有恒心、对自己有信心的“六心”教育，引导群众感党恩、听党话、跟党走。积极开展“文明村镇”“星级文明户”“五好文明

① 习近平：《摆脱贫困》，福建人民出版社 2014 年版。

家庭”等群众性精神文明创建活动，讲好家风故事，传播治家格言，寻找“最美家庭”，培育优良家风、文明乡风和春晖文化，引导群众破除封建迷信，养成健康、文明、科学的卫生习惯和绿色生活生产方式，逐步培育群众爱党、爱社会主义、艰苦奋斗和锐意进取的优良品格。

2. 开展乡村文化活动，营造勤劳致富的发展氛围

一方面完善重大文化产品创作生产领导协调机制和优秀文化产品奖励制度，大力挖掘传承生态文化，大力弘扬民俗文化、红色文化，积极引进一批文化企业，实施一批文化项目，开发一批文化产品，保护一批文化古迹，提升和打造一批文化品牌，积极培育构建具有地域特色的文化市场体系。办好环梵净山公路自行车邀请赛、梵净山国际登山赛和环梵净山国际马拉松赛等精品赛事。另一方面坚持扶贫与扶志、扶智并举，大力弘扬劳动光荣、艰苦奋斗、孝亲敬老等中华传统美德，教育和引导贫困群众靠自己双手光荣脱贫、勤劳致富。重点关注已脱贫群众的新诉求、新动向，建立“扶上马、送一程”的脱贫后续扶持机制，帮助打消思想顾虑，跟进解决具体困难。建立健全利益联结机制，创新贫困户参与方式，引导贫困户以农房、土地、林地经营权入股参与股份合作社，采用生产奖补、劳务补助、以工代赈等方式，持续激发贫困群众勤劳致富的内生动力。

（六）持续推进基层党建工程，筑牢基层战斗堡垒

党对农村的坚强领导，是使贫困的乡村走向富裕道路的最重要的保证。如何在农村实现党的领导，这是农村党组织的历史使命[①]。坚持“抓党建促脱贫、抓脱贫促党建”是落实精准扶贫的重要表现。通过狠抓基层组织建设，充分发挥基层党组织战斗堡垒作用和基层党员先锋模范作用，党

---

① 习近平：《摆脱贫困》，福建人民出版社 2014 年版。

的正确路线、方针政策第一时间就能在江口基层党组织得到落实，全县脱贫攻坚巩固提升工作效率显著。

1. 强化队伍建设

一是持续精准选派干部驻村，按照每村“一个帮扶单位、一支帮扶队伍、一名第一书记”要求，继续深入开展驻村帮扶，保证帮扶队伍不散，推动贫困村脱贫巩固提升。二是持续将心中有党、心中有民、心中有责、心中有戒的优秀党员，有担当、有带动能力、群众信赖的致富能手、返乡创业人员、农业经营主体负责人中的优秀党员，回村定居、精力旺盛、热衷于公益事业的退休党员干部选配为村党组织书记，选好配强村党组织班子。三是持续将有担当、带动能力强的回村大中专毕业生、返乡青年能人、致富能手、农业经营主体负责人培养成为党员，优化党员队伍。四是持续将思想开放、敢想敢干、了解市场、掌握互联网知识的回村大中专毕业生、返乡青年培养成致富能人，探索在贫困村“两委”班子中设扶贫专干或招募志愿者，着力打造一支“不走的扶贫工作队”。探索实施新时代村级治理体系改革，通过定岗、定人、定责、定薪、定效“五定法”，科学设置“两委一社四中心”，全面加强党对农村工作的领导，创新和完善党领导农村工作的组织体系和工作机制，着力构建系统完备、科学规范、运行高效的村级组织机构，着力培养造就一支人员精简、素质优良、分工明确、管理有效的农村工作队伍，为巩固脱贫攻坚成果、有效衔接乡村振兴提供坚强组织保障。

2. 强化能力建设

着力构建“村党组织 + 村民委员会”“村党组织 + 农民专业合作组织”“村党组织 + 社会组织”“民心党建 + 组委会”等村级发展、治理模式。在村党组织领导下，各类自治组织充分发挥党密切联系群众的桥梁纽带作用，始终坚持“党建带扶贫，扶贫促党建”，打通联系服务群众“最后一公里”，把基层党组织建设成带领群众脱贫致富的坚强战斗堡垒，实现基层党建与扶贫开发“双推进”，全面提升基层党组织引领经济社会发展的能力。

3. 强化制度建设

健全村干部报酬与任职年限挂钩的常态化增资激励机制；健全离任村干部保障机制；健全村干部在发展经济实体中获取合理报酬的利益联结机制，建立健全农村基层干部激励和保障机制，探索实施村干部参加城镇企业职工社会保险；加大从优秀村干部中考录乡镇公务员、招聘乡镇事业编制人员的力度；探索实施新时代村级治理体系改革，努力实现村干部干事有劲头、生活有奔头、在位有尊严、退下有保障。

二、巩固脱贫成果的主要经验

巩固脱贫成果工作任务重、标准高、要求严、时间紧，江口县党政“一把手”高度重视，坚持精准扶贫基本方略不动摇，紧盯“两高于、一接近、两不愁、三保障”目标，探索创新脱贫攻坚巩固机制，充分发挥体制优势、深入挖掘地方特色、推进特色产业融合、落实乡村振兴战略、坚持扶贫与扶志、扶智相结合，全力开展稳定脱贫工作，确保已脱贫人口稳定脱贫，未脱贫人口按期脱贫，坚决阻止源头致贫。

（一）县委高度重视、负总责是巩固脱贫攻坚的关键

全面建成小康社会，坚决打好脱贫攻坚战是党和国家的重大决策部署，要完成这一任务离不开县委、县政府主要领导的高度重视和坚强领导。江口县委始终树牢“四个意识”，坚定“四个自信”，坚决做到“两个维护”，强化脱贫攻坚的总体设计和组织领导，明确县级脱贫攻坚工作领导小组的协调机构不变，县委书记、县长任组长，县四大班子分管或联系

领导任副组长，县直相关部门负责人担任小组成员。县委、县政府分管联系领导抓好全县贫困村提升工程的统筹调度和作战指挥。县扶贫开发领导小组及办公室加强对全县脱贫攻坚巩固提升的统筹指导。各乡镇（街道）制订巩固脱贫实施方案，将各项工作任务进行分解，责任传导到每一名干部头上。村“两委”和第一书记、驻村干部发挥一线作战队伍的主力军作用，逐项工作抓落实，确保取得实效。自 2018 年 5 月开始，先后出台一系列政策方针文件和部门操作规范，进一步明确了巩固脱贫攻坚的目标任务、工作措施和考核方案，让巩固脱贫攻坚工作走上了制度化轨道。

同时，严格执行“三级书记稳定脱贫”的要求，强化各级党政干部的思想引领，增强稳定脱贫工作的行动自觉，把巩固脱贫攻坚工作记在心上、扛在肩上。积极落实“片为重点、工作到村、巩固脱贫到户”的工作机制，县党政一把手以及各级县直、乡镇领导干部以高度的责任感和使命感亲力亲为，履行好稳定脱贫第一责任人的职责，明确目标任务、完成时限、帮扶措施，确保每项工程有人抓落实、有项目资金保障、有具体推动措施、有实实在在的成效。

（二）充分发挥体制机制优势是巩固脱贫攻坚的保障

巩固脱贫攻坚要取得实实在在的效果，关键是要找准路子，构建好的体制机制。江口县坚持以脱贫攻坚统揽经济社会发展全局，不断解放和发展社会生产力，拓展农民就业创业渠道，持续稳定农民增收来源，保持农民收入较快增长势头。在组织好江口县、乡（镇）两级政府力量加强稳定脱贫协作的同时，动员江口县内外大型企业和社会力量积极参与，形成政府、市场、社会协同推进的良好局面。政府层面，在县脱贫攻坚指挥中心的基础上，整合原有脱贫攻坚队伍，县扶贫办具体负责巩固脱贫攻坚工作。各乡镇组建的一线脱贫攻坚指挥部建制不变，相关部门分别抽调精干力量，确保上下联动、通力协作的组织领导体系高效运转，充分保障巩固脱贫攻坚的工作质量。市场层面，抢抓中国浦东干部学院、大连民族大学定点帮扶、苏州市姑苏区对口协作、贵州省扶贫办挂帮联系机遇，充分利用帮扶单位在资金、项目、人才等方面的资源，助推脱贫攻坚。近年来，帮扶单位落实对口帮扶资金超过2000万元，投入乡村旅游、教学设施及扶贫产业。同步推进“千企帮千村”精准扶贫行动和深入开展10月17日“扶贫日”活动，引导43家民营企业参与开展产业扶贫、就业扶贫、智力扶贫和农商对接，多渠道引导社会资金投入扶贫，带动贫困群众脱贫致富。村级自治层面，乡村基层党组织充分发挥广大基层群众的工作主动性和首创精神，通过创新村级事务管理机制，建立“村—组”联席会，召集和网罗乡村能人、贤达人士进入组务会，开展“春晖社”“千人大会”“新时代农民讲习所”等吸引社会人士，最大限度凝聚社会力量来关心、支持、参与巩固脱贫工作。

（三）推进特色产业融合是巩固脱贫攻坚的重点

巩固脱贫攻坚成效、着眼贫困农村未来长远发展必须与地方自然禀赋、特色优势产业、文化风俗习惯相结合，充分发挥区域优势。“小康不小康，关键看老乡。”人民群众是历史的创造者、生产实践的主体，发展生产要组织群众、依靠群众、发动群众，充分尊重和发挥群众的主体作用，积极推动农村一二三产业融合发展。一是扎实推进“旅游+”融合发展。积极创新旅游产品业态，加快建设一批旅游星级酒店，加快改造提升一批农家乐，切实完善服务要素配套。从2018年起，每个乡镇（街道）每年建成1个以上乡村旅游示范点、发展农家乐和乡村旅馆30家以上，带动2000户以上脱贫群众参与到旅游经营管理等各个环节，分享旅游发展红利。大力抓好“梵净山茶”等江口特色旅游商品开发，丰富特色旅游商品，打造乡村旅游升级版。二是大力发展大健康产业。充分利用山、水、林、气等生态资源，因地制宜打造医、养、健、管、游、食等大健康全产业链条，把大健康生态产业培育成带动群众增收致富的新兴支柱产业。加快发展健康旅游产业，推动生态文化体验、避暑度假、休闲观光等业态快速发展，形成具有江口特色的养生旅游产品。加快发展健康药食材产业，以藤茶、道地中药材、传统中草药为突破口，推进全产业链开发，支持民间资本投入开发药膳、药酒、药茶、保健品等系列大健康产品。加快推进贵州梵净山大健康医药产业示范区建设，大力构建生态疗养、度假休闲、健康饮食、健康服务、保健养生、山地户外运动等大健康产业集群，着力推动生态养生示范园区和产业基地发展，将江口建成大健康产业示范县。

（四）对接乡村振兴战略是巩固脱贫攻坚的总抓手

坚持农业农村优先发展，以乡村振兴提升为总抓手，巩固脱贫攻坚成果，深化农业供给侧结构性改革，深入推进农村产业革命和农村综合改革，加大农村人居环境整治，夯实农村基层组织，健全乡村治理体系。按照“产业兴旺、生态宜居、乡风文明、治理有效、生活富裕”的总要求，加快推动农业全面升级、农村全面进步、农民全面发展。自 2018 年以来，江口县农业综合生产能力稳步提升，农业供给体系质量明显增强，“三产融合”取得重大突破，农民增收渠道进一步拓宽，城乡居民生活水平差距持续缩小；农村基础设施建设持续推进，农村人居环境明显改善，美丽宜居乡村建设扎实推进；公共资源配置更加均衡，城乡基础设施建设互联互通水平进一步提高；农村对人才的吸引力逐步增强；农村生态环境明显好转，农业生态服务能力进一步提高；以党组织为核心的农村基层建设进一步加强，乡村治理体系进一步完善；党的农村工作领导体制机制进一步健全；各乡镇（街道）、各部门推进乡村振兴提升的思路举措落实更加深入。

（五）推动“志智双扶”是巩固脱贫攻坚的着力点

深入开展理想信念教育，大力培育和弘扬社会主义核心价值观，是激发群众内生动力和发展信心的重要手段。习近平总书记在参加党的十九大贵州省代表团讨论时，要求贵州大力培育和弘扬“团结奋进、拼搏创新、苦干实干、后发赶超”的精神。江口县委不忘初心、牢记嘱托、感恩奋进，坚持群众主体地位，保障脱贫群众平等参与、平等发展的权利，充分调动全县广大贫困群众的积极性、主动性和创造性，发扬自强自立精神，依靠自身努力改变贫困落后面貌。“扶贫先扶志”，通过积极采取组织群众外出考察学习、及时召开党员群众会、随时走访群众等方式，加大政策宣传力度，帮助群众解放思想、转变观念，消除“等、靠、要”等消极思想，教育引导群众从“要我发展”向“我要发展”转变。基层党组织通过兴办“新时代农民讲习所”“春晖社”和定期组织致富能人恳谈会，利用节假日组织高中（职校）以上学生座谈会，分享致富经验，共话村级发展，积极引导群众参与乡村治理，参与乡村建设发展。通过探索创新乡村治理，汇民智、聚民力，凝聚强大的发展动力。

坚持把扶贫与扶智相结合，充分调动当地群众的积极性、主动性和创造性，是稳定脱贫的重要举措。江口县着力加大教育、医疗、文化、智力等方面的帮扶力度，注重培育贫困群众发展生产和务工经商的基本技能，提高自我发展能力，带动江口偏远乡镇人民群众依靠辛勤劳动脱贫致富。做好干部人才轮换和培训工作，调整挂职干部岗位分工，把挂职干部压到巩固脱贫一线，协助分管乡村振兴协作工作并保持相对稳定。适度增加教育、卫生、科技、文化等专业技术人才帮扶比例。做好派驻村第一书记、农村致富带头人轮训工作。扎实推进派驻干部人才培训工作，做好派驻干部人才培训后续跟踪服务，给予物质和精神奖励。

第八章 2020年后：贫困转型与乡村振兴

2018 年，江口县以“零漏评、零错退、99.05% 的群众认可度”顺利通过了贫困县退出国家第三方评估，取得了脱贫攻坚的阶段性胜利。在充分总结脱贫摘帽的做法与经验的基础上，江口县将全县脱贫摘帽作为新的起点，立足“三个抓”，重整行装再出发，制定了《关于巩固脱贫攻坚成果、实施乡村振兴战略，奋力开启江口社会主义基本现代化建设新征程的决定》和《关于乡村振兴战略的实施方案（2018—2020）》，积极推进脱贫攻坚与乡村振兴有效衔接。然而，随着 2020 年后全国进入相对贫困新阶段，贫困转型、贫困治理制度转型以及新时代主要社会矛盾在江口县的具体体现，都将给江口县 2020 年后减贫带来新的挑战。因而，江口县应前瞻性地研究 2020 年后全国的减贫形势以及 2020 年后减贫面临的挑战，全面贯彻习近平总书记关于扶贫工作的重要论述，以脱贫攻坚成效巩固和乡村振兴有效衔接统揽全县经济社会发展，立足生态优势、区位优势，念好山字经、做好水文章、打好生态牌，以梵净山为核心的文化旅游产业发展引领城乡融合，以创建全国生态文明建设示范县促进县域绿色发展，力争在缓解相对贫困新阶段做出新贡献，取得新成就。

一、2020 年后减贫形势与挑战

（一）2020 年后全国减贫形势

2020 年后，中国在统计意义上将不会存在绝对贫困群体。这一变化也意味着贫困县将自然走入历史，中国将进入一个没有绝对贫困的时代[①]。然而，需要指出的是，按照农民人均收入 2300 元（2010 年不变价格）计算的贫困人口在统计上的消失绝对不意味着中国农村贫困的终结。一是贫困具有相对性，从理论上讲，只要人类社会的分化不消失，贫困就很难消失，由于地区发展不平衡的原因，相对贫困人口仍然会长期存在；二是贫困具有动态性，贫困并非一个简单的经济问题，而是一个复杂的政治经济过程，贫困的客观性在这样的过程中被反复生产和再生产；三是贫困具有多维性，“一达标、两不愁、三保障”的脱贫目标使基本生活需求和部分发展需要得以满足，但教育、医疗和住房等软指标以及能力、权利等高层次的发展需要难以统一得到满足。因而，2020 年后中国的减贫任务依然存在。

不过，随着长期困扰中国农村的原发性绝对贫困在 2020 年基本终结，农村贫困将会进入一个以转型性的次生贫困为特点的新阶段[②]。在快速城镇化的背景下，由于城乡二元结构的限制，城市化和工业化进程将催生出新的贫困人口，这些人群由于自身条件不足在工业化和城镇化进程中逐渐被淘汰，甚至落入贫困陷阱。同时，由于产业扶贫的推动，农户更直接参与

① 李小云：《“贫困”会终结于 2020 年？》，http://blog. sina. com. cn/s /blog_15e0b0be80102wuej. html? tj=2。

② 李小云、许汉泽：《2020 年后扶贫工作的若干思考》，《国家行政学院学报》2018 年第 1 期。

市场，并增加了市场风险，市场风向致贫的现象也不可避免。此外，还有部分贫困线边缘的农户虽未陷入贫困，但由于风险抵御能力低，极易滑落为贫困人口。这些贫困群体或潜在贫困群体的贫困具有短期性或过渡性，可称为“转型贫困”。除了农村贫困以外，随着易地扶贫搬迁以及城镇化进程的推进，贫困的城镇化问题也不容忽视。近年来，农村贫困人口迅速减少的同时，城镇贫困人口有所上升已印证了这一趋势。

虽然 2020 年后贫困问题的前瞻性研究十分重要，但当前学术上的探讨与实践中扶贫工作的中长期规划还不多见。谷树忠较早地探讨了 2020 年后的扶贫问题，他指出，到 2020 年后我国贫困问题不再是单纯的经济现象，而是集经济、社会、自然等因素于一体的复合现象。因此，需要从经济发展、社会发展、自然生境等多个维度审视 2020 之后的贫困问题，应该实施“新动能减贫”“生态红利减贫”“特殊资源减贫”以及“意愿校正减贫”等策略[①]。张琦则强调，2020 年后中国减贫战略的“四个转变”，即将由集中性减贫治理战略向常规性减贫治理战略转型，由解决绝对贫困向解决相对贫困转变，由重点解决农村贫困转向城乡减贫融合推进转变，由重点解决国内贫困向国内减贫与国际减贫合作相结合转变[②]。左停认为，在 2020 年全面建成小康社会、打赢脱贫攻坚战之后，我国减贫工作应该积极借鉴国内外的相关经验，重点做好反贫困政策与社会救助政策的衔接，并大力提倡“发展型社会救助”[③]。李小云等人指出，上述学者主要集中在对贫困性质变化、减贫战略调整以及反贫困政策转型创新等宏观层面的讨论，缺乏对于 2020 年之后扶贫政策为何需要调整的原因揭示以及缺少对具体扶贫政策、扶贫体制、扶贫制度层面的回应与探索。进而，他

---

① 谷树忠：《贫困形势研判与减贫策略调整》，《改革》2016 年第 8 期。

② 张琦：《减贫战略方向与新型扶贫治理体系建构》，《改革》2016 年第 8 期。

③ 左停：《反贫困的政策重点与发展型社会救助》，《改革》2016 年第 8 期。

们指出，随着长期困扰中国农村原发性绝对贫困的消失，农村贫困将会进入一个以转型性的次生贫困和相对贫困为特点的新阶段，届时转型贫困群体和潜在贫困群体将会成为扶贫工作新的目标群体，并呈现出新的特征。为此，需要加大推进城乡一体化和扶贫开发与社会公共服务一体化改革以及发育新的综合性贫困治理机制和贫困治理结构[①]。李实等（2018）则进一步思考了我国中长期的扶贫政策问题，他们认为，从长远角度看，提高贫困居民的人力资本、可行能力是缓解贫困最有效的利器，即持久性扶贫项目及社会保障网络的构建更有助于贫困的彻底消除，但也不能忽视某些即时性反贫困政策的重要性，后者为农户构建了最后一道保障线。在减贫的整体目标下，持久性扶贫项目、社会安全保障网络构建以及即时性扶贫项目在短期缺一不可，并应在其中相互关联。因此，他们建议构建“社会救助—社会保护—开发式扶贫”的“三位一体”联动的贫困救助体系，通过这样一个反贫困保障网络，构建适用于长期发展的反贫困框架[②]。

综上所述，2020年后中国的贫困并未终结，将面临新的减贫任务和挑战。前瞻性地研究2020年后贫困性质、特征、成因，并规划2020年后减贫行动，应成为打赢脱贫攻坚战的重要内容，特别是已脱贫摘帽的贫困县应率先行动。

（二）2020年后江口县减贫面临的挑战

江口县2018年以“零错退、零漏评和99.05%的群众认可度”顺利通过贫困县退出国家第三方评估，取得了脱贫攻坚的阶段性胜利。然而，全县仍有4227名贫困群众未脱贫，综合贫困发生率1.98%，即便到2019年这些人口全部如期脱贫，也只是依据“一达标、两不愁、三保障”的标准

---

① 李小云、许汉泽：《2020年后扶贫工作的若干思考》，《国家行政学院学报》2018年第1期。

② 李实等：《21世纪中国农村贫困特征与反贫困战略》，经济科学出版社2018年版。

实现了全部脱贫，2020 年后，江口县仍然是一个相对贫困的县，将面临新的减贫任务和挑战。具体而言，2020 年后江口县减贫将至少面临以下三个方面的挑战。

1. 巩固现有标准下脱贫攻坚成果的挑战

2020 年后，江口县减贫面临的最直接的挑战是现有标准下脱贫攻坚成果巩固与可持续脱贫目标的实现。当前江口县脱贫成效的取得与脱贫攻坚战中一系列非常规性政策措施以及强大的外力帮扶密切相关，虽然 2018 年脱贫摘帽后到 2020 年脱贫不脱政策，同时县委、县政府制定了巩固脱贫攻坚成效的相关政策措施，但脱贫攻坚成果的长久巩固和可持续脱贫还得依靠贫困户自身的可行能力，扶贫产业的可持续发展及带动能力，贫困村、乡镇以及县域经济的自我发展能力，而这些能力的形成是一个长期的过程且存在较大的不确定性。

（1）易地扶贫搬迁户的生计适应

江口县基于“一方水土养不起一方人”和“不通即搬”的原则，全县 2016—2018 年规划搬迁对象共 3537 户 14873 人，其中贫困人口 2808 户 11933 人，并以城镇集中安置为主，以岗定搬，以岗促搬，充分考虑群众迁入后就学、就业、就医和出行办事便捷等生产生活需求。截至 2020 年全面完成搬迁任务。但搬迁后也存在搬迁群众的户籍、低保、医保等转接不畅，致使搬迁至城镇安置点的贫困群众无法纳入城市低保，搬迁对象的土地流转经营推进缓慢，搬迁贫困群众就近就业较难以及户籍未迁移导致安置区管理存在困难等难题。以就业为例，虽然通过技能就业培训、挖掘开发就业岗位、推荐就业、公益性岗位等形式来满足移民就业需求，但大部分搬迁家庭劳动力均以外出务工为主，少部分在县城内打零工，政府推荐的一些就业岗位无法满足其需求，达不到其期望值，认为不如打零工的工资来得快、收入高。同时一些搬迁贫困劳动力受身体情况、文化程度等制约，就近就业较难。因而，搬迁户的生计适应难题将给 2020 年后江口县的减贫带来挑战。

（2）扶贫产业的可持续益贫能力

江口县以脱贫攻坚统揽全局，全力以赴抓实经济发展，走“生态产业化、产业生态化”的绿色产业发展之路，深入推进“一业带三化”发展战略，同时加快发展生态茶、猕猴桃、冷水鱼三大特色主导产业和中药材、蔬菜增收项目等扶贫产业。应该说，江口县的产业发展思路清晰，也取得了不错的成效，以梵净山 5A 级景区为龙头的全域旅游发展格局正在形成，以屈臣氏高端饮用水、贵茶集团抹茶加工等重点工程项目也已启动建设，不过，这些产业项目仍处于发展初期，特别是一些扶贫产业、增收项目的规模仍相对有限，差异化和竞争优势不明显，可持续益贫能力尚不确定。具体表现为，一是猕猴桃等水果产业与周边地区同质化问题严重，蔬菜产业面临较大的技术、销售等难题，部分合作社和产业基地 2016 年才开始建立，扶贫效益尚未显现。二是产业扶贫贫困户参与度不高。67.5% 的受访脱贫户主要通过折股入社方式加入合作社，参与合作社生产经营比例不高，在合作社就业打工的只占 18.9%。三是乡村旅游发展基础较弱，基础设施和公共服务配套建设不足，旅游资金需求规模较大，乡村旅游产品单一，产品创新性、体验性不足，乡村旅游的脱贫带动效应偏弱。四是一些边远乡村受地形、地理等条件制约，在发展产业、项目开发等方面的基础条件仍然较差。

（3）基层组织的治理能力与贫困户的自我发展能力

在脱贫攻坚战中，江口县为了强化脱贫攻坚队伍建设，实施了一系列非常规的举措，也形成了系列宝贵的经验，如“选、管、育、考”四字口诀建强脱贫攻坚乡镇党委书记、村党组织书记、农村致富带头人“三支队伍”，为打赢脱贫攻坚提供了组织保障和人力支撑。然而，这支队伍中有相当比例是在“四个下沉”工作法中由县、乡选派的精干人员。随着脱贫攻坚任务的结束，这支队伍将逐渐回归各自的工作岗位，即便脱贫不脱责任，但驻村工作的强度不可避免地会有所下降。农村由于人才外流，基层组织缺乏人才，村内自身队伍的治理能力在没有得到显著提升的情形下，将难以胜任日益提高的治理需求。同时，大多数贫困户虽已在“一达标、两不愁、三保障”的标准下脱贫，但文化素质偏低，内生动力不足，能力和思想并未完全脱贫，部分群众缺乏感恩意识，过度依赖政府帮扶，尤其是单身户、子女不孝户和老年户的“等、靠、要”思想并未完全消除。这些都可能成为未来返贫的重要原因。

2. 贫困与贫困治理制度转型的挑战

如果说现行标准下脱贫成果的巩固仍然是来自“绝对贫困”的挑战，那么贫困与贫困治理制度转型的挑战则是来自“相对贫困”下的挑战。2020 年后，我国将整体进入相对贫困的时代，贫困将呈现出新的特点，这种贫困转型以及与贫困转型相适应的治理机制、体系和制度调整将给江口县的减贫带来新的挑战。

（1）贫困转型

2020 年后，贫困的转型主要体现为三个方面：一是贫困划分更加依赖相对标准。众所周知，新中国成立以来，我国的贫困划分一直沿袭绝对标准，并且以绝对收入标准，即贫困线为依据。每次贫困线调整，贫困人口便会增加不少，如 2011 年底，将贫困线调整至 2300 元后，我国贫困人口由 2688 万人上升到 1.28 亿人。而 2020 年后，国家将可能采取新的相对贫困标准，如全国人均纯收入的一定比例等，由于我国区域发展很不平衡，江口县相对贫困地位没有也难以在短期内实现根本性改变，因而，在新的相对贫困标准下，江口县仍将面临较多的相对贫困人口和较重的相对减贫任务。二是贫困的维度也将进一步拓展。贫困具有多维属性，长期以来减贫目标主要关注经济贫困，虽然当前“两不愁、三保障”的标准已关注了贫困的部分非经济属性，但仍停留在生存需要和部分低层次发展需要层面。进入相对贫困时代后，贫困的多维属性将更受重视，较高层次的发展需要如可行能力、权利赋权等将提上日程，而这些维度与基本公共服务的发展程度密切相关，也就是说将对基本公共服务提出更高的要求。显然，这对于基本公共服务与国家平均发展水平存在差距且县域内城乡差距明显的江口县而言是一种新的压力。三是2020年后贫困的动态性将显著增强。江口县“撤县设区”以及易地扶贫搬迁城镇集中安置将加快贫困的城镇化。同时，江口县有大量的农户在外务工，这类群体在绝对贫困标准下可能不是贫困户，在相对贫困标准下却有较大可能性成为贫困户，但由于其农民工或流动人口的身份属性，其贫困具有较大的流动性和隐蔽性，处于贫困治理的盲区。此外，伴随产业扶贫的推进，更多农户主动或被动地参与市场，市场风险等将使风险防御能力相对较弱的农户面临更大的不确定和脆弱性，贫困的动态性和流动性都将加剧。这一变化将对江口县的贫困治理带来挑战。

（2）贫困治理制度转型

2020年打赢脱贫攻坚战后，现行标准下的绝对贫困终结，中国将进入缓解相对贫困的发展阶段，改革开放40多年来形成的贫困治理框架中的许多理念和方法仍应坚持，但需要根据贫困的相对性等特征进行调整和完善。虽然2020年后，我国的贫困治理框架和体系究竟如何调整还不确定，但进行调整和完善是必然的趋势。具体而言，在以下方面将会发生调整。一是这种前所未有的强力扶贫、举国扶贫、攻坚战式扶贫模式将完成历史使命，由政治扶贫向制度扶贫和扶贫法治化转变。这一转变是贫困特征、扶贫任务发生转变的必然要求，也是现行扶贫模式特殊历史使命完成的客观要求。这也意味着，江口县在脱贫攻坚战中积累的部分经验和做法在 2020 年后可能不再适用，脱贫攻坚战中所依赖的外部帮扶力量、资源也可能逐渐减少甚至消失，特别是近年来国家层面大额扶贫资金的投入可能不再持续，这些资源、资金、帮扶力量的减少，可能对部分扶贫项目、扶贫产业带来一定冲击。江口县的财税创收能力弱，旅游产业等主导产业刚起步，前期投入大，对税收贡献较少。在自身财力有限且外部支持减弱的双重压力下，江口县 2020 年后减贫将面临较大资金压力。二是城乡分割的扶贫体制将走向城乡统筹、城乡一体的扶贫体系。当前的脱贫攻坚战聚焦的依然是农村贫困，虽然城镇低保、救助体系也一直存在，但两套体系相对独立。随着农村绝对贫困消除以及贫困城镇化进程加快，城市贫困问题越发凸显。同时，随着贫困向相对贫困、多维贫困转型，农村贫困与城市贫困的内涵和特征更为一致，这也为扶贫体系城乡一体化创造了条件。易地扶贫搬迁城镇集中安置和“撤县设区”使得江口县对城乡扶贫体系的需求更为急迫，需要在城乡一体化扶贫体系构建中先行先试。三是扶贫治理体系向常规性综合治理体系转变。这一转变带来的最大挑战是增大了扶贫主管部门的协调和统筹难度。在脱贫攻坚战这一集中性减贫战略实施阶段，扶贫是最大的政治任务，“五级书记抓扶贫”，所以扶贫部门作为综合协调部门能借助一把手的力量相对容易地统筹和整合所有部门力量开展扶贫工作，但进入常规性减贫阶段后，减贫只是众多经济社会发展工作中的一项普通工作，扶贫部门也将回归一般性职能部门的本位，但贫困的多维性，特别是可行能力和权利贫困的减贫更具综合性，需要多部门的协调，而此时的协调整合难度可能加大。

3. 人们日益增长的美好生活需要与发展不平衡不充分矛盾的挑战

党的十九大报告指出，新时代我国社会的主要矛盾是人民日益增长的美好生活需要和不平衡不充分的发展之间的矛盾。在地处武陵山片区的江口县，这一矛盾在相当长一段时间内将更为突出，也将是 2020 年后江口县减贫面临的最根本性的挑战。“地球不是平的”，在密度（Density）、距离（Distance）和分割（Divided）的“3D”机制作用下，区域经济社会发展不可避免地呈现出“中心—外围”空间格局，即区域发展不平衡是常态。武陵山片区作为我国 14 个集中连片特困区之一，虽然在连片特困地区区域发展与脱贫攻坚、精准扶贫精准脱贫等战略、方略的支持下，取得了相对以往更快更好地发展，基础设施发生了翻天覆地的变化，基本公共服务水平也显著提升，现行标准下的绝对贫困也于 2020 年全面终结，但所有的这些变化，依然在相当长一段时间内无法改变该区域作为“中心—外围”空间结构中“外围”区域的地位，仍然是欠发达地区。其发展相对于区域性中心、全国性中心和全球性中心区域的发展仍将有相当大的差距，发展不够充分。地处该片区的江口县也难以一枝独秀。与此同时，江口县县域空间尺度上发展不平衡的问题也难以消除，部分边远乡镇、自然条件恶劣的村寨在 2020 年后仍与县城、中心镇以及条件较好的村寨存在发展差距。然而，人们对美好生活的需要是一致的，也是日益增长的。只要发展差距存在，相对贫困就不可能消除，这是作为“外围”区域的“宿命”。而要改变这一局面，唯一的出路便是逆袭为“中心”区域。当然，要完全逆袭并非易事，但加快发展、特色发展，融入区域和全球生产网络和价值链，占据有利“生态位”则是“外围”区域更为现实的发展之道。江口县独特的生态资源是其谋取有利“生态位”的重要基础，立足生态资源，加快绿色发展则是应对相对贫困、应对人们日益增长的美好生活需要与发展不平衡不充分之间矛盾这一最根本性挑战的不二选择。

二、开启乡村振兴新征程

应对 2020 年后减贫面临的挑战，实现可持续减贫，江口县应深刻领会习近平总书记关于扶贫工作和乡村振兴战略的重要论述，准确把握贵州省委全会和铜仁市委全会精神，实现脱贫攻坚与乡村振兴的有效衔接，奋力开启江口社会主义现代化建设新征程。

（一）明确发展定位，做好长远规划

2018 年 7 月，中共铜仁市委二届五次全会审议通过了《关于同意撤销江口县设立市辖江口区的决议》，进一步加快了江口县城镇化发展步伐。江口县抓住撤县设区历史机遇，在铜仁市“一区五地”“一带双核”战略的引领下，立足生态优势、区位优势，念好山字经、做好水文章、打好生态牌，践行新发展理念，坚守发展和生态两条底线，大力实施大扶贫、大数据、大生态战略行动，深入推进“一业带三化”发展战略，发展以梵净山为核心的文化旅游产业，创建生态文明示范区，建设铜仁市中心城区。

1. 做好中心城区发展规划

按照铜仁市中心城区发展定位，精心规划、合理分区，统筹推进城镇建设三年攻坚行动计划。2020 年，城区规划区范围扩大至 50 平方千米，太平、坝盘与主城区同城发展基本实现，主城区与碧江区、万山区同城发展格局基本形成，建成生态宜居之城、休闲度假之城和会议会展会客中心。

一是实施一批路网提升工程。按照“七横四纵”的城市路网骨架结构，围绕“东优、南连、西扩、北展”路网建设目标，加快新建改建一批市政道路，加快推进智慧停车场建设，有效解决城区行车难、停车难问题。

二是实施一批民生提升工程。加快完善公租房等项目建设，有效解决困难群众住房问题；建成中医院、五中等一批卫生教育项目，满足群众就医就学需求；加快推进狮子山山体公园等城市休闲空间项目，提升市民生活品质；统筹推进星级酒店和各类宾馆旅店建设，满足不同层次游客宿留；统筹推进房地产开发项目建设，快速推进城市棚户区改造，加速城中村改建，推动城乡融合发展。

三是实施一批环境提升工程。加快实施城区路网绿化工程，打造太平河滨水生态景观走廊等景观带，抓好住宅小区、街巷的绿化景观提升工程；加快实施道路、小区、公园、广场、河道亮化，着力推进新建城市地标、主要高层建筑、桥梁等城市主要节点和周边山体景观亮化；新建改建一批环卫基础设施，加快实施雨污分流工程，推进旅游公厕建设，主城区内基本消除三类以下公厕。

四是实施一批文化提升工程。新建文化馆、图书馆、科技馆；改造改建音乐喷泉广场、鲜花广场、迎宾广场等特色城市广场，丰富文化载体。

2. 做好乡村振兴实施规划

江口县面积1869平方千米，辖10个乡镇（街道），总人口24万，少数民族占60.84%，是一个面积不大、人口不多的以少数民族人口为主的小县，随着“撤县设区”的推进，城镇化程度将进一步提升，乡村振兴、城乡融合发展将迎来新的机遇和挑战。为深入贯彻落实党的十九大关于实施乡村振兴战略的部署要求和《中共中央、国务院关于实施乡村振兴战略的意见》《中共贵州省委贵州省人民政府关于乡村振兴战略的实施意见》《中共铜仁市委铜仁市人民政府关于乡村振兴战略的实施意见》《中共江口县委江口县人民政府关于乡村振兴战略的实施意见》，进一步解决好新时代“三农”问题，推动江口县乡村全面振兴，需做好乡村振兴实施规划。江口县应按照“产业兴旺、生态宜居、乡风文明、治理有效、生活富裕”的总要求，坚持党管农村工作，坚持农业农村优先发展，坚持农民主体地位，坚持乡村全面振兴，坚持城乡融合发展，坚持人与自然和谐共生，坚持因地制宜、循序渐进，加快推动农业全面升级、农村全面进步、农民全面发展。重点围绕“深化农村改革，推进产业兴旺”“突出环境整治，推进生态宜居”“把准价值取向，推进乡风文明”“健全机制体系，推进治理有效”“突出民生保障，推进生活富裕”五大原则明确重点任务、落实责任主体、设定时间进度表。

（二）巩固脱贫成效，夯实发展基础

打赢脱贫攻坚战，巩固脱贫攻坚成果，实现可持续脱贫是乡村振兴的前提和基础。江口县坚持精准扶贫基本方略不动摇，探索创新脱贫攻坚巩固机制，确保已脱贫人口稳定脱贫，未脱贫人口按期脱贫，坚决阻止源头致贫、返贫。

1. 压紧压实脱贫责任

一是继续压紧主体责任。按照脱贫攻坚只能加强，不能削弱的要求，坚持以脱贫攻坚统揽经济社会发展全局，坚持把巩固脱贫攻坚成果作为县委的重大政治责任，继续加强领导、持续用力，每个月至少研究1次以上脱贫攻坚工作，做到重视程度不减；县级领导干部每月不少于10个工作日，带头深入联系乡镇（街道）、村（社区）开展对巩固脱贫攻坚成果的调研指导；各乡镇（街道）把巩固脱贫攻坚成果作为重中之重，党政主要负责人始终把脱贫攻坚工作放在心上、抓在手上，确保工作力度不减。

二是继续落实帮扶责任。不满2年的第一书记和第一批驻村干部，要继续开展驻村帮扶工作。县直各部门要定期深入联建村开展脱贫攻坚巩固帮扶工作，配合所在乡镇（街道），指导帮扶村认真研究、提前谋划，在省市发起的脱贫攻坚“夏秋攻势”中争取更多的政策、项目、资金支持。严格落实“四个不摘”工作要求，全县帮扶干部每月至少要对帮扶户走访1次以上，做到脱贫不脱责任、脱贫不脱关系、脱贫不脱感情，确保巩固脱贫成果工作干在实处、取得实效。

三是继续落实社会责任。县扶贫部门要牵头做好对接帮扶单位的沟通联系，主动加强向定点帮扶单位省扶贫办的汇报；要健全浦东干部学院、大连民族大学、苏州市姑苏区对口帮扶单位的合作沟通交流和定期走访机制，各乡镇（街道）、各部门要加强与姑苏区对口帮扶乡镇（街道）、部门的交流联系，争取更多支持，将每年至少要完成1次与对口单位的走访，纳入单位年终绩效目标考核内容进行考核。要深入实施“同心战贫困·聚力大帮扶”“同心战贫困·千企帮千村”“同心战贫困·赤子报春晖”三大行动，共同汇聚起巩固脱贫攻坚成果的磅礴力量。

2. 持续打好脱贫硬仗

一是持续提升基础设施。抢抓乡村振兴战略机遇，加快江大高速、江口至碧江快速干道建设，构建半小时通机场、半小时通高铁、半小时进铜仁主城区“3个半小时”便捷交通圈。紧扣农村“四好”公路建设要求，加强县乡道提级改造和农村公路管理养护。持续巩固农村居民安全饮水，实现乡乡有骨干水源工程，确保群众长期用上安全水。持续抓好电力通信保障提升工作，2020年实现动力电“村村通”，“三网”覆盖率达100%。

二是加快推动产业扶贫。紧扣“八要素”要求，推进振兴农村经济的产业革命，把500亩以上坝区建成特色优势农业示范区。要做好全县产业规划布局，打破地域限制，将贫困人口全部纳入覆盖范围，实现规模化发展、跨区域利益联结。各类涉农资金要重点扶持生态茶、猕猴桃、冷水鱼三大主导产业和中药材、蔬菜两大增收项目，坚决杜绝碎片化的产业发展，切实解决样样都有，样样都不成规模的问题。

三是高质量推进易地扶贫搬迁后续扶持各项工作。深入贯彻落实全国易地扶贫搬迁后续扶持工作会议精神，抓实抓好易地扶贫搬迁产业就业、县域经济、社会保障、公共服务、社区管理等工作。第一，持续实施“六个优先”措施，在保障有劳动力搬迁家庭一户一人以上稳定就业的基础上，狠抓就业质量，实现搬迁劳动力充分就业、稳定就业。同时充分利用县内资源优势，进一步加大招商引资力度，以项目带动就业为导向，充分利用东西部协作东部城市对口帮扶，因地制宜，大力引进劳动密集型等适宜当地发展的企业，形成“楼下有厂、山上有园”的安置点配套产业发展模式，促进无法外出务工的搬迁劳动力或半劳动力居家就业。二是大力发展县域经济，努力提升就业容量，保障搬迁群众的就业需求。结合全县构建“一核两翼三中心三联动”新型城镇化发展格局，将安置区产业就业、基础设施补短板、基本公共服务提质、社区管理和文化服务等，纳入全县“十四五”经济社会发展规划，积极争取上级的各类资金、政策支持，大力发展县域经济，不断提升就业容量，满足搬迁群众就业需求。三是进一步提升基本公共服务水平。不断完善安置地的学校教育、医疗等公共服务设施，建优建强安置点社区学校和医疗服务设施，着力提升安置区教育、医疗服务水平，确保搬迁群众在安置地实现“稳得住、有事做，逐步致富”的目标。

四是深入抓好“两项治理”。按照全省、全市开展脱贫攻坚“五项治理”的要求，重点开展扶贫资金使用不规范、扶贫领域腐败和不正之风“两项治理”。要按照扶贫资金报账要求，做到资料规范、报账及时，确保扶贫资金规范运行、安全运行、阳光运行。

五是大力实施“六项行动”。继续实施就业扶贫、生态扶贫、综合保障性扶贫、旅游和电商扶贫、扶贫与扶志、人才和科技的扶贫行动，确保全县仍未脱贫的贫困人口按期脱贫，对完全丧失劳动能力和部分丧失劳动能力且无法依靠产业就业帮扶脱贫的贫困人口，实行兜底保障，同步按期脱贫。

3. 持续创新脱贫机制

一是建立健全分类管理机制。认真落实“精准滴灌”要求，对条件较好、收入与非贫困户相当、读书子女已就业不再因学致贫等能够稳定脱贫的已脱贫户，要有序减少福利性政策待遇；对处于脱贫线边缘的“两无”人员，要在扶贫资源、扶贫资金上重点倾斜，确保稳定脱贫；对有劳动能力、收入不高的贫困人口，要安排通过参加扶贫产业劳动参与产业分红，避免把产业分红等扶贫政策变成福利陷阱。通过分类管理，实现精准扶贫政策公平公正。

二是健全完善教育扶贫机制。健全完善教育帮扶台账，确保学前教育、小学教育、初中教育、高中（中职）教育、高等教育等五个阶段教育资助政策全覆盖，研究制定江口阻止因学致贫制度，坚决杜绝贫困家庭因贫失学和因学返贫。持续开展“控辍保学”工作，全力保障适龄少年儿童接受免费义务教育。

三是健全完善健康扶贫机制。健全完善“四重”医疗补偿机制，确保建档立卡贫困群众100%参合、100%住院实补比达90%以上、100%群众落实大病集中救治、100%实行慢病服务管理、100%落实家庭医生签约服务，取消兜底资助和非医疗补助。建立城乡居民医保全国异地就医联网直接结算机制。加快推进智慧医疗医共体项目平台系统建设，实现农村家庭医生签约服务全覆盖。

四是深入推进社会救助机制。建立农村低保与扶贫开发信息共享平台，实现动态监测管理有效衔接。不断提高农村低保保障标准和低保对象救助水平。完善临时救助制度，及时对因灾、因病等符合条件的贫困家庭和个人提供临时救助。逐步提高农村特困人员供养水平，改善供养条件。健全困难残疾人生活补贴和重度残疾人护理补贴制度，将残疾人普遍纳入社会保障体系予以保障和扶持。

（三）抓实乡村振兴，探索江口模式

把解决好“三农”问题作为工作重中之重，坚持农业农村优先发展，按照“产业兴旺、生态宜居、乡风文明、治理有效、生活富裕”的总要求，统筹推进农村经济建设、政治建设、文化建设、社会建设、生态文明建设，让农业成为有奔头的产业，让农民成为有吸引力的职业，让农村成为安居乐业的美丽家园，积极探索乡村振兴的江口模式。

1. 着力产业兴旺，建设生活富裕美丽乡村

要把农业产业发展作为农民增收的重要渠道，加快推进现代农业体系建设，促进农业升级，让农民在参与发展中受益，在产业兴旺中致富。

一是壮大产业规模。深入推进农村产业革命，加快推进山地特色高效农业园区建设，做大做强园区经济。加快发展生态茶、猕猴桃、冷水鱼三大特色主导产业，2020 年全县建成生态茶 20 万亩，特色水产养殖面积达到 1 万亩，建成世界抹茶之都和中国鲟鱼基地县。每个乡镇有 1 个特色产业种类、每个村都有 1 个以上特色优势产业或产品，经济作物比重提高到 70% 以上。

二是延伸产业链条。大力实施农产品加工提升行动和休闲农业、乡村旅游精品工程。引进 1 ~ 2 家冷水鱼、猕猴桃产业企业落户江口；培育一批农业精深加工龙头企业和农产品冷链仓储物流企业；建设一批设施完备、功能多样的休闲观光园区、森林人家、康养基地、乡村民宿和特色小镇；打造一批农旅、文旅、康旅、体旅等示范基地，让更多农民分享全产业链增值收益。

三是打响产业品牌。加快推进农业建设由“增产”向“提质”转变，促进现代农业可持续发展。大力实施质量兴农工程，广泛开展农业地方品牌创建，全面打响“梵净山珍・健康养生”“梵净抹茶・香溢天下”“梵山

净水·泡茶好水”“梵山净水·养鱼好水”等品牌。积极构建现代农业监管体系，建立农产品生产企业农产品质量安全快检室和追溯平台。加快推进农村电商发展，稳步推动“黔货出山”。

2. 着力试点先行，建设生态宜居美丽乡村

坚持乡村振兴和新型城镇化双轮驱动，统筹城乡国土空间开发格局，优化乡村生产生活生态空间，分类推进乡村发展，继续夯实发展基础，全力打造生态宜居、各具特色的美丽乡村。

一是统筹城乡发展空间。要强化空间用途管制，科学划定生态、农业、城镇等空间和生态保护红线、永久基本农田、城镇开发边界等主要控制线。要完善城乡布局结构，因地制宜发展特色鲜明、产城融合、充满魅力的特色小镇，以镇带村，联动发展。要科学安排县域乡村布局、资源利用、设施配置和村寨整治，推动村寨规划管理全覆盖。

二是优化乡村发展布局。坚持人口资源环境相均衡、经济社会生态效益相统一，打造集约高效生产空间，营造宜居适度生活空间，保护山清水秀生态空间，延续人与自然有机融合的乡村空间关系。要合理划定养殖业适养、限养、禁养区域，保护农业发展片区。划定生活空间管控边界，确定基础设施用地位置、规模和建设标准。树立山水林田湖草一个生命共同体理念，加强自然生态空间保护。

三是分类建设美丽村寨。要根据不同村寨的发展现状、区位条件、资源禀赋等，确定先行试点，分类推进乡村发展。提升好集聚类村寨，在原有规模基础上有序改造提升，激活产业、优化环境、提振人气、增添活力；发展好城郊类村寨，加快城乡产业融合发展、基础设施互联互通、公共服务共建共享；保护好特色类村寨，统筹保护、利用与发展的关系，努力保持村寨的完整性、真实性和延续性；搬迁好贫瘠类村寨，实施村寨搬迁撤并，统筹解决好村民生计、生态保护等问题。先行打造净河产业兴旺、快

场社会治理创新和镇江生态宜居 3 个县级示范点，以点带面促进发展。

3. 着力机制创新，建设和谐文明美丽乡村

要把乡村治理作为乡村振兴的有力抓手，加快推进基层领导、自治、法治、德治、综治建设，打造乡风文明、和谐有序、充满活力的美丽乡村。

一是夯实基层领导力量。基层党组织，是实施乡村振兴战略的“主心骨”。要以提升组织力为重点，突出政治功能，持续推进“两学一做”学习教育常态化制度化，巩固拓展“不忘初心、牢记使命”主题教育成果，建立完善农村党员定期培训制度，着力培养一批优秀农村党组织书记和党员干部，提升基层党组织战斗力。

二是深化村民自治实践。坚持自治为基，加强农村群众性自治组织建设，继续开展以村民小组或自然村为基本单元的村民自治试点工作，通过“民心党建＋组委会”等组织形式，让农民广泛参与农村饮水、通组公路、集体经济等乡村公共事务的治理。使之成为公共服务的提供者、乡村治理的参与者、利益协调的当事人，着力构建民事民议、民事民办、民事民管的村民自治格局。

三是构建乡村法治格局。坚持法治为本，加大农村普法宣传力度，引导广大农民依法表达诉求、解决纠纷、维护权益。完善村民自治章程、村规民约以及村务监督等制度，建立乡村人民调解纠纷机制，在村级建立人民调解组织，促进农村矛盾纠纷化解。

四是提升乡村德治水平。坚持德治为先，将德治贯穿乡村治理全过程。广泛开展“星级文明户”、最美媳妇、最美孝子、最美家庭等系列评选活动，用群众身边的典型大力弘扬真善美、传播正风正气，教育引导群众摒弃陋习、见贤思齐、崇德向善。

五是健全乡村综治体系。加快推进平安江口警务云建设，大力实施农村“雪亮工程”建设，推动社会治安防控力量向基层下沉。深入开展扫黑

除恶专项斗争，严厉打击农村黑恶势力及其背后的保护伞，营造和谐有序的农村发展环境。

（四）突出梵净山生态资源优势，引领城乡融合与绿色发展

江口县是国家重点生态功能区、长江中上游重要生态屏障。有最神奇的山——世界自然遗产地、5A 级景区梵净山；有最干净的水——4 条主要河流和 99 条溪，全部为 II 类以上水体；有最清新的空气——森林覆盖率达到 75.84%，被誉为“中国天然氧吧”；有最稀有的物种——有动植物 6700 余种，被誉为地球绿洲、动植物基因库、人类的宝贵遗产。江口县深入贯彻落实党的十九大精神，牢固树立“创新、协调、绿色、开放、共享”的发展理念，充分发挥生态资源优势和“撤县设区”成为铜仁市主城区的区位优势，加快推进经济、政治、文化、社会、生态五位一体发展，奋力开启江口县社会主义基本现代化建设新征程。

1. 以梵净山为核心的文化旅游产业引领城乡融合发展

（1）保护“一山”

坚持“科学规划、统一管理、严格保护、永续利用”工作方针，全力做好梵净山世界自然遗产地保护。

一是加强体制机制建设。严格执行《保护世界文化和自然遗产公约》《风景名胜区条例》《梵净山保护条例》。建立健全遗产地和风景名胜区保护管理的体制机制，妥善处理风景名胜区与遗产地的范围关系。深入推进景区管理体系和管理结构建设，解决风景名胜区多头管理、职责不清问题。加强日常保护管理机制建设，制定完善遗产地保护目标、保护规则及具体细则。科学制定景区最大承载量，设立最佳承载量，控制好瞬时承载量，协调好旅游活动与自然生态环境保护的关系。

二是加强生态系统保护。全面加强遗产地森林植被、河流水系、生态

物种、地形地貌保护，做好生物多样性调查研究，加强有害生物防治，严格控制外来有害物种，加强木制品入境管理，加大对开山采石开矿、乱捕滥猎、乱砍滥伐、乱采滥挖等破坏地形地貌、森林资源违法行为的打击力度。完善森林防火体系，加强森林防火基础建设，健全防火机构队伍，从源头上预防和控制森林火灾的发生。抓好水资源保护，严格控制污染源。建设景区游客流量监测点、空气质量监测点、水质监测点、森林防火监测点及景区重点地段治安监控点并联网，实现风景名胜资源保护数字化、智慧化。

三是加强景区规划监管。科学划分功能分区，适量规划建设旅游设施规模，支撑遗产地合理利用，推动绿水青山转变为金山银山。制定遗产地和风景名胜区建设项目选址方案审查核准管理规定，规范景区建设项目报建审批流程，打造景区精品建筑。制定景区村民建房管理办法，规范景区村民建房流程，严格审核景区民居的风格及要素，打造本地民居特色。严格执行“先批后建”项目建设管理制度，严厉打击违法违章建设行为，拆除违法建筑，推动景区项目建设制度化、常态化、规范化、法制化管理。

（2）繁荣“一城”

持续巩固提升园林城市、卫生城市和文明城市创建成果，坚持旅游的理念，严格旅游的标准，统筹考虑“吃、住、行、游、购、娱”和“商、养、学、闲、情、奇”等旅游基本要素，充分考虑旅游集散、中转等功能，建设具有江口特征、民族特色和时代风貌的旅游城市，打造中国优秀旅游目的地和旅游集散地。重点围绕建设“三小”城市契机，规划布局城区“三街两带”，即特色食品一条街、旅游商品一条街、休闲康养一条街，太平河河滨经济带、闵孝河河滨经济带。规划建设建材市场、城市综合体、汽贸综合城、花鸟市场、中药材市场、农贸市场等一批专业市场；激活城市道路冠名权、广告经营权、供热供气特许经营权等无形资产；做大以金融服务、宾馆酒店、餐饮住宿、文化娱乐、商贸物流等服务业为主的有形资产；引进一批度假养生、康体养老、文化创意、电子商务等新兴业态，推动城市经济总量逐年增加。

（3）发展“一带”

按照市委“一带双核”精品旅游线路规划，快速推进项目建设，布局发展沿线旅游业态，全力打造“大美锦江”。

一是推进旅游设施建设。加快推进快行系统、慢行系统及快慢行转换系统建设，全力做好项目征地、拆迁和建设秩序保障工作，建成城市快速干道和观光车道、亲水步道、水上游览道等。协助做好沿线旅游公厕设点，优化沿线大小驿站布局和外观设计，体现“路景一体”建设理念。

二是打造沿线景区景点。加快推进云舍土家族历史文化名村、太平旅游风情小镇和梵净山生态文化度假旅游综合体等沿线景区景点建设，通过“一带”将“散落在沿线的景点”有机串联，达到分流梵净山景区游客，缓解人流车流压力，提升江口旅游整体承载能力，实现快进慢游的目的。

三是丰富沿线业态布局。依托太平河沿线的民舍、田园、溶洞和淳朴的农耕文化，突出“土、俗、野、古、趣”特点，展现小桥流水，彰显小家碧玉，体现山村野性、野味、野趣的自然农耕特点；科学设计建筑风格，让沿途各驿站处处彰显古建筑风貌，让村庄充满古诗名篇意境，全力打造诗意田园。依托闵孝河沿线滩涂、梯田等优质良田，新建成一批规模化、标准化、商品化农业生产基地，做大总量、做优质量、做强品牌，打造成集农旅观光、采摘体验于一体的现代特色农业体验观光带。

（4）打造“一圈”

按照“全景式打造、全季节体验、全社会参与、全产业发展、全方位服务、全区域管理”的战略路径，全力打造全区域旅游大格局。

一是构建全域旅游空间布局。充分发挥梵净山核心带动优势，整合重点旅游资源，着力构建“一核一心、三环多点”的空间布局。即以梵净山景区为发展极核，以县城为旅游集散服务中心，以德旺、闵孝、太平为重要节点构建“环梵净山精品自驾和山地旅游环”，以怒溪、桃映、坝盘为联动节点构建“东北部乡村休闲度假环”，以民和、官和为发展节点构建“南部生态田园和山水休闲旅游环”，以鱼粮溪峡谷、牛洞岩峡谷景区等多点引擎项目构建三环支撑。

二是加速全域旅游项目建设。坚持高水平定位、高标准规划、高质量建设、高起点发展、高水准服务要求，加快旅游项目开发建设。着力提升梵净山、亚木沟、寨沙侗寨、云舍旅游景区品质；加快推进鱼粮溪大峡谷、牛洞岩峡谷、净河田园综合体、快场田园综合体等项目建设；积极开发黄岩大峡谷、黄牯山—地落湖等一批景区景点；努力打造坝梅村、寨抱村、漆树坪羌寨等重点乡村旅游示范点；推动创建一批中医药健康旅游示范基地、森林公园、湿地公园等品牌。

三是培育全域旅游要素业态。积极开发旅游餐饮美食，全力打造“江口十八宴”“十大特色小吃”“三大民族菜系”和养生药膳等系列精品餐饮品牌。积极引入精品住宿业态，梵净山景区重点引进精品度假酒店，县城区重点引入高端会议酒店、经济型酒店、主题文化酒店，三大旅游环线重点引进精品民宿、文化客栈等住宿设施。积极发展特色购物，开发梵净山茶、土家腊味、豆腐干等土特产品和竹木工艺品，建设一批特色旅游商品生产基地。积极培育娱乐休闲业态，提升完善“月上寨沙”“云中仙舍”等演艺项目，围绕乡村休闲、民俗度假开发休闲度假业态。积极培育新兴业态，重点打造一批自驾车营地和低空飞行、户外山地运动等山地旅游新业态。

2. 以生态文明示范区创建促进县域绿色发展

以转变发展方式为主线，以绿色低碳循环发展为基本路径，促进生产生活生态深度融合，努力将生态资源转化为生态资本，将生态优势转化为发展优势，把江口创建成生态文明示范区。

（1）发展绿色经济，推进绿色发展

充分发挥资源优势、生态优势，大力发展生态农业、生态林业、生态工业、生态旅游、医药大健康、特色水产业等绿色产业，构建绿色产业体系，推动“生态产业化、产业生态化”发展，努力走出一条独具特色的绿色发展之路。

一是推进生态农业发展。以农业供给侧改革为路径，大力发展以生态茶、冷水鱼、猕猴桃为主导产业的山地特色生态农业，充分利用国家认证的地理标识产品、绿色产品、无公害产品、有机产品等品种优势，努力扩大产业规模，切实增强绿色优质农产品供给能力。要集成现代农业生产技术，进行精细化管理、标准化生产，使特色农产品打入中高端市场。

二是推进健康医药产业发展。大力发展中药材、绿色食材种植及研发生产，推动建设一批康复疗养、旅居养老、休闲养生等业态为一体的生态养老基地。加快推进贵州梵净山大健康医药产业示范区建设，大力构建生态疗养、度假休闲、健康饮食、健康服务、保健养生、山地户外运动等大健康产业集群，着力推动生态养生示范园区和产业基地发展，把健康产业发展成为新的经济增长极。

三是推进绿色工业发展。加快饮用水资源开发利用，形成水产业集群，推动向瓶装水、高端水发展，引进屈臣氏、农夫山泉等知名企业。加快推进水景观打造、戏水场所建设，做足水文章。加快推进以农产品、旅游商品加工为主的生态工业，大力培育发展以大数据为引领的电子信息产业。

（2）解决环境问题，建设绿色家园

坚持建设、保护、治理并举，严守环境底线，严格源头预防，加快治理突出生态环境问题。

一是全面推进污染防治。大力实施大气、水、土壤污染防治行动计划，加快解决农村污水、垃圾处理这一生态环境保护基础设施短板，推进农村环境综合整治，继续保持生态环境质量优良。强化农田生态保护，实施耕地质量保护与提升行动，加大退化、污染、损毁农田改良和修复力度。大力推广绿色生物防控技术和专业化统防统治，加强农业面源污染防治，加大种养业特别是规模化畜禽养殖污染防治力度。

二是全面推进生态治理。深入推进森林保护“六个严禁”执法专项行动，继续实施天然林保护、防护林建设、植被恢复建设、石漠化综合治理、水土流失治理、通道绿化、“六绿工程”等生态修复工程。

三是全面推进节能减排。发挥节能与减排的协同促进作用，全面推动加工、建筑、交通、公共机构等重点领域节能减排。开展重点用能单位节能低碳行动，实施重点产业能效提升计划，大力实施节能改造、节能技术产业化示范等重点工程。优化运输方式，推广节能与新能源交通运输装备。加速淘汰老旧、高耗能、高污染汽车及机车。实施公共机构节能改造。支持节能新技术（产品）研究开发、示范与推广，培育和规范节能产品（技术）市场。

（3）完善体制机制，建立绿色制度

深化改革创新，大胆探索实践，加快健全生态文明地方法规规章和各项制度，引导、规范和约束各类开发、利用、保护自然资源的行为。

一是健全自然资源资产产权制度和用途管制制度。整合不动产登记职能，统一不动产登记信息平台，构建统一的自然资源监管体制机制。对水流、森林、湿地、山岭、荒地、生物多样性等进行普查登记，建立自然资源资产数据库，开展自然资源资产价值评估，形成归属清晰、权责明确、监管有效的自然资源资产产权制度。

二是完善资源环境生态红线制度。在完善主体功能区规划的基础上，实行最严格的耕地、林地和水资源保护制度，将禁止开发区、公益林地和集中连片优质耕地划为生态保护红线区域，实行红线区域分级分类管理。依托重点生态工程补充生态用地数量，确保生态用地适度增长。划定永久基本农田，严格实施永久保护，实行新增建设用地占用耕地规模总量控制，落实耕地占补平衡。对坝区耕地坚持“六个严禁”、实行“三个不能”。严格水资源论证和取水许可制度。严守环境质量底线，将大气、水、土壤等环境质量“只能更好、不能变坏”作为环保责任红线，相应确定污染物排放总量限值和环境风险防控措施。

三是健全生态保护补偿机制。科学界定生态保护者与受益者权利义务，加快形成生态损害者赔偿、受益者付费、保护者得到合理补偿的运行机制。争取中央和省、市在江口县开展生态补偿试点。逐步将集中式自然保护区、流域、湿地、森林等纳入生态补偿范围。

四是推行市场化机制。积极开展环境资本运作，使良好的生态环境成为不断增值的资本。鼓励引导社会和民间资本、外来资本和金融信贷参与生态文明建设。采用公私合营等方式，建立民间资本和社会力量投入生态文明建设的多元化投资机制。推进排污权抵押贷款和融资服务。

（4）强化生态意识，培育绿色文化

积极培育生态文化、生态道德，大力弘扬生态文明主流价值观，充分发挥人民群众的积极性、主动性、创造性，加快形成推进生态文明建设的良好社会风尚，实现生活方式绿色化。

一是提高生态文明意识。深入开展保护生态、爱护环境、节约资源、环保守法的宣传教育和知识普及，增强全社会践行生态文明的凝聚力。加快形成一批生态文化宣传教育基地，让山青、天蓝、水清、地洁成为自觉追求，形成人人、事事、时时崇尚生态文明的社会氛围。

二是培育发展生态文化。将生态文化作为现代公共文化服务体系建设的重要内容，积极开展倡导生态文明、普及生态知识、促进人与自然和谐相处的艺术创作。着力发展生态文化产业，将生态文化融入文化旅游业、休闲度假业等，培育一批生态文化企业、产品和品牌，引导实施一批生态文化产业项目，加快建设一批高起点、规模化、体现区域特点和未来产业发展方向的生态文化产业园区。

三是培育绿色生活方式。广泛开展绿色生活行动，推动全民在衣、食、住、行、游等方面，加快向勤俭节约、绿色低碳、文明健康的方式转变。推进绿色消费，引导城乡居民广泛使用节能节水节材产品和可再生产品。开展垃圾分类处理。推动绿色出行，确立公共交通在城市交通的主体地位，加快城市公共交通领域新能源、清洁能源车辆的推广应用。

四是鼓励公众积极参与。完善公众参与制度，保障公众知情权，维护公众环境权益。健全举报、听证、舆论和公众监督等制度，推进全民参与生态文明建设。引导生态文明建设领域各类社会组织健康有序发展，加强民间环保组织建设。把各类生态文明创建活动作为吸纳公众积极参与的平台和载体，建设一批绿色机关、绿色学校、绿色社区、绿色企业和绿色家庭。

第九章 总结与讨论：江口经验及启示

江口县作为武陵山集中连片特困地区国家扶贫开发工作重点县之一，在习近平新时代中国特色社会主义思想的指引下，在党和政府的坚强领导下，全县广大干部群众，用激情与担当、智慧与汗水、真诚与执着，在脱贫攻坚工作中取得了显著的成效。在2017年国务院组织的贫困县退出评估中，江口县取得了“零错退、零漏评、群众认可度99.05%”的成绩，名列贵州14个退出县（市、区）第一名，成功脱贫摘帽。在这一长期的扶贫工作实践中，江口县通过不断地探索、实践和总结，形成了系统且富有特色的江口脱贫攻坚经验，这些经验不仅可以为其他贫困地区的脱贫攻坚提供借鉴和启示，也可以为政府提供有益的政策建议。下面我们将围绕江口县脱贫攻坚经验、江口县脱贫攻坚的启示及其政策建议进行总结和讨论。

一、江口县脱贫攻坚经验

江口县在脱贫攻坚工作中，始终坚持以习近平新时代中国特色社会主义思想为指导，围绕脱贫攻坚与县域发展相结合这一核心问题进行探索，以脱贫攻坚统揽经济社会发展为抓手，以“大扶贫”战胜贫困为主线，以“大党建”引领改革创新为突破，以生态优势、特色资源和区位条件为支撑，针对脱贫攻坚政策体系本地化、政策举措落实、保障体系构建、脱贫难点突破、成效巩固与长效机制构建、2020 年减贫与乡村振兴等六个方面进行创新，取得了显著的成效。

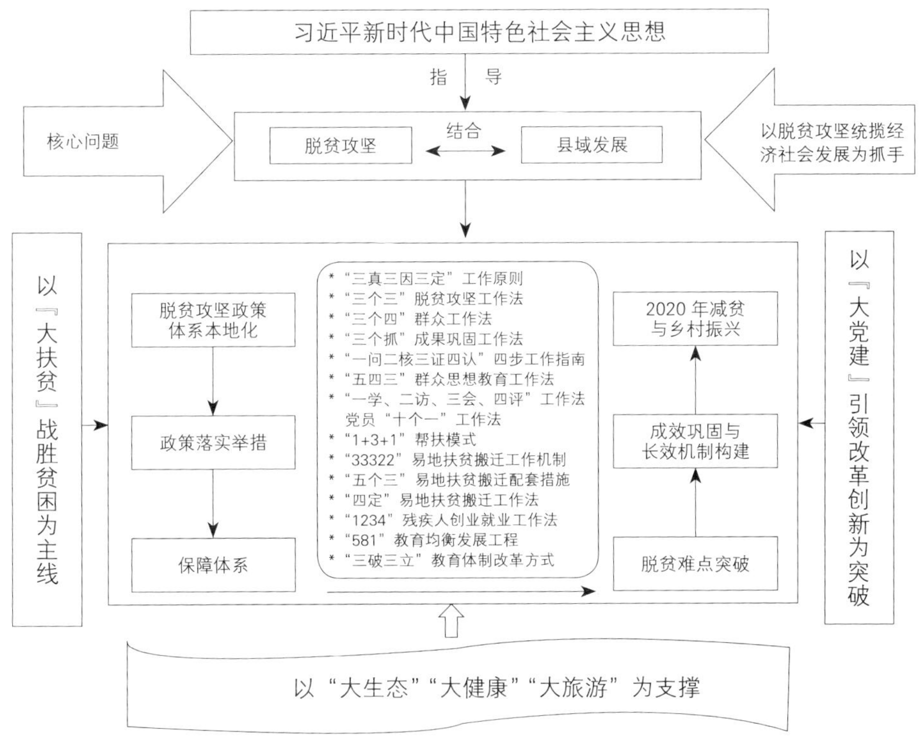

图 9-1 江口县脱贫攻坚经验做法

专栏 1 江口县脱贫攻坚主要创新做法

“三真三因三定”工作原则：“三真”即真情实意、真金白银、真抓实干；“三因”即因地制宜、因势利导、因户施策；“三定”即定点包干、定责问效、定期脱贫。

“三个三”脱贫攻坚工作法：是指“三大战役”“三个标准”“三种机制”，即明确“三大战役”（战略总攻、全面冲锋、堡垒攻克），实现决战贫困分阶段；制定“三个标准”（“一达标、两不愁、三保障”江口标准，“六不改”和“五改一化一维”江口标准，贫困县、贫困村、贫困户识别退出程序），实现江口县脱贫有标准。建立“三个机制”（转段动员机制、观摩互学机制、授旗奖惩机制）实现比学赶超增动力。其中“六不改”是指易地扶贫、生态移民、地质灾害3种搬迁户未拆除的危旧房不改；已建、已购新房，危旧房未拆除或将危旧房作为附属用房的不改；农户有经济能力建房、购房，但长期租住安全住房或长期外出务工的不改；儿女有工作有房，而家中老人居住在危旧房的不改；儿女有经济能力且有安全住房，将危旧房用于家中老人居住的不改；已签订拆迁协议或两年内纳入拆迁范围的危旧房不改。“五改一化一维”是指改厨（有单独的厨房、平整灶台和碗柜）、改厕（有围栏、有门、有蹲位）、改圈（房圈分离，储粪池功能完善）、改水（龙头一打开，清水自然来）、改电（更换设备及旧线路）、一化（硬化室内、阶沿和院坝）、一维（维修不安全、破旧损坏、跑风漏雨房屋）。

“三个四”群众工作法：即“四下沉、四结合、四覆盖”。“四个下沉”，实现政策落实公平公正（责任体系下沉、村民自治下沉、民主评议下沉、项目实施下沉）。“四个结合”，实现发展红利共建共享（村民自治与民主法治相结合、合作组织与村级组织相结合、基础设施与美丽乡村相结合、公共服务与社会保障相结合）。“四个覆盖”，实现群众认可全面提升（干部培训全覆盖、入户走访全覆盖、思想动员全覆盖、长效机制全覆盖）。

“三个抓”成果巩固工作法：一是抓谋划（周密部署巩固脱贫攻坚工作、定期开展脱贫攻坚帮扶活动、启动乡村振兴驻村帮扶工作、形成“四拼四争”脱贫攻坚精神）。二是抓创新（建立分类管理制度，实现精准扶贫政策公平公正；建立大病保障制度，有效防止因病致贫因病返贫；建立阻止因学致贫制度，有效阻断贫困代际传递）。三是抓发展（发展乡村振兴产业、推进乡村振兴试点、乡村振兴保障措施）。

“一问二核三证四认”四步工作指南：“问”，即逐户走访问卷调查；“核”，即认真核实问题短板；“证”，即全面收集印证资料；“认”，即确保群众真心认可。

“五四三”群众思想教育工作法：五个讲清楚，营造一个脱贫光荣的好氛围（要给群众讲清楚，农村面貌是历史以来变化最大的；要给群众讲清楚，农村群众是脱贫攻坚受益最多的；要给群众讲清楚，扶贫济困是最重要的文化传承；要给群众讲清楚，干部作风是近些年以来最扎实的；要给群众讲清楚，脱贫摘帽是最值得骄傲的大好事）。四个大活动，打赢一场脱贫摘帽的大胜仗（集中精力来一场群众思想大动员，让乡村群众更加感恩；集中精力来一场问题短板大整改，让乡村基础更加完善；集中精力来一场矛盾纠纷大化解，让乡村社会更加和谐；集中精力来一场乡村环境大治理，让乡村环境更加靓丽）。三个不忘记，锻造一批无愧时代的好干部（参战脱贫攻坚很辛苦，群众不会忘记；参战脱贫攻坚最光荣，历史不会忘记；参战脱贫攻坚有前途，组织不会忘记）。

“一学、二访、三会、四评”工作法：“一学”学政策学标准，“二访”即逐组逐户走访，“三会”即逐组召开群众会，“四评”即逐村召开评议会。

党员“十个一”工作法：党员身份亮一亮，党的精神学一学，惠民政策讲一讲，产业发展带一带，群众困难帮一帮，矛盾纠纷劝一劝，群众意见听一听，自身不足找一找，履职践诺评一评，名利好处让一让。

“1+3+1”帮扶模式：1名致富党员联系3名困难群众和帮助1户建档立卡贫困户。

“33322”易地扶贫搬迁工作机制：强化组织领导、政策制度和目标责任三个保障；突出宣传发动、对象确定和安置方式三个重点；狠抓工程质量、资金管理和督促检查三个关键；强化移民生计保障和后续扶持发展两个措施。

“五个三”易地扶贫搬迁配套措施：一是盘活承包地、山林地、宅基地“三块土地”；二是统筹就业、就学、就医“三大问题”；三是衔接低保、医保、养老保险“三类保障”；四是建设经营性公司、小型农场、公共服务站“三个场所”；五是探索集体经营、社区服务管理、群众动员组织“三个机制”。

“四定”易地扶贫搬迁工作法：以就业岗位定安置人口、以群众意愿定搬迁地点、以户籍人口定安置面积、以家庭情况定脱贫措施。

“1234”残疾人创业就业工作法：搭建一个平台（残疾人信息数据库）；完善两项机制（四级联动机制、素质提升机制）；坚持三大原则（“扶危济困、托底补短”“以小到大、以大带小”“生态优先、绿色发展”）；主推四种方式（“自主就业”方式、“带动就业”方式、“自主创业”方式、“带动创业”方式）。

“三破三立”教育体制改革方式：破教学管理单一化，立多元办学新机制；破职称评聘过场化，立聘用督导新机制；破考核评价封闭化，立综合考评新机制。

“581”教育均衡发展工程：即实现50%左右的小学生、80%左右的初中生、100%的高中生集中在县城上学。

（一）以习近平新时代中国特色社会主义思想为指导

江口县的党员干部始终坚持以习近平新时代中国特色社会主义思想为指导，通过不断学习和深刻领会习近平总书记关于扶贫工作的重要论述，始终保持极高的政治站位，将行动统一到中央的决策部署上，坚决将党和政府的各项扶贫政策落到实处。时刻牢记“扶贫开发是社会主义的本质要求”“农村贫困人口脱贫是全面建成小康社会最艰巨的任务”“扶贫开发要坚持发挥政治优势和制度优势”“扶贫同扶志扶智相结合”“构建大扶贫格局”“抓好党建促脱贫攻坚”等重要论述，立足于江口县发展的实际情况，凝聚发展的共识，从制度上做好顶层设计，划分了“三大战役”、制定了“三项标准”、推行了“三个机制”，为江口县脱贫攻坚指明了方向，规划了行动指南，提供了机制保障。

（二）以脱贫攻坚统筹县域经济社会发展为抓手

江口县以脱贫攻坚统筹推进经济、政治、文化、社会、生态文明，坚持把脱贫攻坚与加强党建有机统一、坚持把脱贫攻坚与乡村振兴有机衔接、坚持把脱贫攻坚与公共服务完善有机结合、坚持将脱贫攻坚与区域城镇化联动发展。在产业绿色发展、基础设施完善、易地搬迁保障、教育均衡改革、社会保障水平提升等方面创造性地探索并实施了“民心党建”与精准脱贫双推进、围绕大生态推动产业绿色发展、“四在农家·美丽乡村”基础设施建设、“33322”易地扶贫搬迁工作机制、教育改革与均衡发展工程、特殊困难群体集中供养（养老）机制等。总结了围绕党建扶贫工作巩固党的执政基础、围绕特色生态资源扶贫开发提升持续发展能力、围绕乡村环境优化夯实县域发展基础、围绕易地扶贫搬迁提升县域城镇化质量、围绕社会保障扶贫提升县域公共服务水平、围绕扶贫管理创新提升乡村综合治理水平等典型经验。

（三）以“大扶贫”战胜贫困为主线

江口县认真贯彻落实习近平总书记关于扶贫工作的重要论述，以“大扶贫”战胜贫困为主线，始终把脱贫攻坚作为头等大事和第一民生工程，构建了政府、社会、市场协同推进和专项扶贫、行业扶贫、社会扶贫等多方力量、多方举措有机结合的大扶贫格局。始终积极推进对口帮扶工作、积极开展定点扶贫工作、继续推进集团帮扶模式、积极推动重大事项帮扶，坚持践行了“创新、协调、绿色、开放、共享”的发展理念，坚持做到了“扶贫对象精准”“项目安排精准”“资金使用精准”“措施到户精准”“因村派人精准”“脱贫成效精准”，并建立和健全了大扶贫目标责任和考核评价制度。

（四）以“大生态”“大健康”“大旅游”为支撑

江口县按照“四个全面”和“守底线、走新路、奔小康”的总要求，深入实施“一业带三化、三化促一业”发展战略，扎实推进“大生态”“大健康”“大旅游”工程，牢牢守住发展和生态两条底线，实现了生态产业化、产业生态化，把绿水青山变成了脱贫致富的金山银山，走出了一条生态美、产业兴、百姓富的绿色发展脱贫新路。在推进“大生态”工程上，江口县坚持绿水青山就是金山银山，坚决守住山青、天蓝、水清、地洁、气净底线，积极构建资源节约、生态良好的空间布局和产业体系，积极创建生态文明示范区。如江口县围绕大顶山、黄牯山省级自然保护区，积极构建了绿色生态廊道。同时，江口县围绕太平河、闵孝河、车坝河、桃映河流域综合治理，构建了流域生态屏障。另外，江口县围绕花海、果海、茶海、竹海“四海”建设，积极推进生态建设与经济建设融合发展。在推进“大健康”工程上，江口县利用梵净山的特色资源，大力发展以生态疗养、度假休闲、健康饮食、健康服务、保健养生、山地户外运动为主的大健康产业。在推进“大旅游”工程上，江口县围绕“一带双核”加快旅游经济集聚区建设，发展以梵净山为核心的文化旅游产业，做实农业扶贫、做大旅游扶贫、做强生态扶贫。如江口县围绕文化产业，挖掘传承弘扬生态文化、民族文化、红色文化，突出抓好梵净山弥勒文化园建设，引进了一批文化企业、实施了一批文化项目、开发了一批文化产品、保护了一批文化古迹，提升和打造了一批文化品牌，积极培育构建具有地域特色的文化市场体系。同时，江口县围绕生态农业，大力发展生态茶、精品果蔬、中药材、生态畜牧业等特色产业，推动了农业产业转型升级，也丰富了观光旅游资源。另外，江口县还围绕“四在农家·美丽乡村”的要求，打造一批生态美、产业优、百姓富、基础强的美丽乡村旅游示范点。

（五）以“大党建”引领改革创新为突破

江口县始终坚持将脱贫攻坚与“大党建”有机结合，按照“围绕脱贫抓党建、抓好党建促脱贫”的总体思路，把“大党建”引领和改革创新作为脱贫攻坚的突破口，深入实施“民心党建”工程，不断加强党的政治建设、人才队伍建设、基层组织建设、工作作风建设。通过加强队伍建设和提升带富能力“双推进”来实现人才支撑，通过优化服务网络与帮扶群众增收“双推进”来完善机制，通过健全帮扶体系与因户施策扶贫“双推进”来实现精准施策，通过打造党建示范点与小康村建设“双推进”来实现示范带动。探索并形成了“1+3+1”帮扶模式、“党群部门联弱村、经济部门联穷村、政法部门联乱村、涉农部门联产业村”精准联建模式、“贫困户基本信息—贫困原因—帮助措施—帮扶责任人—脱贫期限”帮扶体系、"县财政解决一点 + 乡镇（街道）投入一点 + 联建部门帮扶一点"基层组织建设筹集模式、党员"十个一"工作法。

二、江口县脱贫攻坚的启示

（一）始终坚持以习近平新时代中国特色社会主义思想指导脱贫攻坚

党的十八大以来，党和国家事业取得了历史性成就和历史性突破。为做好江口各项扶贫工作，江口县委县政府始终坚持以习近平总书记关于扶贫工作的重要论述与习近平新时代中国特色社会主义思想为指导。

一是不忘初心，坚定信念。始终严守政治纪律和政治规矩，始终旗帜鲜明讲政治，自觉向党中央看齐，坚决维护以习近平同志为核心的党中央的集中统一领导，增强"四个意识"，坚定"四个自信"，思想上充分信赖、政治上坚决维护、组织上自觉服从、感情上深刻认同、行动上始终跟随。

二是不断学习，深刻领会。江口县委县政府把学习宣传贯彻党的十九大精神和习近平总书记在贵州省代表团重要讲话精神等作为当前和今后一段时期的重要政治任务，摆在首要位置，通过听辅导报告、召开会议、中心组集中学习研讨等形式，认真学习研究和思考领会，自觉运用习近平新时代中国特色社会主义思想武装头脑、指导实践、推动工作。

三是统筹部署，全面落实。江口县委县政府始终坚决贯彻落实中央和省委、市委各项决策部署，协调推进"四个全面"战略布局，统筹推进"五位一体"总体战略布局，深入贯彻新发展理念，坚定不移推进脱贫攻坚、经济发展、改革开放、民生改善、基础建设、生态文明等各方面工作，坚持稳中求进工作总基调，坚持推进高质量发展，坚持以供给侧结构性改革为主线，坚持深化市场化改革、扩大高水平开放，加快建设现代化经济体系，打好三大攻坚战，统筹推进稳增长、促改革、调结构、惠民生、防风险工作，进一步稳就业、稳金融、稳外贸、稳外资、稳投资、稳预期，提振市场信心，提高人民群众获得感、幸福感、安全感，守好发展和生态两条底线，推动了三大战略行动，实施了“三个提升”行动，制定了大扶贫、大数据“两大战略”行动，部署了“33668”脱贫攻坚等计划，确保了中央和省委、市委各项决策部署在江口落地生根，形成了全县上下团结一心、凝聚力量、攻坚克难的良好干事创业氛围，有力推进了全县经济社会发展。因此，在脱贫攻坚的过程中，要始终坚持以习近平总书记关于扶贫工作的重要论述与习近平新时代中国特色社会主义思想为指导，进而使改革开放深入推进，生态环境更加优良，民主法治更加健全，精神文明建设更加提升，社会事业加速发展，党的建设更有成效，脱贫攻坚取得胜利，人民生活更加幸福，全面小康同步实现。

（二）始终坚持以因地制宜推进脱贫攻坚

习近平总书记2013年11月在湘西十八洞村提出“实事求是、因地制宜、分类指导、精准扶贫”的十六字要求，特别强调要因地制宜，精准扶贫。不同的贫困地区有着不同的特点，只有因地制宜根据不同地区的不同特点，制定不同的发展策略，才能真正推动脱贫攻坚。江口县在脱贫攻坚的过程中，始终坚持因地制宜，主要体现在四个方面。

一是因地制宜制定扶贫发展战略。江口县围绕习近平总书记关于扶贫工作的重要论述与习近平新时代中国特色社会主义思想，根据江口县扶贫的现实问题及薄弱环节，划分了“三大战役”、制定了“三项标准”、推行了“三个机制”，确定了重点打好“精准管理、产业扶贫、基础设施、易地搬迁、教育培训、医疗扶贫、思想扶贫、环境整治”八大攻坚战，做到了作战分阶段，阶段有目标，目标有量化，量化可考核。

二是因地制宜落实扶贫政策。江口县在坚定不移落实各项扶贫政策的同时，发挥主观能动性，根据扶贫过程中发现的各种问题，结合在扶贫实践中积累的经验，不断总结和提炼各种富有江口特色的工作方法，将扶贫政策执行规范化、程序化、精练化、通俗化，让各级基层扶贫干部都能精准把握、精确理解、精深感悟各项扶贫政策的精髓和实质，确保了各项扶贫政策都能产生实效。例如“一问二核三证四认”四步工作指南、“五四三”群众思想教育工作法、“一学、二访、三会、四评”工作法、“33322”易地扶贫搬迁工作机制、“五个三”易地扶贫搬迁配套措施、“四定”易地扶贫搬迁工作法、“1234”残疾人创业就业工作法、“三破三立”教育体制改革方式等。

三是因地制宜确定主导产业。江口县非常重视产业发展，根据江口县的资源禀赋，围绕“念好山字经、做好水文章、打好生态牌”的总体发展思路，积极发展旅游产业、文化产业和生态农业。例如，因地制宜发展生态茶、精品果蔬、乡村旅游、特种水产、生态畜牧养殖等特色优势产业，围绕“一县一业”和特色优势产业，因地制宜发展“一乡一特”“一村一品”，确保每个村都有 1 个以上特色优势扶贫产业或产品等。

四是因地制宜进行易地扶贫搬迁。江口县始终坚持“政府主导、群众自愿，量力而行、保障基本，统筹规划、合理布局，自力更生、精准脱贫”的要求，大力实施易地扶贫搬迁项目工程，对全县居住在“一方水土养不起一方人”地方的建档立卡贫困人口和确实需要同步搬迁的非贫困人口实施了易地搬迁，同时精准聚焦搬迁贫困群众的生计保障和后续扶持发展，严格落实“五个三”配套措施，确保了搬迁群众“搬得来、稳得住、能发展、可致富”。

（三）始终坚持以创新引领脱贫攻坚

创新是发展的动力，江口县在脱贫攻坚过程中，始终把创新放在首位，坚持以创新引领脱贫攻坚，取得了显著的成效。江口县的创新主要是围绕三个方面展开。

一是深刻领会精神，树立创新意识。江口县组织各级干部对习近平总书记关于扶贫工作的重要论述与习近平新时代中国特色社会主义思想以及党中央、国务院和贵州省、铜仁市各项扶贫政策和相关会议精神进行了深入学习，在深刻领会的基础上，融会贯通，明确各项政策和精神的内涵和本质；并树立创新意识，将各项政策和精神的执行规范化、程序化、精练化、通俗化。

二是加强业务能力，创新工作思路。江口县在脱贫攻坚的各个阶段通过各种形式的“正面观摩互学”“负面观摩反思”等方式，不断加强基层扶贫干部的业务能力，拓展工作方式、拓宽工作视野，进而创新工作思路。

三是不断精益求精，创新工作方法。江口县在脱贫攻坚中，始终追求精益求精，总结并创新了一系列扶贫工作的经验和方法。

三、巩固脱贫攻坚成效的建议

当前精准扶贫工作进入了攻坚克难的关键时期，不同的贫困地区有着不同的自然环境、资源禀赋、贫困程度、致贫原因等，但也存在很多的共性，要面临很多相似的问题。所以基于江口县脱贫攻坚的实践及启示提出如下建议。

（一）重视易地扶贫搬迁户的后续问题，加快实施社区化治理

“搬得来”是手段，“稳得住”和“能致富”才是目的。目前，我国有上千万贫困人口已经完成了易地扶贫搬迁，但搬迁只是第一步，随着时间的推移，搬迁贫困群众的生计保障、后续扶持发展、多样化需求等社会治理问题日益突出。各级政府部门应该加快推动易地扶贫搬迁户的社区化治理，具体工作方面，可以实行社区自治，创新管理机制，推行精细化管理，让搬迁群众尽快融入城镇。并建立搬迁贫困群众的最低生活保障机制和临时生活困难救助机制，进一步完善医疗保障机制，确保搬迁贫困群众不因病返贫。同时，加大移民技能就业培训，产业扶持和自主创业扶持力度，确保劳动力有业可就。

（二）防范扶贫产业的风险，增强扶贫产业的可持续发展能力

扶贫产业的发展极大地改善了贫困人口的生计，增加了贫困人口的收入，也在一定程度上提升了贫困人口自我发展能力。但由于贫困地区整体来说产业基础还比较薄弱，产业体系不完善，扶贫产业追求短期效益以及经营管理等方面的原因，使得贫困地区的扶贫产业还存在较大的风险。各级政府应该建立扶贫产业大数据，密切关注贫困地区各项产业的发展情况，动态评估扶贫产业风险状况。同时要充分发挥农业保险转移风险的作用，并不断完善扶贫企业的监管机制，以增强扶贫产业可持续发展能力。

（三）总结和宣传扶贫精神，助推乡村振兴

在精准扶贫工作中，各级干部和群众兢兢业业、艰苦奋斗，形成了可歌可泣的脱贫攻坚精神，这是宝贵的精神财富。各级政府应该高度凝

练和总结脱贫攻坚精神，例如“四拼四争”江口脱贫攻坚精神。同时要树立典型、公开表彰、加强宣传，让脱贫攻坚中的先进人物成为人人羡慕和敬仰的人，让脱贫攻坚中的先进事迹成为人人学习和传颂的事。通过脱贫攻坚精神的宣扬，激励人们在巩固脱贫攻坚成果，特别是实施在乡村振兴战略、实现第二个百年奋斗目标的新征程中继续披荆斩棘、阔步前行。

附录 1：江口县摘帽退出专项评估检查报告摘要

根据中共中央办公厅、国务院办公厅《关于建立贫困退出机制的意见》和国务院扶贫开发领导小组 2017 年贫困县退出专项评估检查工作部署，华中师范大学牵头组织对贵州省 10 个贫困县退出情况开展专项评估检查，吉首大学具体承担江口县实地评估检查任务。

一、评估检查基本情况

根据 2017 年贫困县退出专项评估检查工作方案，按照评估检查工作规程，吉首大学组建了由 79 名调查评估人员组成的评估检查组，制订了江口县实地评估检查实施方案，开展了脱贫攻坚政策和调查评估业务全员培训、考试，建立了分级负责、层层把关的问题沟通核实机制和质量管控机制，按照“点面兼顾，关注死角”“聚焦短板，分层抽样”“统分结合，因地制宜”原则进行了抽样。华中师范大学作为牵头机构派出 2 名专家，全程督导江口县评估检查工作。

2018 年 7 月 9—15 日，评估检查组赴江口县开展实地评估检查。共抽查行政村 24 个，其中贫困村 18 个，约占贫困村总数（80 个）的 22.5%；非贫困村 6 个，约占非贫困村（69 个）的 8.7%。18 个贫困村中，偏远、边角贫困村 9 个，占 50%，县内随机抽查贫困村 9 个，占 50%。共实地调查 1935 户，其中排查 718 户，问卷调查 1217 户。建档立卡脱贫户问卷 747 份，占 61.38%，非建档立卡户 470 户，占 38.62%。共普查了 152 个村民小组，对未纳入建档立卡的低保户、危房户、大病慢性病户、无劳力户、独居老人户等群体实现调查全覆盖。共座谈访谈县乡干部 28 人、村干部 77 人，征求了 12 名县乡人大代表、政协委员的意见。疑似问题与地方逐一进行了沟通、核实和确认，最终未发现错退和漏评。

二、评估检查结果及分析

经评估检查，江口县综合贫困发生率为 1.98%，符合西部地区贫困县贫困发生率降至 3% 以下的退出标准。抽查脱贫户中未发现错退情况，抽查非建档立卡户中未发现漏评情况，脱贫质量较高。群众认可度达到 99.05%，脱贫退出认可度较高。符合退出标准和条件，建议同意退出。

评估检查结果显示，精准脱贫攻坚战以来，江口县委、县政府深入学习领会习近平总书记关于扶贫工作的重要论述，认真贯彻落实党中央、国务院脱贫攻坚决策部署，细化实化政策措施，因地制宜深化精准扶贫精准脱贫，因村因户因人精准施策。经过长期艰苦奋斗特别是两年多脱贫攻坚，地区生产总值、公共财政收入、农村居民人均可支配收入等增长速度均处于全省上游，整体面貌发生明显变化。贫困村水、电、路、网等突出短板加快补齐，基础设施和公共服务领域主要指标接近全国平均水平。产业扶贫、就业扶贫、易地扶贫搬迁、危房改造、教育扶贫、健康扶贫、社会保障等政策措施到户到人比较精准，贫困人口退出路径总体清晰。抽查脱贫人口全部实现吃穿不愁，新型农村合作医疗、大病医疗保险实现全覆盖，义务教育阶段因贫失学辍学问题有效解决，100% 实现住房安全有保障，稳定实现“两不愁、三保障”。截至 2017 年底，累计脱贫 39197 人，贫困发生率降至 1.98%，低于全国平均水平，区域性整体贫困有效解决。通过帮扶，99.8%的脱贫户表示生产生活条件明显改善或有所改善，98.5%表示家庭收入明显增加。贫困群众获得感强。县乡干部、人大代表、政协委员对扶贫工作的认可度均达到100%，村干部、脱贫户、非建档立卡户的认可度均在98%以上，摘帽退出得到当地干部群众普遍认可。

三、发现的主要问题

（一）脱贫的产业支撑偏弱，贫困户参与度不高。一是猕猴桃等水果产业与周边地区同质化问题严重，蔬菜产业面临较大的技术、销售等难题。部分合作社和产业基地2016年才开始建立，扶贫效益尚未显现。二是产业扶贫贫困户参与度不高。67.5%的受访脱贫户主要通过折股入社方式加入合作社，参与合作社生产经营比例不高，在合作社就业打工的只占18.9%。

（二）贫困村内生发展能力有待增强。脱贫攻坚主要依靠驻村干部等外部力量推动，农村基层组织建设亟待加强，特别是村干部的引领示范作用不明显，带领村民致富的能力还需要提升。

四、意见建议

（一）推动特色产业提质升级，提升农户参与度。一要落实好企业参与扶贫的优惠政策，提升企业带动的积极性和能力。二要支持开展产业技术研发与技术引进，解决好蔬菜等产业中的技术难题，提升企业农产品加工能力。三要因地制宜选择特色产业，切实发挥好合作社、电商等平台的销售渠道作用。四要创新产业扶贫利益联结机制，积极引导贫困户通过“干中学”参与产业发展，提升自我发展能力。

（二）构建稳定脱贫长效机制，切实巩固脱贫成果。一要加大村级组织建设力度，加强村干部培训，特别要重视将乡村能人和乡贤作为村干部后备力量加大培育力度，切实提升村干部的引领带动能力，强化村组内生发展能力。二要从制度上做好农村基础设施的管护工作，发挥村民主体作用，巩固好基础设施建设成果。三要强化对脱贫户收入、生产生活条件的动态监测，及时解决新出现的问题，化解返贫风险，巩固脱贫成果。

（三）精准执行扶贫标准和政策，探索化解扶贫领域新矛盾新问题。把准扶贫工作的底线和边界，既不降低标准，也不吊高胃口。在医疗、教育等领域帮扶政策设计上，避免过度保障，注重相关政策措施的可持续性，及时化解非贫困户特别是边缘户产生的“不公平感”及相关新矛盾。注重扶贫与扶志、扶智相结合，引导稳定脱贫农户承担带动未脱贫户共同发展的责任，探索化解已脱贫户继续享受扶贫开发政策引发的新矛盾、新问题。

附录 2：在全县脱贫攻坚表彰大会上的讲话

杨华祥[①]

（2018 年 11 月 24 日）

尊敬的熊云副院长、刘锐书记、张涛副书记，同志们、战友们：

无愧历史，致敬英雄！今天，我们相聚在一次次发出动员令、吹响集结号、立下豪情志的体育馆，隆重表彰脱贫攻坚先进集体和优秀个人，全面总结脱贫攻坚精神，进一步激励全县干部群众牢记嘱托、感恩奋进，再立新功、再创辉煌。首先，我谨代表江口县四大班子和全县 25 万人民，对出席会议的各级领导、各位嘉宾表示最热烈的欢迎！对受到表彰的脱贫攻坚优秀第一书记、优秀驻村干部、优秀驻村工作队队长、优秀村组干部、优秀帮扶责任人、优秀扶贫工作者、优秀社会人士、立功受奖人员、先进基层党组织、先进帮扶单位、先进施工单位和特别贡献单位表示最热烈的祝贺！向所有奋战在脱贫攻坚一线的广大党员干部群众、所有关心支持帮助江口脱贫攻坚事业的各级各有关部门单位和社会各界人士表示最衷心的感谢！

2018 年 9 月 19 日，当我们看到国务院扶贫办反馈贵州省 2017 年贫困县退出专项评估检查结果，江口以“零漏评、零错退、群众认可度

---

① 杨华祥：江口县委书记、江口县脱贫攻坚总指挥。

99.05%”的成绩，位列全省第一时，全县上下奔走相告、热血沸腾。我们坚定地告诉自己，我们成功了、我们胜利了，我们做出了无愧于历史、无愧于人民、无愧于组织的光辉业绩，脱贫摘帽成为江口最值得骄傲的大好事！

一、回顾历程，心潮澎湃，脱贫攻坚成绩让我们备受鼓舞

事非经过不知难，人若负重自疾行。近年来，我们深入贯彻落实习近平总书记关于扶贫工作的重要论述，认真贯彻落实省委“五步工作法”和市委“三真三因三定”工作原则、“76554”工作方法，聚焦“一达标、两不愁、三保障”目标，坚持高位推动、全体动员，敢于担当、善于创新，夙夜在公、真情奉献，扎实推进精准扶贫、精准脱贫，百倍用心、千倍用力、万众一心，决战决胜脱贫攻坚，冲到了胜利的最前端，留下了一个个战天斗地、壮志凌云的生动画面。

四年多的奋力攻坚，我们的农村面貌发生了翻天覆地的变化。江口既是片区县，又是国贫县，更是生态县。面对全县经济实力较弱、基础短板较多、贫困程度较深的状况，全县上下只争朝夕、苦干实干，特别是最后冲刺的一年时间里，我们干完了 1200 多千米“组组通”、290 多万平方米联户路、600 多处安全饮水工程、3 万多户“五改一化一维”等基础设施，工程总量比过去 10 年的总和还要多，彻底解决了长期以来部分农村不通路、不通水和脏乱差的现象，实现了农村面貌翻天覆地的变化。

四年多的奋力攻坚，我们的干部能力发生了翻天覆地的变化。全县党员干部深入村组、深入群众，团结一心、用情用力，精准核实信息、推进产业发展、改善基础设施、提升环境面貌。广大党员干部战晴天、斗雨天，放弃双休日、节假日，工作“5+2”“白 + 黑”，风里来、雨里去，舍

小家、顾大家，天寒地冻、起早摸黑，用脚步丈量民生，用真情服务基层，走尽千山万水、说尽千言万语、想尽千方百计、吃尽千辛万苦，全县党员干部为脱贫攻坚付出了艰苦的努力。通过脱贫战争锤炼，实现了干部能力水平翻天覆地的变化。

四年多的奋力攻坚，我们的干群关系发生了翻天覆地的变化。围绕精准扶贫、精准脱贫，全县干部职工学政策、结穷亲、常走访，开院坝会、开群众会，宣传习近平新时代中国特色社会主义思想、宣传党的十九大精神，尽心尽力为民办实事、解难事、做好事，解决了一系列农村长期想解决而没有解决的困难，办成了一系列群众最关心、最迫切、多年想办而没有办成的实事。老百姓自发给帮扶干部、驻村工作队、帮扶单位送锦旗、唱赞歌。通过与群众共同战胜贫困，全县干部群众面对面、心连心、鱼水情深，实现了干群关系翻天覆地的变化。

幸福都是奋斗出来的。“三个翻天覆地”的背后，是一次次汗与泪的洗礼，是一次次压力与动力的碰撞，是一次次亲情与友情的舍去，更是赢得了一次次肯定和荣誉的激励。

回望脱贫之路，挑战前所未有。四年前，全县农村发展欠账多，基础条件差，产业结构单一，经济基础薄弱，群众贫困程度深，全县有贫困村80个，建档立卡贫困人口4.3万人，贫困发生率19.85%。江口曾经是全省14个拟退出区县中，最让人不放心的一个，是全市4个拟退出区县中基础最差的一个。面对挑战、面对压力，全县上下没有被困难吓倒。当我们一次次被通报、一次次被批评时，大家没有自暴自弃，而是铆足干劲，化压力为动力，解决了一个又一个问题、战胜了一个又一个困难，最终江口成为群众认可度最高的一个。这充分说明，越是困难最大的时候，越是需要我们团结奋进，面对挑战，只要我们坚定信心，一定能够战胜各种风险和困难。

回望脱贫之路，历经千辛万苦。打赢这场输不起的脱贫攻坚战，我们流过汗、流过泪。流过血，涌现出无数攻坚英雄和先进事迹。德旺乡扶贫站负责人吴静，在脱贫攻坚重任面前，三度推迟婚期，始终坚守一线，可谓“巾帼不让须眉”！县政府办驻太平镇快场村干部张新华，在走访群众途中不幸翻车摔伤，住院期间最常说的一句话是“尽快出院，回到村里面去”；黄柏山村驻村队员方丽，作为“三支一扶”的外地人，在走访五保户黄兴科老人的路上不慎摔伤失忆，失忆苏醒后的方丽最先想到的不是自己、不是家人，而是黄兴科老人；2018 年 1 月 26 日，当寒潮来袭、山乡凝冻时，怒溪镇 4 名帮扶干部在陡峭冰路上匍匐爬行，心中牵挂的是贫困群众，他们说“路再险，爬着也要看一看”……这样的故事还很多，这样的英雄还很多。正是有全县党员干部的艰苦付出、全力攻坚，才有江口千百年来的贫困问题在我们这一代人手里历史性地得到解决，全体参战人员无上光荣。

回望脱贫之路，战果振奋人心。打赢这场输不起的脱贫攻坚战，我们有过辉煌、有过出彩，受过表扬、得过肯定，用我们的辛苦努力创造了辉煌业绩。自 2014 年以来，全县上下不甘落后、探索创新，取得了一个又一个脱贫成绩、创造了一个又一个江口经验。我们不会忘记，2014 年，全国扶贫办主任座谈会、全省精准扶贫现场会在我县观摩，江口建档立卡方法在全省推广。2015 年，全国金融扶贫现场会在我县观摩，江口精准扶贫“减量提标、双线合一”经验得到汪洋同志的肯定性指示。我们不会忘记，2016 年、2017 年，江口连续两年在全省市县两级党委和政府脱贫攻坚成效考核中获“好”的等次，全省残疾人脱贫攻坚现场推进会在我县召开，央视《经济半小时》和中央农业频道《聚焦三农》栏目，分别对我县生态茶产业助推群众脱贫致富进行了报道。2017 年 6 月，中央电视台到江口县拍摄易地扶贫搬迁专题片，作为向党的十九大献礼，在北京“砺行奋进的五年·十八大成果展”大型展览馆进行了3个月的巡回展播。我们不会忘记，自2017年9月以来，战友们一起战斗的300多个日日夜夜。我们把脱贫攻坚当成一场战争来打，三大战役三项标准三个机制“三三三”举措和四下沉四结合四覆盖“三个四”群众工作法，被省扶贫办作为典型经验推广。特别是“骏马奖”“蜗牛奖”，激励、鞭策着我们砥砺前行。我们清楚记得“一学、二访、三会、四评”精准识别、“一问、二核、三认、四证”精准退出方法和“五个讲清楚”“四个好”“四场大活动”“三个不忘记”感恩教育，这一切都凝聚着大家的智慧和汗水。

9月以来，省内外20多个县（市、区）到江口考察学习，刘元兴、王天华、蒋志国3位同志代表江口先后到黔南州长顺、惠水、荔波等县和黔东南州、山西五寨县交流江口经验；杨云同志在省政府常务会上做经验交流，这是江口历史上第一次在这么高规格会议上介绍经验；我应邀到中国浦东干部学院，为全国贫困县党政正职专题研讨班授课，也是江口历史上的第一次。这一切充分说明，只要我们不断开拓创新、苦干实干，不仅可以战胜各种困难和风险，而且可以赢得鲜花和掌声！

同志们、战友们，脱贫攻坚诠释了江口人民的坚韧与坚强，更展现了江口干部的激情与干劲。四年来，我们留下了太多欢笑和泪水，见证了太多喜悦和磨难，我们发自内心地致敬这极不平凡的四年、这不同寻常的四年、这难以忘怀的四年！

让我们最难忘的是——面对时间特别紧、任务特别重、压力特别大、问题特别多，大家在政治上清醒坚定、在重大问题上旗帜鲜明、在工作行动上任劳任怨，共同维护和赢得了江口来之不易的成绩。我们清楚记得，面对易地移民搬迁、“五改一维一化”“组组通”等急难险重任务，大家不等不靠、不推不躲，起早贪黑、不分昼夜，迎着矛盾上、顶着压力冲，用实实在在的业绩回应了外界对江口的关切，维护了江口良好的发展形象。

我们清楚记得，凯德易地移民安置点建设历时 10 个月，工程“三班倒”、一天一调度，工人过年仍然留在工地加班，硬是让 47 栋高楼拔地而起，让 1669 户 7328 名群众如期搬进新居，得到了上级领导高度评价，堪称江口建设史上的奇迹。实践证明，困难和挑战压不倒江口的干部，只会把我们锤炼得更加睿智和坚强。

让我们最欣慰的是——江口作为全省 10 个非 GDP 考核县之一，与全省 66 个贫困县相比，我们多项指标排位倒数；与同期 14 个退出县（市、区）相比，江口地区生产总值是最后一名。面对困难和压力，全县上下铆足干劲抓产业，心无旁骛促发展，深入基层与群众同吃同住，俯下身子与群众苦干实干，拉近了与群众的心灵距离，升华了干群之间的鱼水深情。“0098”目标提出时，大家觉得实现目标太难、难于登天。围绕“0098”目标，全县干部职工放弃所有节假日休息，把平常工作 8 小时几乎变成 16 小时，通过全县上下齐心协力、工作下沉、务实作为，我们取得了“0099”全省第一的好成绩。实践证明，江口的干部敢想敢干、能干善干、干得成事！

让我们最感激的是——四年来，各级领导多次莅临江口指导工作，中国浦东干部学院、大连民族大学定点帮扶，省扶贫办挂帮联系，苏州市姑苏区对口协作等，给予了我们极大的支持和鼓励；市委、市政府高度重视江口，昌旭书记、少荣市长多次到江口指挥调度、明察暗访，张涛副书记亲力亲为、亲自坐阵，省扶贫办督导组、市督导组以上率下、真督实查，给予了我们坚强的领导、特殊的关怀和无私的帮助；江口四大班子成员殚精竭虑、以身作则，干在前头，抓在一线，充分发挥了示范带头作用；广大党员干部舍小家、为大家，勇挑重担、无怨无悔，有力推动了各项工作落地落实；广大干部职工家属充分理解、大力支持、默默奉献，为广大党员干部安心工作创造了良好条件；一大批客商、企业家不远万里会聚江口，投资兴业参与发展、支持建设；广大群众顾全大局、积极支持、踊跃参与，充分体现了江口人民淳朴品格和家乡情怀。实践证明，有上级组织的关心，有各方面的帮助，只要大家心往一处想、劲往一处使，没有干不了的事业、没有干不成的事业。

时势造英雄，英雄看今朝。摘掉贫困帽、撕掉贫困落后的标签，大家都是脱贫攻坚战的英雄！今天，我们像战争年代打过仗的士兵一样，无比光荣和自豪！历史不会忘记大家，人民不会忘记大家，组织不会忘记大家！让我们向英雄致敬！

二、勠力攻坚，精彩出列，脱贫攻坚精神促我们勇立潮头

比物质更珍贵、更弥久的是精神。去年 11 月，县委十三届四次全会明确提出，要以新时代贵州精神为指引，坚定必胜信心，树起信仰大旗，孕育“江口脱贫攻坚精神”，实现整县退出。今年 6 月，党中央、国务院印发《关于打赢脱贫攻坚战三年行动的指导意见》，明确要求“适时对脱贫攻坚精神进行总结”。一年来，全县干部群众铆足干劲，攻坚克难，形成了“拼全力争全胜，拼团结争荣光，拼实干争担当，拼匠心争卓越”的“四拼四争”江口脱贫攻坚精神。

拼全力争全胜，就是听党指挥，敢于胜利。习近平总书记指出，无论这块硬骨头有多硬都必须啃下，无论这场攻坚战有多难打都必须打赢，全面小康路上不能忘记每一个民族、每一个家庭。省委和市委发出号召，向脱贫攻坚发起总攻、夺取全胜。全县各级党组织和广大党员干部群众感恩党中央，坚决听党指挥，不惜拼尽全力，务求夺取全胜，取得了令人骄傲的攻坚成效。它启示我们，只要听党指挥，信心百倍，克服一个又一个困难和问题，就一定会走向胜利。

拼团结争荣光，就是万众一心，荣誉至上。脱贫攻坚，关系万家幸福；脱贫摘帽，关乎江口荣誉。我们召开四次千人大会，全县动员、全民参与，“五个讲清楚”“四个好”“四场大活动”“三个不会忘记”激发了干部群众的内生动力，汇集了声势磅礴的强大合力，点燃了“我要脱贫”“摘帽光荣”的巨大热情。它启示我们：只要万众一心，必定众志成城；只要荣誉至上，必定力拔千钧。

拼实干争担当，就是苦干实干，担当作为。通往成功的道路只有一条，就是干。捷径只有一条，就是苦干实干。干，需要的是担当作为、奋发有为。我们明确“群众不认可一律重来，评估不通过一票否决，工作不到位一概问责”的总要求，使苦干实干蔚然成风，担当作为一马当先。为了脱贫致富，为了群众满意，不在乎苦和累，不追求名和利，分不清你和我，一切朝着胜利出发。它启示我们，干成任何事业，必须苦干实干、别无他途；只有担当作为，方能马到成功。

拼匠心争卓越，就是独具匠心，追求卓越。任何一项惠民政策的落地，任何一项创新经验的形成，都需要我们结合基层实际，找准关键所在，善于创新创造，力求精益求精。我们创新推行的“三大战役”“三项标准”“三个机制”“三三三”举措，使脱贫攻坚最后冲刺如虎添翼，“四下沉四结合四覆盖”群众工作法，使脱贫攻坚成为新时代声势浩大的群众思想教育活动，一举夺下群众认可的最难关。它启示我们，只要我们弘扬工匠精神，追求更高更快更好，就一定能创造奇迹、创造辉煌。

“四拼四争”江口脱贫攻坚精神，是全县 24 万各族人民艰苦奋斗、共同努力形成的宝贵精神财富，必将激励全县上下以更加昂扬向上的精神面貌和一往无前的奋斗姿态，在巩固脱贫攻坚成果，实施乡村振兴战略，开启江口社会主义基本现代化建设新征程中披荆斩棘、阔步前行。

三、弘扬精神，建功立业，富民兴江事业催我们砥砺前行

伟大的事业孕育出伟大的精神，伟大的精神支撑着伟大的事业。当前，脱贫攻坚取得阶段性胜利，我们要大力弘扬“四拼四争”脱贫攻坚精神，以脱贫摘帽为新的起点，继续巩固脱贫攻坚成果，奋力实现“一核两区”奋斗目标，以新姿态、新面貌、新业绩书写江口发展新篇章。

弘扬脱贫攻坚精神，要在学习宣传上久久为功、绵绵用力。“四拼四争”脱贫攻坚精神来之不易、弥足珍贵，需要大力弘扬。要深刻领会“四拼四争”脱贫攻坚精神内涵，广泛开展宣传教育活动，进一步激发全县24万干部群众对“四拼四争”脱贫攻坚精神的广泛认同。要大力学习宣传脱贫攻坚英雄、先进典型，激励全县上下进一步行动起来，万众一心，埋头苦干，不断夺取新的更大胜利。要对标对表“四拼四争”脱贫攻坚精神，看一看自己的劲头足不足、作风实不实、标准高不高，最大限度凝聚起全县干部群众的智慧和力量，最大限度激发全县上下干事创业的热情和干劲，奋力开创无愧于时代、无愧于人民、无愧于江口的绿色发展新篇章。

弘扬脱贫攻坚精神，要在实践运用上务实笃行、实干兴江。喊破嗓子不如干出样子。弘扬“四拼四争”脱贫攻坚精神，必须以勤为本、以干为先。在脱贫攻坚战争中，全县干部群众面对所有的艰难险阻，始终坚持“勤”字当头、“干”字为先，不驰于空想、不骛于虚声，敢为人先、敢于胜利，始终坚持一步一个脚印，将“苦等苦熬”转变为“苦干实干”，将“坐等受穷”转变为“奋斗幸福”，最终用美丽战胜了贫困，培育出“四拼四争”的江口脱贫攻坚精神。县委十三届五次全会明确了“一核两区”奋斗目标，需要我们担当作为、狠抓落实，把美好蓝图变为现实。只要我们

在任何时刻都充分弘扬“四拼四争”脱贫攻坚精神，拼到底、争到位，就没有我们打不赢的攻坚战；只要我们一天也不懈怠、一刻也不耽误，面对任何困难都始终做到“想干愿干积极干、能干会干善于干、带头干带领干带动干”，我们就一定能够打赢三大攻坚战，就一定能够在发展上赢得先机，就一定能够实现“一核两区”奋斗目标。

弘扬脱贫攻坚精神，要在推动发展上策马扬鞭、奋勇向前。“四拼四争”脱贫攻坚精神是精神食粮，是动力源泉。在巩固脱贫攻坚成果，实施乡村振兴战略，开启江口建设社会主义基本现代化新征程中，全县各级干部要以只争朝夕、追求卓越的精神状态，以担当作为、迎难而上的良好姿态，以开局就是决战、起步就是冲刺的拼搏劲头，把建设江口、发展江口、造福江口的宏伟事业推向深入、进行到底。全县各级各部门要敢拼敢争，确保江口每年都能干成几件大事、都能办好几件实事，让群众有获得感，让干部有成就感，让江口人有荣誉感和自豪感！

同志们、战友们：习近平总书记强调，接过历史的接力棒，我们自豪而不自满，决不会躺在过去的功劳簿上。新时代赋予我们新使命，新使命需要我们新作为，让我们紧密团结在以习近平同志为核心的党中央周围，坚持以习近平新时代中国特色社会主义思想为指导，大力弘扬“四拼四争”江口脱贫攻坚精神，不忘初心、牢记使命、开拓创新，为谱写百姓富生态美多彩贵州新未来的江口篇章而努力奋斗！

谢谢大家！

附录 3：江口县脱贫攻坚速写

江口县地处贵州省东北部，属武陵山集中连片贫困地区，是国家扶贫开发工作重点县。全县面积 1869 平方千米，辖 10 个乡镇（街道），总人口 25 万，少数民族占 65.53%。2014 年，全县共有贫困村 80 个，建档立卡贫困人口 4.3 万人，贫困发生率 19.85%。

脱贫攻坚是党中央交给各级党组织的重大政治任务。如期打赢脱贫攻坚战，撕掉贫困落后的标签，让千百年来江口的贫困问题在我们这一代人的手里历史性地得到解决，是无上光荣的使命。

近年来，江口县深入学习贯彻习近平总书记关于扶贫工作的重要论述和生态文明思想，以脱贫攻坚统揽经济社会发展全局，全面贯彻精准扶贫、精准脱贫基本方略，认真落实省委、省政府“五步工作法”，按照市委、市政府“三真三因三定”工作原则和“76554”工作法，紧扣脱贫摘帽目标，扎实推进脱贫攻坚，把绿水青山变成了脱贫致富的金山银山，走出了一条生态美、产业兴、百姓富的脱贫新路。

2018 年 9 月，江口县取得了“零错退、零漏评、群众认可度 99.05%”的成绩，名列贵州 14 个退出县（市、区）第一名，成功脱贫摘帽，极大地改变了农村面貌，极大地改善了干群关系，极大地巩固了执政基础。

生存之困

江口县境内山川连绵、河谷深切、乡村萧条、交通闭塞、房屋破旧、劳作艰辛、生活窘迫，人均耕地面积少，生产生活条件艰苦，贫困程度深。2001 年被列为国家级扶贫开发重点县。贫困，是江口彼时的标签。

鱼水之情

坚持扶贫与扶志相结合，广大驻村帮扶干部和贫困群众一道，用辛勤劳动创造了美好生活。江口县开展“历史不会忘记、人民不会忘记、组织不会忘记”干部动员活动，极大激发扶贫干部的荣誉感、成就感。充分利用新时代农民讲习所平台，以“组组开群众会、村村开代表会、乡乡开动员会”为载体，采取“找管火的人、说管火的话、做管火的事”工作方法，开展讲清楚农村面貌是历史以来变化最大的、讲清楚农村群众是脱贫攻坚受益最多的、讲清楚扶贫济困是最重要的文化传承、讲清楚干部作风是近些年以来最扎实的、讲清楚脱贫摘帽是最值得骄傲的大好事“五个讲清楚”宣讲活动，让贫困群众想脱贫、愿脱贫，实现群众从“要我脱贫”到“我要脱贫”的转变。

组织县、乡 2853 名干部结对帮扶贫困户，把群众当自己的亲人，克服一个个困难，迈过一个个难关。全县 1920 户贫困群众主动申请脱贫；实现了陋习革新，庭院干净整洁，乡村嬗变如画；实现了干群同心，始终面对面、心连心。干部的辛苦指数换来了群众浓浓的感恩之情，一面面锦旗鲜红，一段段鱼水情深。

奋进之歌

久困于穷，冀以小康！脱贫攻坚的号角吹响，江口县把脱贫攻坚当成一场战争来攻克，明确这是一场只能打赢不能打输的战争、一场较量智慧与力量的战争、一场锻造英雄和人才的战争。把这场战争划分为“战略总攻、全面冲锋、堡垒攻克”三大战役。明确了“精准管理、产业扶贫、基础设施、易地搬迁、教育培训、医疗保障、思想扶贫、环境整治”八大攻坚战。组建县级脱贫攻坚指挥中心，10个乡镇（街道）精准脱贫指挥部和9个工作专班，从县、乡、村选派干部1500多名，组建104个脱贫攻坚驻村工作队，大力弘扬新时代贵州精神，拼搏创新、苦干实干，通过勤劳的双手和辛苦的工作，坚决把“贫困的山头”攻下来，坚决把“贫困的据点”打下来，坚决把“贫困的帽子”摘下来，谱写了一曲感天动地的奋进之歌。

小康寨

以“四在农家·美丽乡村”建设为抓手，在集中精力抓好水、电、路、信、房的基础上，充分用好土地增减挂钩政策，出台奖励制度，动员群众拆除危旧房、废圈舍、破茅厕，建设小广场、小庭院、小花园、联户路，实现农村环境由过去“脏、乱、差”到现在“靓、美、洁”的华丽转变。全县共建成村级文体广场260个、村级综合文化站106个、文化墙680个，极大地增强了农村群众的获得感、幸福感、满意度。

小康水

自 2014 年以来，江口县累计投入水利建设资金 15.96 亿元，实施骨干水源、病险水库整治等各类综合水利项目 180 个。投入 1.22 亿元，实施不同农村人饮安全巩固提升覆盖工程，100% 的村民组通自来水，水质达标率 100%。

易地搬迁挪穷窝

按照省委、省政府“六个坚持”要求，对“一方水土养不起一方人”和自然条件恶劣的深度贫困山村，按照以就业岗位定安置人口、以群众意愿定搬迁地点、以户籍人口定安置面积、以家庭情况定脱贫措施“四定”工作法，扎实抓好易地扶贫搬迁。自 2016 年以来，全县共投入资金 10.77 亿元，建成易地扶贫搬迁集中安置点 9 个，实现易地扶贫搬迁对象 3537 户 14873 人搬出大山、搬进新居，其中贫困户 2808 户 11933 人。完善构建易地扶贫搬迁“五个体系”建设，抓好安置地学校建设、医院建设、就业培训，充分保障搬迁群众就学、就医、稳定就业，实现“稳得住、有就业、逐步能致富”的目标。

学有所教

江口县在全面兑现国家教育普惠政策的基础上，全面落实贫困学生省级资助政策，用市级脱贫攻坚基金对全县小学、初中、高中、中职、普通高校学生分别进行补助。自 2014 年以来，全县兑现各类教育资助资金

2.84亿元。累计投入教育基础设施资金5.54亿元，新建维修学校105所、山村幼儿园80所，新增建筑面积27.3万平方米，新增学位4500余个，实现农村学前教育全覆盖，50%左右的小学生、80%左右的初中生、100%的高中生集中在县城上学。实施教学质量教育赶超战略工程，实现全县教育教学质量稳步提升，2015—2017年，小学六年级终端检测学科总人均分排全市第一名，中考总均分分别排全市第一、第一和第二名。

病有所医

实施“三重医疗保障”政策，提高建档立卡贫困人口医疗救助保障水平。自2017年以来，建档立卡贫困人口参保全覆盖，获得住院补偿37599人次，补偿（救助）资金15641.49万元，实补比均达到90%以上（2017至2020年分别达95.22%、94.81%、92.52%、93.28%），县域内住院28842人次享受到“先诊疗后付费”医疗服务，实现建档立卡贫困人口家庭医生100%签约服务，有效解决了“因病致贫，因病返贫”问题。

住有所居

自2014年以来，全县共实施农村危房改造1.9万余户，补助危改资金1.7亿元。投入资金5亿余元，全面实施“五改一化一维”（改水、改电、改厨、改厕、改圈、庭院硬化和房屋维修）工程，惠及3.2万余户。实现了户户住有安居。

老有所养

江口县整合利用农村闲置国有房产资源，开办农村互助幸福院，对农村特殊困难群体集中供养，建成敬老院 10 所、规范化农村互助幸福院 34 所，集中供养特殊困难群体 693 名，树立敬老爱老的良好导向，成为一项深得民心的德政工程，得到广大群众的高度评价。

产业发展拔穷根

按照省委、省政府产业革命“八要素”要求，立足江口生态资源优势，打响“梵净山珍·健康养生”品牌，突出抓好生态茶、冷水鱼、猕猴桃三大主导产业和中药材、蔬菜两个增收项目，打造全省冷水鱼养殖基地县和世界抹茶之都。

勤劳铺就幸福路

自 2014 年以来，累计投入 67.79 亿元用于大交通建设。安江、大江高速使江口融入了国家交通大动脉和省城 3 小时经济圈；实施国省道路、县乡道路、通村公路、通组公路建设，实现村组路网全覆盖，100% 的乡镇通三级油路、100% 的行政村通水泥路、30 户以上村民组 100% 通水泥路。

嬗变之美

劳动创造美丽，幸福诠释美丽。江口县在集中精力抓好水、电、路、信、房的基础上，充分用好土地增减挂钩政策，出台奖励制度，动员群众拆除危旧房、废圈舍、破茅厕，建设小广场、小庭院、小花园、联户路，一条条大路连接千家万户，一渠渠清水流进希望的田野，一栋栋新房鳞次栉比，一户户农家小院干净整洁，一个个产业如雨后春笋，实现农村环境由过去“脏、乱、差”到现在“靓、美、洁”，极大地增强了农村群众的获得感、幸福感、满意度。

全县建成县乡公路 518 千米、通村公路 582.5 千米、“组组通”道路 1213 千米，公路总里程达 2714 千米；实施农村危房改造 1.9 万余户、“五改一化一维”工程 3 万余户、农村人饮安全巩固提升全覆盖工程 600 余处，实现了 100% 的乡镇通油路、100% 的行政村通水泥路、30 户以上村民组 100% 通水泥路、100% 的村民组通自来水，水质达标率 100%。建成易地扶贫搬迁集中安置点 9 个，实现易地扶贫搬迁对象 2822 户 11815 人搬出大山、搬进新居，其中贫困户 2554 户 10770 人。

双江街道

双江街道以“十不放过”追责问效机制为抓手，实现脱贫成效出彩、群众生活幸福。水电路信房寨和易地移民搬迁工作均完成任务指标；“输血”“造血”同步推进，实现贫困户利益联结全覆盖；高质量完成贫困群众全面脱贫，国检验收零错退、零漏评。在全县脱贫攻坚整县退出三场战役中，均被评为“骏马奖”。兴隆社区和齐心村党支部分别被评为省、市脱贫攻坚先进党组织荣誉称号。

凯德街道

凯德街道以脱贫攻坚统揽经济社会发展全局，做实做细“3+1”保障，做强做大“3+2”产业，已建成全县最大的易地扶贫搬迁安置点、全省最大的冷水鱼养殖基地，是贵茶集团打造“世界抹茶之都”的重要生产中心，凯德街道黑岩村成为全国精准扶贫建档立卡发源地，顺利迎接了脱贫摘帽国务院第三方评估验收和脱贫攻坚国家全面普查，脱贫攻坚完美收官。

太平镇

太平镇自脱贫攻坚以来，坚持以脱贫攻坚统揽经济社会发展全局，紧扣“一达标、两不愁、三保障”核心，通过挖穷根、挪穷窝、解穷困，累计减少农村贫困人口 778 户 2591 人，顺利完成现行标准下贫困人口全部脱贫的目标任务。同时在全域旅游的基础上，围绕“山上种植烤烟、蔬菜、生态茶，山下养殖鱼和虾，旅游线上栽插果和花”的产业发展思路，大力发展产业，着力从根本上消除返贫致贫风险。

闵孝镇

自 2014 年以来，闵孝镇以“民心党建”为抓手，创新党员“十个一”工作法、“民心党建 + 三社融合促‘三变’+ 春晖社”工作模式，突出抓好特色产业、基础设施、易地搬迁、社会保障方面的工作，扎实推进大扶贫战略行动，实现了现行标准下 7 个贫困村全部出列，1518 户 5575 人贫困人口全部脱贫，“两率一度”全面达标、生活生产全面保障，脱贫成效日益凸显，干群关系和谐融洽，全面小康顺利建成。

民和镇

民和镇通过“四个三”工作法（三建：建党小组、建自治委员会、建讲习所，发挥组织领导、村民自治、议事规范作用；三讲：讲政策、讲亲情、讲民风，增强获得感、亲切感、幸福感；三干：带头干、一起干、自己干，发挥示范引领、主动参与、自发创造作用；三比：比思想、比奉献、比感恩），巩固了党的执政基础，改善了基础公共设施，融洽了干群关系，实现了所有贫困村如期出列，所有贫困人口全部脱贫，进一步提升了群众认可度。

桃映镇

桃映镇紧紧围绕“一达标、两不愁、三保障”核心指标，按照“一学、二访、三会、四评”和“五看法”实现精准识别，坚决围绕全面建成小康目标任务，群策群力战贫困，通过“四场硬仗”和“五个一批”推进精准脱贫；扎实用力抓产业，生态茶、冷水鱼、油茶、梅花鹿等产业实现规模化和裂变式发展，各村均有了增收的好项目、富民的钱袋子，6 个贫困村精彩出列，所有建档立卡贫困人口全部脱贫，彻底撕掉了桃映千百年来绝对贫困的标签；统筹发力优治理，通过开展“四个好”和“五个讲清楚”活动净社风淳民风美环境，乡村面貌焕然一新，用美丽战胜了千年贫困。

坝盘镇

坝盘镇在江口县委、县政府的领导下，紧扣“六个精准”，围绕“七大攻坚战”主要目标任务，全镇上下群策群力、勠力同心，顺利通过第三方评估验收和国家脱贫攻坚普查，高质量打赢脱贫攻坚战，实现所有贫困村出列，建档立卡贫困人口全部脱贫，群众认可度进一步提升。

怒溪镇

怒溪镇以“三精准、三到位、四保障、四落实、四激励”“33444”工作法，苦干实干，用美丽战胜了贫困，用实干赢得了群众点赞，全镇累计减少农村贫困人口 1272 户 4595 人，顺利实现现行标准下贫困人口全部脱贫。各村（社区）、组（寨）面貌焕然一新，实现了由贫困村（社区）向小康村（社区）的华丽转身。

德旺乡

德旺乡以“一学、二访、三会、四评”精准识别贫困户 1389 户 5067 人，按照“五个一批”采取因户施策，补齐“一达标、两不愁、三保障”脱贫短板，到 2019 年底实现了全乡 6 个贫困村如期出列，所有贫困人口全部脱贫，群众认可度达 99% 以上，实现了零漏评、零错退。该乡探索“以水养水、以组联户、以户为主”管水、管路、管卫生的“三以”模式，提升村民自治推进乡风文明，切实巩固了脱贫攻坚成果。

官和乡

官和乡通过实施“六聚六提”（聚焦党建引领，提升基层组织基础；聚焦精准识别，提升动态管理水平；聚焦产业发展，提升群众脱贫质量；聚焦基础建设，提升农村发展环境；聚焦易地搬迁，提升群众生活质量；聚焦问题整改，提升脱贫作风效能）工作措施，共减少农村贫困人口 849 户 3289 人，全乡实现现行标准下贫困人口全部脱贫。顺利通过国家第三方评估验收，实现“零漏评、零错退”，交出了“本色脱贫、实在摘帽”的官和答卷。

后 记

对江口县脱贫攻坚的了解源于2018年7月的贫困县退出第三方评估。当时，受国务院扶贫办评估司的委托，作为华中师范大学陆汉文教授任团长的国家第三方评估团队的第五分队，我们负责了贵州省铜仁市碧江区、江口县脱贫摘帽的第三方评估，这两个区县脱贫攻坚取得的成效令人印象深刻。两区县均顺利通过了脱贫摘帽的第三方评估，并且取得了很好的成绩，特别是江口县，更是以"零错退、零漏评、群众认可度99.05%"的高标准退出，在同期贵州省14个出列区县中位列第一。江口县除了脱贫攻坚成效之外，令人印象深刻的还有领导班子年轻有为、世界自然遗产梵净山以及在脱贫攻坚中依托这片梵天净土发展起来的绿色产业。

2018年底，江口县入选了第一批脱贫摘帽经验总结县名单，全国共19个。恰好，我们团队又参与了这批脱贫摘帽县的经验总结，在国务院扶贫办全国扶贫宣传教育中心领导的关心和支持下，我们继续负责江口县脱贫摘帽的经验总结。时隔半年，再次深入江口县调研，在江口县委、县政府的积极配合和大力支持下，团队成员再次从不同的视角深入了解了江口县脱贫攻坚的做法与成效，获得了更加丰富的第一手素材。在国务院扶贫办全国扶贫宣传教育中心领导和多位评审专家的亲切指导以及团队全体成员的共同努力下，历时半年多，经过无数次讨论与修改，书稿终于得以完成。全书由游俊教授担任主编，冷志明教授、丁建军教授和张琰飞副教授担任副主编。各章节具体分工：概要、第八章以及附录由丁建军编写和整理，第一章由游俊、李晓冰、李骥龙编写，第二章由张琰飞编写，第三章由刘涛编写，第四章由王璋、丁建军编写，第五章由袁明达编写，第六章由李峰编写，第七章由冷志明、刘进编写，第九章由殷强、王泳兴编写。同时，各章节的数据素材、案例素材等由江口县相关部门提供。全书由丁建军统编，由游俊、冷志明审定。由于时间紧、工作任务重，书稿难免挂一漏万，对江口县脱贫攻坚的做法与经验的总结提炼可能还存在不够完善、不够周全之处，还请大家多多包涵。

江口县脱贫摘帽经验总结对于团队来说是一次新的尝试，也是一项新的挑战。作为案例丛书中的一本，既要体现丛书的一致性，又要充分凸显江口县的特色，在个性化彰显中揭示一般性和规律性。因而，在全书的章节安排和各章节内容选定上经过了反复的推敲，在内容上进行了再三斟酌。其间，得到了时任国务院扶贫办全国扶贫宣传教育中心主任黄承伟研究员、中国农业大学左停教授等专家的耐心指导，听取了他们的宝贵意见和建议。同时，本稿也提交给了江口县委、县政府审阅和讨论，江口县委、县政府高度重视，组织相关部门进行了专题研讨，并反馈了宝贵的修改和完善建议，确保了书稿内容的精准性。在这次案例编写中，我们团队成员感受颇深。一方面，我们发自内心地更加钦佩基层扶贫干部，他们的踏实肯干、探索创新、流血流汗、默默付出，在祖国伟大的脱贫攻坚事业中发挥积极作用；另一方面，我们更真切地感受到了“实践出真知”所蕴含的丰富内涵，做好脱贫攻坚经验总结意义重大，从实践中挖掘和升华的中国扶贫方案、中国特色扶贫理论将是中国贡献给全世界反贫困事业最宝贵的财富。

最后，再次感谢在书稿调研、编撰、评审和最终审定过程中给予支持、帮助和指导的所有人，同时也感谢国务院扶贫办给予这一难得的交流、学习的机会。精准扶贫、脱贫攻坚是一项伟大的事业，向所有参与这一事业的人们致敬！

本书编写组

2019 年 7 月